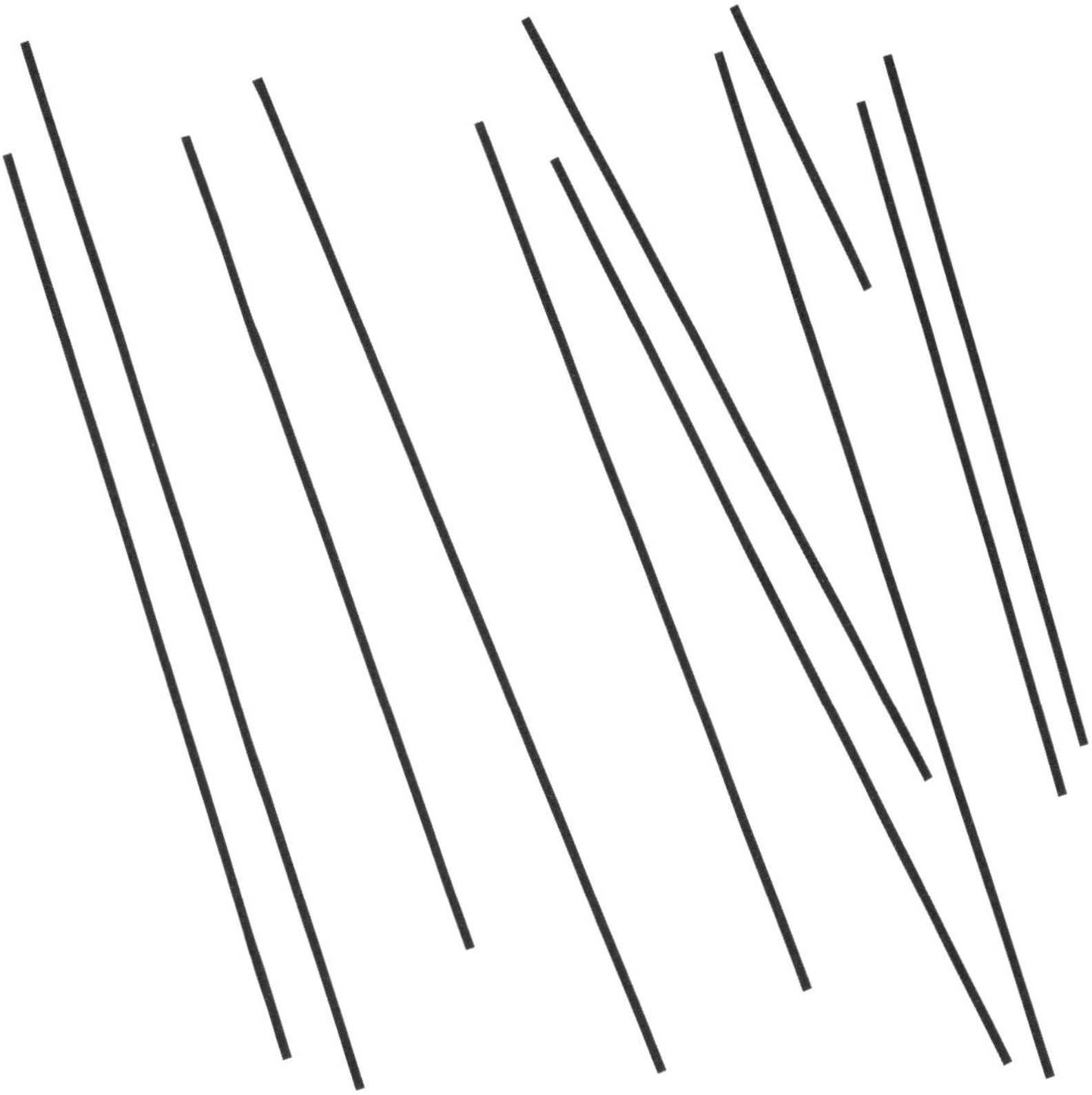

コミュニズムの争異

―― ネグリとバディウ

アルベルト・トスカーノ

長原豊 訳

航思社

コミュニズムの争異
ネグリとバディウ

目次

第Ⅱ部　バディウ

【凡例】

・訳文中、原則として以下のように示した。なお、（）と［］は原文どおり。

『』　書名、雑誌名、新聞名など
傍点　原文におけるイタリック体による強調
〈〉　原文において大文字で始まる語句
「」　原文の« »または“ ”
〔〕　訳者による補足説明

・注釈は＊で示して傍注として左頁端に掲載した。原注と訳注をあわせて通し番号を付し、訳注は冒頭に「訳注――」と記して区別した。
・引用されている外国語文献のうち、既訳があるものについてはすべて参照したが、本書の文脈・文体に合わせて新たに訳し直した場合もある。

コミュニズムの争異
ネグリとバディウ

Alberto Toscano
The Communist Differend: Essays on Toni Negri and Alain Badiou

The Japanese language edition published by Koshisha Co., Ltd.
under license from Alberto Toscano.

序文

係争のもとにあるさまざまなコミュニズム[*1]

コミュニズムと哲学。たとえ読者がこの一対を時代錯誤あるいは二律背反と考えたとしても、特段に非難されることはないだろう。これら一対をドゥルーズの非‐弁証法的な定式である離接的綜合を借用して理解してくれる心優しい読者すらいるかもしれない。結局のところ、マルクスは、すでにいまから二世紀ほど前に予告——プロレタリアート自身の自己‐廃棄に影を落とし、哲学の延命とは哲学が歴史との邂逅を取り逃したことの結果にほかならないというアドルノの鬱屈に充ちた観察を誘発しさえした予告、哲学の実現は哲学の実践的終結という姿のもとで完成するという予告——を行っていたのではなかったか？　もし、アクティヴな少数派《マイノリティ》に「コミュニズムと哲学」という言い回しが一箇の無意味——あるいはソヴィエト的思弁（‐投機）に対する今やどうでもよい審問への投企——としてしか響かないとすれば、疑いもなくそれは、僕が本書で論じようとしている二人の思想家の著作に込められた努力によるところが大きいと言わねばならない。

　これら二人の思想家——つまり彼らの著作、精確にはまず、ネグリ『野生のアノマリー』[*2]とバディウ『ドゥルーズ』[*3]、またその後に刊行された『存在と出来事』[*4]——と僕との出遭いは、その始めから、哲学領域で彼らが占めるその独自性によってしるしづけられていた（補足になるが、回顧的に言っておけば、二人の師をもつことは使徒になることを回避するための最上の方法である）。歴史上に存在したコミュニズムが直面した「曖昧な厄災 obscure disaster」[*5]——東欧体制への抵抗のなかに解放的な叛乱の噴出を垣間見ていたこれら二人の思想家は、このこと自体を一箇の出来事とは感じ取っておらず、むしろ反転と腐敗の長い歴史の避けられない帰結と見ていたのだが——の直後、あるいは実際はその遅延された前夜において、資本主義秩序の革命的否定が存在と真理について思考することの直接的な構成要素であると主張するにはいささか思弁的な大胆さが必要とされたのだった。〔社会主義から〕資本主義への移行を擁護する者たちにとって無謀な郷愁と映ったその主張は、一九九〇年代中期に平等の政治への愛着と新自由主義が呈したスペクタクルおよびプロパガンダへの本能的な嫌悪とをもって哲学の徒弟を開始した僕のような者にとっては、むしろとても元気づけてくれるものだった。

　僕らの手近にはやや妥協的な別種のコミュニズム哲学があったことも確かだ。古典的なマルクス主義的展望の数知れない反復は言うまでもないが、アガンベン、ナンシー、デリダの哲学がそうである。けれども、当時、コミュニズムの釈明なき肯定を哲学の必要性の等しく「純真な」強調に、より精確には、（単に）歴史的に積み上がった思想の身体‐遺体としての哲学ではなく一箇の能動的実践としての哲学の必要性の強調に、結びつけていた思想家は、ネグリとバディウだけだったのである。こうした僕の考え方は、ジル・ドゥルーズ（とりわけ彼の『ニーチェと哲学』[*6]）との最初の、そしていまの僕を形作ることになった哲学的な、邂逅によって刻み込まれた。その意味で本書では、一貫してドゥルーズがある種の「仲介者 *intercesseur*」——ドゥルーズの造語を借用すれば[*7]——として響き続けることになる。最初は未完成なやり方で、コミュニズムのすべての紋章が歴史の——ゴミ箱以上の——屑集積場に追いやられた現在《いま》のために、コミュニズムが意味していたであろうことをふたたび発案するために、不可欠で優れた観点として、哲学はどこからともなく出現した。だが、コミュニズムもまた、どんなに小さく、どんなに抽象的であっても、ある種の志向性だったし、それがなければ、哲学はケバケバしいまでに行為遂行的な矛盾につきまとわれた普遍性と知性の不毛さとの綜合という泥沼に搦《から》め捕られているように見えただろう。僕は、これら二人の思想家の軌跡に慣れ親しむようになって初

＊1　この序文の初期ヴァージョンになくてはならないコメントをくれたジェイソン・スミスに感謝する。
＊2　訳注——アントニオ・ネグリ『野生のアノマリー——スピノザにおける力能と権力』杉村昌昭・信友建志訳、作品社、二〇〇八年。
＊3　訳注——アラン・バディウ『ドゥルーズ——存在の喧騒』鈴木創士訳、河出書房新社、一九九八年。
＊4　訳注——Alain Badiou, *L'être et l'événement*, Paris: Seuil, 1988.
＊5　訳注——Alain Badiou, *D'un désastre obscur: Droit, État, Politique*, Paris: Nouvelles éditions de l'Aube, 2013.
＊6　訳注——ジル・ドゥルーズ『ニーチェと哲学』江川隆男訳、河出文庫、二〇〇八年。
＊7　訳注——ジル・ドゥルーズ『記号と事件』宮林寛訳、河出文庫、二〇〇七年、二四三～三一五頁参照。

めて、これらの哲学的発案性が彼ら自身の創意に充ちた粘り強さは言うまでもなく、彼らの政治的敗北——彼らのもっとも思弁的な作品のいくつかが、けっして偶然などではなく、強いられた退却の所産であったように——にも密接に関わっていたことを、ほんとうの意味で摑み取ったのである。

　ネグリは、彼以前に存在した多くの扇動家たちが歩んだ道を歩むことで、『野生のアノマリー』と『時間の構成』（この本の最初の草稿は、看守によって文字通り小便をかけられ、燃やされた）[8]を、イタリア国家が捏《でっ》ち上げた容疑のもとで起訴され、収監されていた監獄で執筆した。その数年後、一九七〇年代における政治犯への恩赦を獲得するために——実際は成功しなかったのだが——イタリアへ戻ったネグリは、ふたたび幽閉されるという好機を摑まえて、『好機《カイロス》・豊穣《アルマ・ウェヌス》・多数性《マルチチュード》』[9]に張り詰めた思弁的努力を傾注する。

　バディウ自身と言えば、「冬の時代」（ネグリ）あるいは彼自身が後年「復興」と呼ぶことになる状況をかいくぐりながら、市民的自由が無傷だったにもかかわらず、なおも自分の哲学的営為に理論を与えるという試み——それは彼の「潰《つい》えることのない」志向性なのだが——を政治的敗北への応接として繰り返していた。バディウは、その著書『限りなき思考』[10]で、頓挫・退潮あるいは中絶期に「刃《やいば》を研ぐ」ために屋根裏部屋に上がる哲学者について、挑発的に記している。バディウは、一九八〇年代中期に行われたパルメニデスについてのセミネールが最近刊行されるにあたって付した序文的ノートで、より一層直截に、反動が創り出した敵意もあらわな険悪な環境からコミュニズムの政治的真理を護《シェルター》るために「哲学的な心の鎧」を打ち立てる、とも語っている。[11]ネグリもバディウもともに、イタリアやフランス（八〇年代と九〇年代初頭にネグリ自身も亡命していた）ですでに根を下ろしてしまっていた反動的あるいは敗北主義的な哲学的合意に反対するというみずからの立場を、重要な現状分析的診断や論争的介入によって、鮮明に表明している。[*12] 彼らのこうした対応は、しかし、哲学についてのまったく別個の「イメージ」にもとづいている。バディウにとってマルクス主義の「追放」要求（本書第4章を参照）は、哲学が置かれた状況との、何よりもまず政治との、哲学の「脱縫合 desuturing」を必然的に導いてしまうものだった。[*13] 他方、哲学的真理と（社会的かつ政治的な）行動を同じものと考えるネグリにとっては、哲学と政治とのいかなる分離も、原理的には不可能であった。[*14]
よろめく時代、あるいはコミュニズムと哲学とのずれ《デカラージュ》には、それみずからの歴史的手本《モデル》がある。な

＊8　アントニオ・ネグリ『革命の秋《とき》』長原豊・伊吹浩一・真田満訳、世界書院、二〇一〇年、一八頁参照。
＊9　訳注――同前第二部参照。
＊10　訳注――Alain Badiou, *Infinite Thought: Truth and the Return to Philosophy*, tr. and ed. by Oliver Feltham and Judtin Clemens, London/New York, Continuum, 2003.
＊11　Alain Badiou, *Parménide. L'être I – Figure ontologique, 1985-1986*, Paris: Fayard, 2014, p. 8.
＊12　Antonio Negri, "The Decline of 'Weak Thought,'" in *The Winter is Over: Writings on the Transformation Denied, 1989-1995*, New York: Semiotext(e), 2013 を参照。反動的思想に対するバディウの変わることのない関心については、Nina Power and Alberto Toscano, "The Philosophy of Restoration: Alain Badiou and the Enemies of May," *boundary 2* 36(1), 2009, pp. 27-46 を参照。またバディウとアラン・フィンケルクロート、ジャン＝クロード・ミルネール、マルセル・ゴーシェとの本一冊分にも達する最近の長い論争が、彼の全作品の底流をなすこうした関心の重要性を示していることを記しておくことも重要であろう。
＊13　アラン・バディウ『哲学宣言』黒田昭信・遠藤健太訳、藤原書店、二〇〇四年参照。

かでもっとも衝撃的な手本《モデル》が、一九一四年におけるヨーロッパ社会主義の政治的崩壊後にレーニンが行ったヘーゲル『大論理学』(とクラウゼヴィッツの『戦争論』)への退却〔的沈潜〕だろう。だがそれはまた、史的唯物論の深部から到来する反-哲学的な軋みを決して受け容れなかった人物たちにとってさえ、コミュニズムの哲学が単純な同一性を保ってはいなかったことを示唆している。哲学をコミュニズムの戦略的退却としてのみ論ずることは、言うまでもないことだが、粗野な還元主義——とくにバディウにとって残された問題は、相対的自律性以上の何ごとかであった——であるばかりでなく、それによって僕たちは哲学の機能が慰撫あるいはユートピア的であると考えてしまうよう誤って導かれてしまうのである。だが、政治思想と未来の実践のための「一時的避難《シェルター》」というバディウの隠喩は、そうしたものではなかった。この隠喩は、哲学が「革命の欲望」のための知的実験室あるいは予期される空間として役立つこともできるという考え方に向かって僕たちが歩みを進めることを意味している。そしてその空間をつい最近のバディウは、思想における革命と革命を思考することとを一対のものにする、哲学そのものにとっての不可避の次元として、捉えるに到っている。[*15]

彼ら二人が哲学にいだいているそれぞれのイメージには根深い分離が存在している。だがそれにもかかわらず、彼らが試みている哲学とコミュニズムとの分節-解明における類似性は否定できないように思われる。とはいえ僕たちが理解せねばならないのは、この類似性が外的であって内在的ではないこと、その大方が彼らの二つの思考スタイルと思考体系の内部からは稼働していない、一箇の識別されるべき時間的・政治的な隔たりも要請する類似性であるという点である。とすれば、彼らコミュニズムの哲学者たちが、一九九〇年代に思索に耽った時期を過ごしただけでなく、彼らを形成した政治的な情勢や独自性からかけ離れた時代を過ごした僕たちのある部分を結びつける閃きの役割を果たしてくれるとしても、そこに何らの不思議もないはずだ。さらに言えば、この論集の刊行そのものが充分に示しているように、この〔ネグリやバディウと僕らの世代との〕隔たりは、急進的な知的思想の領域におけるかつてなかったほどの（その深部において不均等的な）「グローバリゼーション」（「アメリカ化」でもあるが）という特徴を帯びてもいるのである。その意味で、この隔たりは単なる隔たりではなく、生産の敵対的な文脈から固有に抽象された隔たりなのである。英語圏における著作の出版、とくにアメリカの学術界《アカデミア》を媒介項とする言説の拡散を通じてこそ、コミュニズムと哲学との分節的結合が地球を駆け巡ったのである。ネグリとバディウは概して英語で読まれている（僕も含めて、その翻訳者たちもまた、この奇妙で問題含みの動的配置《アレンジメント》を通じて動き回っているのである）。コミュニズムと哲学は、言い換えれば、重要な例外をとりあえずおけば、コミュニズムと（非－分析的で非－プラグマティズム的な）哲学に対してとても敵対的な思考からなるさまざまな文化を通じて循環している。資本主義に敵対し、資本主義とは異なる政治を非妥協的で党派的に肯定する主張は、資本主義の心臓部にその配送センターをもっているのである。ネグリとバディウにとって、これは比較的最近の現象で

*14　ネグリは（アンヌ・デュフールマンテルとの会話で）「真理は集合行動であり、ともに闘い、変化する存在なのです」と語っている（アントニオ・ネグリ『ネグリ　生政治的自伝』杉村昌昭訳、作品社、二〇〇三年、四三頁）。

*15　Alain Badiou, *Métaphysique du bonheur réel*, Paris: PUF, 2015, p. 11.

あり、その結果、両者の間にはむしろ論争が蔓延することになっている。とくにベルリンのローザ・ルクセンブルク・プラッツで開催された第二回《共産主義の理念》コンファレンスでは、二人が角突き合わせるという事態になった。[*16] この点については、すぐに立ち戻ることにしよう。

それ以外の経歴について言えば、バディウとネグリは、コミュニズムと哲学を結びつけるそれぞれのやり方に垣間見えるであろう短絡と潜在的な類似性にもかかわらず、必ずしも敵対的だったわけではなく、ときに接近しながらも、滅多にその理論的かつ政治的な世界を通わせ合うことがないという、分離状態で生きてきた。実際、今日の急進的な思想家たちのためにプルタークの自伝的枠組みを持ち出せば、バディウとネグリはまさに『対比列伝』で並べられるにふさわしい。彼らは一九三〇年代にたった四年を隔てて生まれたが、[*17] それぞれが歩んできた道行きは、二一世紀初頭におけるヨーロッパでもっとも重要な二人のコミュニズムの哲学者という彼らの今日における立場を分け持っただけにとどまらない。二人とも、とても若いときから、知的生活に関わっていた。ネグリは大学で職を得たとき教授職のなかで最年少の教授の一人だった。バディウと言えば、二〇代ですでに小説家であり、哲学者として世に出てもいた。二人とも共産党に所属したことはなく、長じて政治的には社会主義政党に所属し（ネグリはイタリア社会党 Partito Socialista Italiano、バディウは統一社会党 Parti Socialiste Unité）、若い頃は代議制政治を経験している。二人とも、青年としてではなく三〇代に「長い一九六八年」の分裂に遭遇し、アンリ・ルフェーヴルが「爆発」と呼んだ事態[*18]を導きだした「レーニン主義」的転回に応接する極左政治組織の立ち上げに、それぞれ異なったやり方とはいえ、関わり、指導者になっている。ネグリのそれは〈労働者の力 Potere operaio〉や〈労働者の自律 Autonomia operaia〉であり、バディウのそれはフランス共産主義者連合マルクス‐レーニン主義派UCFMLである。すでにその輪郭については記したが、二人の成熟期における思想は、僕たちが今日依然としてそこからの脱出を試みている革命なき反‐革命への応答と分析によって、その根底から形づけられている。比較的最近、国際的な哲学的‐政治的脚光を浴びるようになったことで取り沙汰されるようになった、こうしたさまざまな対比は、さまざまな概念や立場についてのより広範な対照性が二人の間にあることの根拠をなしているように思われる。

比較哲学は、しかし、きわめて厄介な仕事である。そうした仕事は概念の監査におけるやや無味乾燥な連関性、演習作業をつくりだしてしまうことがあるだけではない。それはまた、そうでなければ本当は予想もされていなかった別々のアプローチの邂逅が強いられる、中立的あるいは均質な空間を想定してもいるのである。もし、ドゥルーズ自身がその著作『差異と反復』で示唆したように[*19]、哲学がさまざまな概念の発明にとどまらず、おそらくはそれ以上のある種の諸問題の解明だとすれば、唯一正統な比較論の試みには、所与の哲学者の固有名に貼りつけられているそれぞれの問題設定間の少

＊16　訳注――これについては、Slavoj Žižek ed., *The Idea of Communism*, Volume 2, London: Verso, 2013 参照。
＊17　訳注――バディウは一九三七年生まれで、ネグリは一九三三年生まれである。
＊18　訳注――Henri Lefebvre, *The Explosion: Marxism and the French Upheaval*, New York: Monthly Review Press, 1968 参照。
＊19　訳注――ジル・ドゥルーズ『差異と反復』上・下、財津理訳、河出文庫、二〇〇七年。

なくとも隣接性あるいはある種の共鳴性と干渉性が必要とされているという問題が提起されるだろう。あるいはむしろ、異なる哲学者が相異する根拠にもとづいて拒否するさまざまな問題の特定が要求されると言ってもよい。より限定的なやり方で言えば、立場の比較は実りある局地的《リージョナル》な作業として行われることが可能であり、そうすることで、異なる思想体系が非常に特殊具体的な問題あるいはテクストの分析に影響を与えるようになり、予想されなかった第三の道あるいは立場がそこから引き出される可能性がある。

こうした視点から僕は、ネグリとバディウとのさまざまな論点をめぐる潜在的に実り豊かな連結、衝突あるいは視差を、彼らの著作の息を呑むような射程の大きさだけでなく、隔たっているとはいえ彼ら二人にある現代性を映し出すことで、構想することもできる。そこに僕たちは、彼らが哲学史に対して行う相互に対立し合う介入を考察するための非常に多くの素材を期待することができる。例えば、デカルト的主体の遺産についての決定的に異なる両者の評価によって補完されるスピノザへの多面的な沈潜や[20]、その哲学における史的唯物論的な方法の見直しを行うネグリに対し、より限定的ながら現代左派のスピノザ主義の輪郭から非常にはっきりと距離をとるバディウといったように。懸案のテクストに一瞥をくれるだけでも、方法論的な決裂が浮かび上がってくるだろう。ここでの方法論的決裂とは、概念分析を階級闘争と資本とのさまざまな結合にひたしてみるというやり方における、亀裂である。ネグリの場合は哲学史に根底的な影響力をもった異端派的な政治化であり、近代にあって近代に抗する転覆的な唯物論的潮流の再発見だが、バディウの場合は、彼らの時代の真理を共立可能にするその様式という観点から、さまざまな哲学の臆することのない新古典派的な図式化が試みられ

（それによって非常に異なるレヴェルに、切断と出来事として歴史が導入されている。[*21] しかし、ここに集められた一連の論考には、彼らのハイデガー的存在論（とナンシー、ラクー＝ラバルト、アガンベンなどの左派ハイデガー主義）との関連するとはいえいまだ徴候的な関係、デリダ的な脱構築への彼らの応接、彼らのアルチュセール読解、ドゥルーズとの対蹠的な関係、レーニン主義をまずは再生し、次いで乗り越えるという彼らの、他とは一線を画する試みを考察するために、大きく拡張する可能性がはらまれている。

そうした比較作業はまた、バディウに滲み出ている政治法哲学の伝統――マキャヴェッリやホッブズから規範的で構成‐憲法的な構成に到るあらゆる考え方――への無関心（どころか敵意）あるいはフロイト‐ラカン的な精神分析に距離をとるネグリといったように、顕著で非対称的な不在を明らかにするのにも役立つだろう。[*22] 民主主義、人民、国家、革命、組織など、現状に対するいかなる急進的な政治思想にも押し寄せるキーワードは、彼らの作品でも対照的な定式を受け取ることになる。彼らの作品の「距離をおいた読解」はまた、高い確率で、特定の用語の出現と流通を跡づけることにもな

＊20　Matteo Mandarini and Alberto Toscano, "Antonio Negri and the Antinomies of Bourgeois Reason," introduction to Antonio Negri, *The Political Descartes: Reason, Ideology and the Bourgeois Project*, trans. M. Mandarini and A. Toscano, London: Verso, 2006 参照。

＊21　訳注――例えば、バディウの「弟子」カンタン・メイヤスー『有限性の後で――偶然性と必然性についての試論』千葉雅也・大橋完太郎・星野太訳、人文書院、二〇一六年をみよ。この翻訳は、この国でも、画期的でなければならない。

るだろう。このことは、こうした用語が彼らの哲学において根底的に異なった役割を割り振られているにもかかわらず、彼らが急進的なヨーロッパ哲学（とその受容）という同じ幅広い共同体に参加しているということの特徴である。それは近年、「共産主義の理念」のもとで結晶化されたが、しかし、すぐに〈六八年〉の切断の形而上学的な翻訳――例えば、「単独性」「多数性」「主体性」「出来事」（あるいは新奇と発案）そしてとくに「表象＝代理」への反対（彼らの「仲介者」であるドゥルーズの思考にとって決定的な用語であるのも偶然ではない）――と理解されてしまった。一般的な「イデオロギー」分析がこれらの用語をマルクス主義の自己批判――ネグリとバディウがコミュニズムをその歴史的な難破から救出しようとする現代のコミュニストの大方と共有している自己批判――についての思弁的な描写とみなしたことは疑いを容れない。実際、最近の論争でネグリは、一方でその結論のいかなるものもきっぱりと拒否しながら、バディウによるコミュニズムの哲学的見直しの出発点――現実の社会主義と訣別し、コミュニズムの運動と資本主義の発展とのいかなる同一視にも猜疑の目を向けるという出発点――を共有することをしぶしぶ認めている。のちに僕たちは、この第二の論点に立ち戻ることにする。というのも、コミュニズムと資本主義との結びつきに対する対蹠的な評価によって初めて、彼らの争異《ディフェラン》がその最終的な位置づけを与えられるからである。

現実の社会主義への対抗について言えば、それは国民政党となった共産党に対して彼らが一貫して敵対しているといった単純な問題にとどまっているわけではない。これはまた、両者がともに、あらゆる社民的な稀釈化に抗してコミュニズムの内容を急進的なものに変え、成長主義的な目的論を放棄し、「〈左翼〉」の実体化に攻撃を仕掛ける必要性を共有しながらも、一九七〇年代における「マルクス主義の危機」に対し非常に異なった応答をしたことにも関わっている（だからこそ、過去数ヶ月におけるシリザやポデモスといった潮流に対する友好的な素振りが、とくにネグリに顕著なのである）。[*23] ネグリがバディウの〈マルクス主義なきコミュニズム〉と理解しているもの――これに対してバディウは、容易に予想されることだが、おそらく、自分は非‐コミュニズム的マルクス主義者 non-communist Marxist というよりもむしろ非‐マルクス主義的コミュニスト non-Marxist communist だと言い返すだろう――に対して政治経済学批判の継続的必要性を強調しているが、僕は次の点を指摘することもできるのである。つまり、この点を別にすれば、敵対するであろうこれら二人の思想家の間にあるもっとも顕著な類似性、概念に関わるというよりも両者の気質に関わっているであろう類似性である。二人が分け持つ確信、それは、コミュニズム、哲学的コミュニズムが、その破壊的な次元にもかかわらず、基本的には肯定的である、という確信である。つまり、それぞれプラトン主義とスピノザ主義というほぼ対立する系譜に連なるとはいえ、二人には悦びあるいは思考への至福《ビューティチュード》がある、ということである。[*24] であればこそ、彼らは、肯定的思考を断固批判するフランクフルト学派の否定弁証法から距離をとっ

＊22 滅多にラカンに触れないネグリがラカンに触れた議論のなかの一つでバディウが、ラカンの仕事を言語論的展開という観点から論じているという事実を民主的唯物論のテーゼのさらなる証拠とみなそうとする可能性は高いだろう。*The Winter is Over*, op. cit.

＊23 訳注――〈シリザ ΣΥΡΙΖΑ (*Συνασπισμός Ριζοσπαστικής Αριστεράς*)〉はギリシャの改良主義的左派政党で、〈ポデモス Podemos〉はスペインの左派政党（英語では〈We Can〉）で、ともに欧州懐疑派である。

たのであり——一時的にアドルノやマルクーゼといった類の人びとに入れ込むといったこともあったにせよ——、批判的スタンスをその根底からの政治的限界をはらむものとする「批判的批判主義の批判」を共有しているのである。[*25]

こうしてまた、弁証法、つまり否定性との彼らの複雑な格闘が、問題となる。これは、それ自体としては持続的で微妙な作業が必要であり、こうした序文の目的をはるかに超える問題でもある。初期の批判的思考と法哲学を組み合わせたネグリの反ヘーゲル主義、マシュレの対案である「ヘーゲルかスピノザか」への明白な応答に収斂する[*26]、当時イタリアのマルクス主義を席巻していたヘーゲル批判への傾倒とドゥルーズとの邂逅、またバディウにおける全体性と目的論の壊滅的な放棄とも見える立場とないまぜとなったヘーゲル主義的思考への忠誠についてはここでは問わないとしても、興味深いことに、最近の両者は弁証法からの離反と見えたものに含みをもたせようとしている。とくにバディウは民主的唯物論（「あるのは諸身体と諸言語だけである Il n'y a qie des corps et des languages.」）と彼自身の唯物論的弁証法（「あるのは諸身体と諸言語だけである——諸真理があることを除けば Il n'y a que des corps et des languages, sinon qu'il y a des vérités.」）との大いなる格闘のなかで、敵対者の象徴《エンブレム》として、ネグリを論じている。[*27] 僕の考えでは、存在論という用語、〈一者〉を超え多数に向かう存在を思考せよという共有された命法には、ほとんど同様の重要性が与えられながらも、まったく通約不能な意義が付与されてもいるのである。それは、バディウにとっては集合論という数学的資源を通じてであり、ネグリにとっては『エチカ』といった著作での様式の存在論のスピノザによる発見を通じてであるという違いだが、とまれそうした命法が知解可能性にまで到達するためには弁証法という濾過装置《フィルター》を通過する必

＊24　彼らがその後見人たる哲学者たちをそのもとにさらした改修と転覆との対照についても、言及されねばならない。つまり、哲学とコミュニズムとの連結は、多数性のプラトン主義 *Platonism of the multiple* と叛乱のスピノザ主義 *Spinozism of insurrection* に徴候的だが、両者はそれぞれ一見するに逆説的な諸実体を要請するということである。

＊25　バディウが他のさまざまな局面で多くのことを語っているが、もっとも最近のものについては、Alain Badiou and Maria Kakogianni, *Entretien Platonicien*, Paris: Lignes, 2015, pp. 17-18 および Badiou, *Images du temps présent, 2001-2004*, Paris: Fayard, 2014, p. 330 を参照。またネグリについては、Antonio Negri, "Some Thoughts on the Use of Dialectics," *Chto Delat* 3 (2009) (http://chtodelat.org/b8-newspapers/12-47/some-thoughts- on-the-use-of-dialects/) 参照。しかし、バディウにおける出来事の絶対性に対して資本主義社会の麻痺的な全体化の副産物という診断を下すネグリのイロニーにも注意すべきだろう。Alain Badiou, Slavoj Žižek, *L'idée du communisme, II,* (Conférence de Berlin, Juin 2010) Paris: Éditions Lignes, 2011 での介入を参照。

＊26　訳注――ピエール・マシュレ『ヘーゲルかスピノザか』桑田禮彰訳、新評論、一九八六年。

＊27　Alain Badiou, *Logics of Worlds (Being and Event, 2)*, London: Continuum, 2008, pp. 1-8 また *Images du temps présent,* op. cit., pp. 427-450 参照。なお以下の点は注意せねばならない。つまり、ネグリ自身、ジャン＝マリ・ヴァンサンとの共著《（ママ）》（一九九一年）で、バディウと多くの部分で重なる「弱い」あるいはポストモダンな思想に対する批判をものしている。アメリカ合衆国のリチャード・ローティやイタリアのジャンニ・ヴァッティモといった人びとに対して次のように述べている。「資本主義は言語と物語《ストーリー》の社会的諸関係あるいはわれわれがその発展を許す必要があっただけの多数の物語《ナラティヴ》になった」と。Antonio Negri and Jean-Marie Vincent, « La pensée affaiblie », *Futur Antérieur* (special issue on "Le gai renoncement" August 1991) (http://www.multitudes.net/La-pensee-affaibli).

要があるという点では、両者は同じ立場をとっているのである。[*28] 彼らの「生」の哲学的意味をめぐる争異に関わって言えば、有限性と反復への新奇性の拝跪を生気論と同一視するバディウ、「生政治的生産」の強調に対する批判を「階級闘争の否定」の徴候と見るネグリが、それぞれ重要だろう。[*29] 普遍的なものに共《コモン》を対置させるネグリはまた、こうした道筋のなかで理解されるべきだろう。[*30]

『さまざまな世界のさまざまな論理』にバディウが据えた序文――さきの用語はこの序文からとられているが――が、形式化や概念の労働という観点からではなく、イデオロギーという観点から言い表されているように、僕のこうした序文も政治的あるいはむしろメタ‐政治的な確信によって重層‐決定される方向性についてのラフな描写を扱いうるにすぎない。この意味でこそ僕は、僕たちがネグリとバディウの衝突を、リオタールの考え方を借りれば、[*31] ある種の争異として、つまりその立ち位置が根本的に両立不可能であり、より構築的道筋から言えば、彼らそれぞれの体系の外部に立って一箇の二律背反と捉える必要があるようなものとして描き出すことができる、と考えているのである。この衝突はベルリンで行われた《共産主義の理念》コンファレンスで浮上したが、[*32] 当然のことながら、それ自体では、哲学的読者に満足を与えることができない衝突だっただろう。とりわけ、二人の論争者が互いの著作に深く立ち入ろうとしなかったように思われる以上、なおさらそうだろう。しかも、彼らの争異の包括的な再構築を欠いたとしても、あるいはさきにほのめかした個別の論点を比較的に審問にかけることがなくても、これら二つの流れ、これら二つのコミュニズムについてのイメージへの最近における結晶化――唯物論的弁証法と民主的唯物論との対立、マルクスを欠くコミュニズムとコミュニズムを欠くマルクスとの対立として論争喚起的に描き出されているという二潮流――は、僕たちの政治的現在における本当の意味での断絶線を、つまり等価性 equivalence の資本主義的支配に抗して平等 equality を集合的にふたたび発案するという欲望に衝き動かされる政治を支持する者にとっては対立する要求が突きつけられているという志向性を、剝き出しにしたのである。

僕が、この争異の旋回軸を位置づけたいと思っている二つの指示書——またそれは、出来事、忠誠、真理、あるいはマルチチュード、帝国、力能 *potentia* といった、われらが著者たちがそれをもって

---

*28 〈六八年〉後の哲学で蔓延した存在論的言説におけるネグリとバディウの位置取りを思考するという複雑な作業は、実り深い結果をもたらした。一般的とは言えないが、潜在的には生産的な角度からの介入による古代の唯物論と原子論についての彼らの考察、おそらくはデモクリトスとエピクロスを題材にとって学位論文を書いた青年マルクスを加えて三角関係を形成するであろう彼らの考察との格闘が可能になった。バディウの原子論については、Alain Badiou, *Théorie du sujet*, Paris: Seuil, 1982 を、またネグリによる事物と空虚についての考察は、前掲『革命の秋《とき》』をそれぞれ参照。

*29 思弁的で政治的な生気論へのバディウの反対は、彼のドゥルーズやニーチェについての著作すべてに見て取れる。またネグリの立ち位置については、Antonio Negri, « La construction du common: un nouveau communisme », *L'idée du communisme, II*, op. cit, p. 209 参照。

*30 Ibid., p. 203.

*31 訳注——ジャン＝フランソワ・リオタール『文の抗争』陸井四郎・外山和子訳、法政大学出版局、一九八九年。

*32 Negri, « La construction du common: un nouveau communisme », op. cit. およびバディウの反論——« Le socialisme ets-il le réel don't le communisme ets l'idée? », *L'idée du communisme, II*, op. cit. 参照。

もっともよく知られているさまざまな概念ほどには雄弁ではないが——は、傾向と分離という視点である。ネグリのバディウに対する決然とした異論提示、それは超越性に対するスピノザ‐ドゥルーズ的な攻撃によって補完された、観念論を批判するマルクス的な言語を甦らせるものだったが、その異論は、フランスの哲学者バディウにとってのコミュニズムが、階級闘争と生産の変異の内部から内在的に引き出されたものではなく、バディウの表現によればだが、「理性、それによる真理の保証、イデオロギー的自律の体系性とは無縁であること」によって定義されるコミュニズムである、というものである。[33] この点についてバディウが異議を唱えるところを誰も本当に理解することができない。逆説すれば、資本が果たすさまざまな革命の最尖端のなかで、そうした最尖端に対抗する現在における協働的実践とコミュニズムの欲望の存在だけが、マルクス的なコミュニズムを規定できるのであり、『共産党宣言』の図式に従って現在の諸権力に走るコミュニズム的な切断に根拠を与えることができるのである。ここでは、まさに『経済学批判要綱』についての有名なセミナー[34]でネグリが「傾向の方法」として引き出した、[35] 資本主義的発展における敵対的ベクトル（かつては「諸矛盾」と呼ばれた）の察知・把握・強化が、彼にとっては唯物論の保証なのである。

　本書に集録した「叛乱のクロニクル」で論じたように、ネグリ自身から、つまり一九七〇年代の時期における労働者の自律 *autonomia operaia* についての彼の著作から、自律‐としての‐分離という思考を引き出すことができるだろう。自律‐としての‐分離とは、内在的な分離、労働者階級が資本が呈する状態に抗してとる位置であり、それは傾向の方法そのものにもとづいて論じられる。それを僕は、「生きた労働の主体化・特異化・社会化は、したがって、資本家の指令からの分離を強行的に創り出すことを追求する運動の目的である」とした。最近、ネグリ自身は、二〇世紀におけるイタリアの政治思想におけるみずからの位置を描き出すなかで、一九七〇年代の政治的叛乱（とくに自律《アウトノミア》と急進的フェミニズム）にとっての「分離」運動の重要性を強調し、分離を超える運動を現代のコミュニズムの哲学に刻みつけられるべき署名として提示している。論考「イタリアの相異」で彼は、それに「脱出」という洗礼名を与えたが、この表現は分離‐としての‐傾向にも似た何ごとかを適切に要約している。彼は「懸案の問題」を「切断《カエスーラ》、割れ目《ブレイク》、存在論的出来事である」としたうえで、「分離から創造的な相異、抵抗から脱出に向かうどこにでもある道筋では、さまざまな運動や労働者そして／あるいは女性たちの意識が、すでにあることの単なる批判といった主題（近代の組織論における古典的な主題）を超え出てしまっており、それを、マルチチュードの内部で、またマルチチュードによって率いられた、特異であると同時に倫理的な姿態変換、内的で集団的な様態変化／形式変換という主題に取って代える」と記している。[*36]

バディウは、その哲学で編み出している概念が切断という奇蹟的な考え方に寄りかかっているとい

---

*33 Negri, ibid, p. 207.

*34 訳注 ― アントニオ・ネグリ『マルクスを超えるマルクス』清水和巳・小倉利丸・大町慎浩・香内力訳、作品社、二〇〇三年。

*35 本書第1章に集録した「叛乱のクロニクル」を参照されたい。

*36 Antonio Negri, "The Italian Difference," in *The Italian Difference: Between Nihilism and Biopolitics*, ed. Lorenzo Chiesa and Alberto Toscano, Melbourne: re.press, 2009, p. 19.

う理由にもとづいて浴びせかけられた批判の皮相さを繰り返し主張しているが——そして僕にとってそれは正当な主張だと思われる——、それにもかかわらず明らかなことは、バディウの政治思想についての僕の最初の一貫した解釈で詳細に論じようとしたように[*37]、彼の政治思想はコミュニズムを、その破壊をも含めた現状への推移としてではなく、その要素が状況からそれ自体として取り出されねばならない分離とはいえ、一箇の分離として、思考しているのであり、またその意味で内在的だが、しかし、ある意味でそれは傾向についてのネグリ的考え方と根本的に対立してもいるのである[*38]。コミュニズムの主体性についての稠密に重層‐決定された論争の繋留点は、そうした根底をなす図式、急進‐根源的な変革の二つのモデル、実際には「解放」についての二つのモデルである。二つのモデルはともに、マルクス的母型《マトリクス》をその内部にもっている。ネグリは、コミュニズムがそのうちにもつ潜在力が物質性に、『共産党宣言』や『経済学批判要綱』から抽出された資本主義の「歴史的存在論」に、書き込まれていると考えているが、バディウは、マルクスが「ヘーゲル法哲学批判序説」で暗示し、第一インターに結晶化したような、プロレタリアートが無から出発し全体に——あるいは、バディウにラカン的屈曲を加えていえば、「非‐全体」に——到ることを可能にするような、資本と国家からのまったき切断を構想している。

最後に、この根底にある差異——分離の弁証法と傾向の弁証法との対立であり、これら二つのアプローチは弁証法的思考のまさに境界にまで伸びている——にこそ、現代がかかえる政治的諸問題とコミュニズムの未来への彼らの非常に異なった介入の根源をみいだすことができる。ネグリは、資本はその最強の結びつきにおいて崩壊するという彼が従来からもっている確信に即して、資本主義の敵対的発展に撒かれたコミュニズムの種子、とくに主体性の増大する中心性そのもの（共《コモン》、特異性、生政治、マルチチュードとして分節される）を頑固に強調している。[*39] その敗北そのものが過去と未来における勝利の徴候であるような、ある種の唯物論的予言に費やされるその努力において、ネグリの思考がしばしばありえないほど「楽天的」に見えるという事実、それにもかかわらず国家政治と議会制代議主義に彼が示す思想的敵意、ブラジルの労働者党（Partido dos Trabalhadores）の経験に下す好意的な評価、彼が「主権主義的」左派と呼んで排斥するものに蔓延するユーロや欧州共同体に対する反対論に仕掛

*37 Alberto Toscano, "Communism as Separation," in *Think Again: Alain Badiou and the Future Philosophy*, ed. Peter Hallward, London: Continuum, 2004.

*38 諸形式の分離可能性における分離としてのコミュニズムという考え方をプラトンに求めるバディウの立場については、Badiou, *Images du temps présent*, op. cit., p. 357.

*39 ネグリは「現代資本主義は主体性を必要としている。現代資本主義は主体性に寄りかかっているのである。現代資本主義は、したがって、逆説的にもみずからを危機に陥れることにつながれているみずからを発見するのである。というのも、抵抗、人間の自動詞的な intransitive 自由の肯定がまさに主体的発案の力能 *potenza*、その特異な多数性、その差異にもとづく共《コモン》を生産する能力の強調に潜んでいるからである」と主張している。Antonio Negri and Judith Revel, « Inventer le commun des hommes », *Multitudes* 31 (2008) (http://www.eurozine.com/articles/2008-05-13-negri-fr.html) 参照。ネグリにとって資本主義とは、その生きた労働の創造的な叛乱性への応接において、抵抗の可能性を争う余地のないほどに、増大させるものなのである。バディウも含めた膨大な量におよぶ左派の思想にとって反直感的な意味で、資本への対立は四〇年前に比べてより強力になっている。

ける論争といったものは、マルチチュードの「構成する権力」にとっての政治的好機として解釈されている現状の再調査にほかならない。ネグリは、僕たちが自分たちの社会に「コミュニズムの必要条件」を見つけ出すことができ、「資本主義社会がコミュニズムへの期待に自分自身を結びつけることで生き延びている」という確信をゆるがせにしたことは一度もない。[*40] 逆にバディウにとっての肯定とは、現在の原動力における何ごとかの肯定ではなく、切断の肯定にすぎない。したがって、最近彼はコミュニズムを「さまざまな抗争を仔細に評価するための直接的規範」、つまりコミュニズムをこれらの抗争に作りつけられた傾向ではなく、政治的で哲学的な判断のための原則にもとづいた基準、政治的可能性の既存の空間から「身を剝がす」規準と定義している。[*41] 現代資本主義は、その主体性への寄りかかりや語られぬ革命への潜在力において、階級闘争あるいは開け拡げ《オープニング・アップ》の力に衝き動かされるどころか、一九世紀における占有にもとづく捕食を反動的にも寡頭的に繰り返している。それは主体なき世界、理念なき世界であり、少なくとも表象‐代理に到達する諸身体と諸言語に可視化されるものではない。二〇一一年以降におけるたどたどしい「歴史の復活」に垣間見えた「コミュニズムの運動の不変の特徴」への彼の共感にもかかわらず、スペインやギリシャにおける運動に直面して下される、資本主義権力の代行者どもから「ちょっとでも意味ある退却すら無理やり作り出すことができない進歩勢力の無力」という、彼の極めつきの評価がここから出てくるのである。[*42] バディウの展望から言えば、資本主義は、コミュニズムの肯定という党派的視点からも理解されねばならないが、ネグリとは異なり、資本主義に内在するコミュニズムの種子など存在しないのである。バディウはこう書いている。「資本主義のリアルへの接近とは平等の肯定である。それは、平等は可能であると決断・宣言し、平等を行動、組織、新たな場所の制圧《コンクウェスト》、新たな思想や叛乱、そして必要とあらば戦争といったプロパガンダと工作を通じて、できるだけ存在させることである」と。*43

結局のところ、ある者《ネグリ》にとってコミュニズムとは、現代資本主義における生産と再生産が呈する増大する「社会化された」特徴を滲透させる生きた潜在能力であり、他の者《バディウ》にとってコミュニズムとは、僕たちが生きる現下の状況がはらむ、僕たちの既存の政治的な身体と言語からの分離において「不可能なことの尖端」で再発案されるしかないものである。ある者《ネグリ》にとって主体性とは、生産的「特異性」（単なる諸個人ではなく）の姿態変換と協働がつねにすでに資本主義の存在論で作動していることだと考えられており、他の者《バディウ》にとっては主体は稀少《レア》で、コミュニズムはその「不変的なこと」の永遠性とその叛乱の偶然との狭間に、いまだという様式、したがってまた「前未来」という賭け金の様式という姿で、またがっている。つまり、後になってこれらの行動がコミュニズムの諸原理と気息が通い合っていたのだとされることになる。言い換えれば、ネグリにとって革命的な新奇さは新奇・革新あ

---

*40　Antonio Negri, « De la transition au pouvoir constituant », *Futur Antérieur* 2 (1990) (http://www.multitudes.net/De-la-transition-au-pouvoir/).

*41　Badiou, *Entretien platonicien*, op. cit., p. 45.

*42　Alain Badiou, "Our Contemporary Impotence," *Radical Philosophy* 181 (2013). なおギリシャ特集の同号に掲載されたネグリの論考と対比されたい〔訳注 —— Antonio Negri, "From the end of national Lefts to subversive movements for Europe," in *Radical Philosophy*, ibid.〕。

*43　Alain Badiou, *À la recherche du réel perdu*, Paris: Fayard, 2015, p. 36.

るいは生産とその諸関係として解明されねばならないものであり、バディウにとっては、政治領域における真に新たなことはすべて（あるいは真理に充ちた実践のいかなる他の領域もじつは）、その定義からして、資本にとっては根底的に他なるものになるというわけである。

本書に集録された論考は、異なった要請（僕の研究にとって内的必然性があるものもあれば、たんなる原稿依頼に応じたものにすぎないものもある）に応じて異なった時期に執筆されているが、彼らの地平としてのコミュニズムの意味そのものをめぐるこの争異という視点から実りあるものとして読解されることを望んでいるとはいえ、こうした論点を真正面に据えたものでもない。これらの論考はすべて、ネグリとバディウから引き継いだコミュニズムと哲学はともに思考されねばならないという確信に衝き動かされて執筆されたが、それぞれの論考は個別の探求にとどまってもおり、一貫した方法論があるとすれば、その方法は、肯定そのものではなく、これら二人の思想家の政治的（あるいはメタ政治的）な思想のいくつかの境位《エレメント》あるいは構成要素への内在的批判である。日本の読者が今日におけるコミュニズムの哲学における問題点と展望をみずから再構築するために役立つことを期待している。

第Ⅰ部

ネグリ

第1章

叛乱のクロニクル

トロンティ、ネグリ、そして敵対関係の主体

メーデーに行った。これまで労働者の祭典なんかに行ったことなどなかったのに。労働の日だって。ご冗談を。労働者が自分のことを祝賀する日。労働者の日、労働の日。これがいったい何なのかが腑に落ちたことなんてない。でも働かないといったい何をすればいいのかもわからない。なぜって労働者だからだ。日がな一日、工場で働いている人間だからだ。そして明日のために残りの時間に休息がとれるだけの人間だからだ。でも、メーデーにふと思いついてある男の演説を聴きにいった。彼のことを知らなかったから。[*1]

暴力は（…）それ自体が一つの経済的な潜勢力である。[*2]

前門の帝国、後門のマルチチュード

『〈帝国〉』[*3]や『マルチチュード』[*4]といった著作が送り出した命題的主張を、その政治的内容を脱歴史化したうえで理解することを、批判的であれ、肯定的であれ、正すために、多くの作品が書かれた。けれども、依然としてある強烈な傾向が残っている。切断と変革を表現するためにこうした作品自体も採用した修辞そのものがそうした傾向を〔ふたたび〕助長した場合もあるが、その傾向とは、ハートとネグリの最近の作品をある種の理論的な未確認飛行物体というか、あらゆる国民－国家と階級の座標軸から解き放たれ、これら二人の著者たちが僕たちの現在として描き出していると主張するぞくぞくするような未来から僕たちのもとを訪れたタイム・マシンとして論ずるというものである。〈帝国〉とマルチチュードという形象についての見かけは弁明に充ち、印象主義的な特徴の背後には、戦後イタリアにおける政治闘争や経済的な再編成に衝き動かされた生産と再生産の様式における経験的な変換や、資本主義的支配の諸形式における階級構成とそのシフトが呈した傾向といった観点からマ

＊1　訳注――Nanni Balestrini, *Vogliamo tutto*, Mondadori, 1988 (*We Want Everything*, London: Verso, 2016).
＊2　訳注――『資本論』第一巻、『マルクス＝エンゲルス全集』第二三巻、大月書店、一九六八年、九八〇頁。
＊3　訳注――アントニオ・ネグリ＋マイケル・ハート『〈帝国〉』水嶋一憲・酒井隆史・浜邦彦・吉田俊実訳、以文社、二〇〇三年。
＊4　訳注――アントニオ・ネグリ＋マイケル・ハート『マルチチュード』上・下、幾島幸子訳、水嶋一憲＋市田良彦監修、日本放送出版協会、二〇〇五年。

ルクス主義的な諸範疇の有効性を試すという目的をもった理論的作業や政治的実践の、長いとはいえ節目をもった、歴史が控えている。[*5]〈帝国〉とマルチチュードを非‐弁証法的に一対のものとする考え方の背景に、僕たちは、資本と労働とのはるか古くからある敵対関係が「突然変異」のように変化したという形象だけでなく、ラニエロ・パンツィエルリの仕事や『赤い手帖 *Quaderni Rossi*』誌から始まり、次いで主にマリオ・トロンティやアントニオ・ネグリの著作においてその名声をより高めた、批判的マルクス主義の「労働者主義的 *operaista*」発展と「ポスト労働者主義的 *post-operaista*」発展とゆるく定義することができる潮流のもとで定式化される類の形象をも、識別的に、理解する必要がある。そして彼らの六〇年代から七〇年代における知的生産が、僕のここでの関心である。

本章における僕の目的は、敵対関係とその捕獲の「労働者主義的」弁証法から、労働者の自律の叛乱的な一側性《ユニラテラリティ》を通じて、近年の脱出《エクソダス》理論への動きを衝き動かしたものは何かという問題を探求することである。この問題への回答を素描するには、資本の政治‐経済学的論理と分離の革命的論理――分離としてのコミュニズムの論理[*6]――との連結を調べる必要がある。あらゆる労働‐生産過程が資本主義的諸関係の領域内で起こる、マルクスが「実質的包摂」として言及した時代では、労働者主義《オペライズモ》の観点から言えば、その連結は、生きた労働が労働能力の搾取‐利用にもとづいて生産過程を領有する〔奪い返す〕ことができるような集合的主体として出現するように誘い出すことができるといった、敵対的な分離の組織された行動においてのみ、理解できる。ネグリが指摘するように、資本主義的な「全体性とは、われわれが自分自身をみいだし、われわれが主体として――だがわれわれをさまざまな特異性として構成するのは、分離の強度、敵対関係が認知される力である――存在するためにわれわれわれ自身を分離せねばならない組成《テクスチャー》」である。[＊7] 労働者主義的な「伝統」——そのきわめて問題含みの特徴についてセルジオ・ボローニャが指摘している表現を使えばだが——との「伝統」がもたらしたマルチチュードの政治哲学で露出するそのあからさまな逆説——これはもちろん、マルクスの重要な洞察のいくつかに忠実な逆説だが——は、（生産が完全に社会化された）社会的なことに対する資本主義的諸関係の統合的内在性と、資本と労働との敵対関係の急進化を、ともに肯定することにほかならない。包摂は、それがまさに実質的である限りにおいて、指令の非合理的形態としてみずからをあらわにし、生産のコミュニズム的領有の可能性を予告するのである。つまり問題は、政治的危機と敵対関係が稀少性あるいは停滞を必ずしも伴わず、先進的でダイナミックな資本主義という状況のもとでのコミュニズムを実現するという問題なのである（イタリアではフィアットが享受した黄金時代と工場そのものを備給していた激烈な闘争が同時に起こったが、八〇年代と九〇年代の比較的社会が平和であった時代では、その累進的な脆弱化とその結果としての崩壊が起きたという事実に、これは確認することができる）。

＊5　Guido Borio, Francesca Pozzi and Gigi Roggero, *Gli operaisti*, Roma: DeriveApprodi, 2005 および Steve Wright, *Storming Heaven: Class Composition and Struggle in Italian Autonomist Marxism*, London: Pluto, 2002 参照。

＊6　この概念——それはまたネグリの前掲「イタリアの相異」でも強く際立たされているが——をめぐる議論については、Toscano, "Communism as Separation," op. cit. を参照されたい。

＊7　Antonio Negri, *Fabbriche del soggetto*, Livorno: XXI Secolo, 1987, p. 224.

傾向とコミュニズム

そうした立場は、いまや資本の支配から媒介、弁証法、あるいは計測といういかなる可能性も奪われてしまっているという確信に、依拠している。それは、労働者の闘争が発揮する触媒作用によって、ルーズベルト的であれ、ケインズ的であれ、いかなる社民的な目論見も破壊されているという仮定でもある。けれども、労働者主義がみずからにある「観念論の反駁」を取り込もうとする限り、この論点は巨大なものになるのだが、計測や媒介が崩壊しているというこの仮説は、それ自体、一箇の歴史的過程の所産でなければならない。それは、さらなる弁証法的媒介の不可能性を示しているように見えるとはいえ、それ自身、弁証法の所産でなければならないのである。ネグリにあってこの歴史的決定性を提供するものは、閉鎖的で内生的に展開する弁証法的全体性の概念というよりも、むしろ傾向の概念なのである。ネグリはこの傾向を次のように定義している。

この傾向がわれわれに明確な予測を与えてくれるが、それは、唯物論的弁証法を構成する要素が展開する唯物論的弁証法によって特殊具体化される、予測である。傾向とは、労働者階級の観点がある規定的な歴史的時代画期に応用されることで明示的になるような、実践的で理論的な過程を指している。それは、傾向を措定し、傾向を描き出し、傾向の矛盾を定義することが経済決定論とはまったく異なっていることを意味している。まったく正反対なのだ。傾向を措定するとは、その内部でわれわれの当初の出発点であった諸要素の特殊性と具体性が端緒で構想されていたその意味を〔前進‐背進的に再〕獲得する可能性がある適切で全面的な理論的展望に到達するために、単純なことから複雑なこと、具体的なことから抽象的なことへと上向することである。(…)〔それは〕現実の複雑性に遭遇するようになるにつれて経験する理性の冒険なのである。[*8]

こうした具体性を帯びた傾向を欠けば、コミュニズムは、体系的発展の現実における分節に介入することができないテロリズム的な決断主義の一方的な純粋性と不能に、切り縮められてしまう。こうした観点に立って初めて、政治‐経済的な予測と組織された介入との戦闘的な組み合わせである労働者主義は、敵対関係・ヘゲモニー・主体化についての具体的に「政治的な」理論による補完を必要とする、何よりもまず体系的な変革理論としての支配的なマルクス主義概念にとって有益な是正という役割を果たすことできる。労働者主義の糸口――のちに労働者の自律と自己‐価値実現の理論によって急進化することになるが――は、資本主義の動態を、可変資本である生きた労働を吸血鬼のように生産過程に「吸収」するという搾取の観点からだけで議論することを乗り越え、労働者階級の主体性の動因的重要性と組織化についての考察に移行することができる、そういう論点だったのだ。それはまた、資本主義を変革するための分析を確固たる物資と時間に規定された敵対関係のレヴェルに移行させることでもあった。言い換えれば、労働者主義は資本主義的支配と労働力の搾取‐利用そして剰余価値の抽出がまったく隅から隅まで政治的であるという枠組みを踏まえて、マルクス主義的テーゼを

＊8　Antonio Negri, *Revolution Retrieved: Selected Writings on Marx, Keynes, Capitalist Crisis and New Social Subjects 1967-1983*, trans. Ed Emery and John Merrington, London: Red Notes, 1988, p. 125.

ふたたび活性化するのである。のちにみるが、これは単なる理論的措定ではなく、傾向という視点を通した政治-経済学的情勢の分析を伴っている。ネグリによれば、こうした観点に立って初めて、以下の点が理解可能となる。すなわち、ケインズ主義の後光と社会民主主義の長い伝統のもとでアメリカ合衆国のニュー・ディール期に支配的役割を果たした価値法則の複雑な媒介は、以前よりはるかに大きな自律性と労働力との交渉のかつてない減少を欲する政治的指令の形態として資本がみずからをあらわにするにつれて、いよいよ時代遅れになるということである。

ネグリと当時の同志たちのテーゼとは以下である。つまり、そうした「資本の自動（-自律）化 autonomization」――それは、社会計画の減退に対する貨幣的・財政的・金融的な諸政策への依拠の増大はもとより、それに伴う調整と統制の強化として現れたのだが――は、工場だけに委ねられるどころか、いまや社会の基本構造全体を覆うまでになっている生産と再生産の領域を領有するための労働者階級の闘争によって行使されている、自律と自己決定へのかつてないほどの要求の効果-帰結とみなすことができる。当初は「階級構成」、のちには「組織された自律」と呼ばれることになる概念は、敵対関係の複雑性と権力動態へのこうしたアプローチの困難性を表していたが、依然として僕たちは、マルクスの「生産一般」と同じ意味合いで「敵対関係一般」について語ることができるだろう。すなわち、それは「一つの抽象ではあるが、しかしそれが共通な要素を現実に明らかにし、確定し、したがってまたわれわれから反復の労を省いてくれる限りでは、一つの合理的な抽象」なのである。*9

労働者主義――また次いで、大まかに自律主義《アウトノミズモ》とポスト労働者《オペライズモ》主義と理解されている考え方――がはらむ問題は、コミュニズムの理念を政治戦略と組織化のレヴェルで労働の廃棄としていかに永続化させるのかということでもあった。言い換えれば、高度に社会化されているだけでなく、同時に高度の政治的抑圧にもさらされている経済という条件のもとで、コミュニズムへの実践的な移行をどのように達成するのか。これが問題だったのだ。この意味で僕たちは、ネグリが自分の敵対関係の政治学にとって決定的なものとして措定した、三つのテーゼを摑まねばならない。そのテーゼとは、第一に「マルクスのさまざまな範疇はすべて、コミュニズムの範疇に属する」というものであり、[*10]第二に「コミュニズムは〔その〕主体形態をもつ。すなわちコミュニズムは構成する実践である」である。[*11]そして第三に「コミュニズムは資本主義の発展の所産では決してない。それはその根源‐急進的な転回である」というものである。[*12]ここでの理論における主要敵があらゆる類の〈議会制〉社会主義、つまり資本主義的生産様式にとって有機的な媒介のありうべき一つの帰結──たとえそれが「自然」の所産としてであれ、勝ち誇る改良の漸進的蓄積であれ、あるいは労働者階級とその党派的指導の力を展開することが段階的に招いた結果であれ──であることは明らかだ。ネグリは、そうした媒介へのいかなる信認にも反対し、「マルクスの論理がもつ敵対的性質」の肯定を望み、[*13]「敵対関係は社会的な

＊9　マルクス『資本論草稿集 1857‐58年の経済学草稿 Ⅰ』1、大月書店、一九八一年、二八頁〈訳者──以下『資本論草稿』と略記〉。
＊10　前掲『マルクスを超えるマルクス』二九六頁。
＊11　同前、二九九頁。
＊12　同前、三〇三頁。
＊13　同前、三〇八頁。

ものに転化せねばならなくなる。すなわち、総労働力は資本主義的発展に対抗する革命的な階級に転化せねばならなくなる」と書いた。[*14] そうした主張は、その結果、あらゆる類の厄介な問題を引きずるほかなくなる。まず始めに、プロレタリアートのいわゆる自立とは、いかなる性質のものか？　それにはある種の社会的潜在性があるのか、それとも政治的な意志や組織の、無からの、所産なのか？　被搾取者の政治的で綱領的な自律だけでなく、資本の内部における敵対的階級の十全な内在性を、僕たちはどのように考えればよいのか？　言い換えれば、内在的な敵対関係、実質的包摂における、また実質的包摂に抗する、分離とはいったい何か？　こうした問題に直面することによってのみ、労働者主義《オペライズモ》と自律主義《アウトノミズモ》の実践－歴史的な問題点と理論的潜勢力はもとより、『〈帝国〉』と現代におけるポスト社会主義的な反資本主義についての多くの理論的な言説をともに規定している敵対的なテーゼにも、光を当てることができると思われるのである。

トロンティのコペルニクス的転回

マルクス主義の明示的で体系的な敵対的種類《ブランド》へのこうした転換の源泉には、二つの側面が存在している。歴史的には、一九五〇年代後期から六〇年代全般を通じた――イタリア共産党と合法的な労働組合の直接的影響の外部から生まれた――労働者の猛烈な闘争の再燃を起源にもつ要素である。この闘争で問題にされたのは、進歩と交渉についての国民的《ナショナル》で生産力主義的な参加という論点ではもはやなく、むしろ労働者の必要《ニーズ》の直接的かつ即時の充足という一方的な要求、すなわち自分たちの要求の基本原則を経済の活況や高度の資本投資の継続、また生産と利潤の一般的増大に一切求めない要求であ

郵便はがき

3 0 1 － 0 0 4 3

龍ケ崎市松葉6－14－7

株式会社 **航思社** 行

ご購入ありがとうございました。ご記入いただいたご意見は、今後の出版企画の資料とさせていただきます。また、お客様の住所やメールアドレスなど個人情報につきましては、小社の出版物に関する情報の案内にのみ利用し、それ以外の目的で使用することはございません。

フリガナ お名前	性別	年齢 歳
ご住所　〒		
tel.　　　　fax.		
E-mail		
お勤め先（ご職業）		

株式会社 航思社　tel. 0297-63-2592　fax. 0297-63-2593
◎ URL http://www.koshisha.co.jp　◎お問い合わせ info@koshisha.co.jp

愛読者カード

本書のタイトル

本書を何でお知りになりましたか

1．新聞・雑誌の広告を見て（紙誌名　　　　　　　　　　　　　　　　　　　　　）

2．新聞・雑誌の紹介・批評を見て（紙誌名　　　　　　　　　　　　　　　　　　）

3．書店の店頭で　4．人にすすめられて　5．案内チラシなど

6．インターネットで　7．その他（　　　　　　　　　　　　　　　　　　　　　　）

本書の内容について

1．満足　2．普通　3．不満　4．その他（　　　　　　　　　　　　　　　　　　）

デザイン・装丁について

1．良い　2．普通　3．悪い　4．その他（　　　　　　　　　　　　　　　　　　）

値段について

1．安い　2．普通　3．高い　4．その他（　　　　　　　　　　　　　　　　　　）

本書をお買い上げになった書店

書店名　　　　　　　　　　　　　　所在地

ご購読の新聞

1．朝日　2．読売　3．毎日　4．日経　5．その他（　　　　　　　　　　　　　　）

ご購読の雑誌・週刊誌など

本書に対するご意見・ご感想、今後の出版物についてご希望等をお聞かせください。

る。理論的に言えば、その特徴が、人間の本質が労働にあるとする社会主義における労働崇拝の拒否だけでなく、経済計画の背後に潜む政治的な思惑をもまた心底軽蔑するという立場を表明する、大らかに「自己中心的な」闘争の波であり、それはマリオ・トロンティの時代を画する著作『労働者と資本』に鮮明に語られている。*15

この作品は、数名の同志たちとともに『赤い手帖』誌上で生み出されたものだが、その狙いは労働力を生産循環とその政治的合理化における一要素とみなす理論的規準の根底的な転倒を遂行することにあった。この要素は、せいぜい自分自身に対する政治的指令を階級的代表としての政党に譲る程度のものにすぎず、コミュニズムの消滅しつつある臨界点《スレッシュホールド》に到達するまでは、本質的には資本主義的な関係が工場やその他の領域で獲得している激しい規律によって足枷を履かされたままにとどまっている。

生産主義、経済計画そして労働者の犠牲というこうしたイデオロギーに抵抗したトロンティは、一〇年にも及ぶ労働者の闘争が刻みつけた領有〔奪い返し〕を目指す敵対的な要求を適切な理論的枠組みに翻訳することを試みたのである。トロンティは、資本に抗して労働者階級の生活〔欲望とは言わないまでも〕を護る改良主義的な政治的媒介に参加するよう絶え間なく要求することは可能だといった考え方に反対し、こうした立場の幻想性を以下のテーゼにもとづいて論じているが、それは日に日

*14 訳注――同前、三一六頁、傍点原文。
*15 Mario Tronti, *Operai e capitale*, 3rd ed., Roma: DeriveApprodi, 2006.

に説得力をもつようになっている。そのテーゼとは、資本の政治史は資本家階級が自分自身を労働者階級から解き放とうとする資本家階級の絶え間ない試みの歴史である、というものである。搾取の主体としての労働者階級というあり方がはらむ戦略的な両義性は、トロンティに特徴的な簡潔な文章によって、その枠組みが次のように与えられている。

労働者階級はみずからがそうであることを行う。しかし、それは資本の分節-接合 *articulation* とその消滅 *dissolution* とまったく同じことである。資本家の権力は労働者の敵対的な〈闘う-意志〉をそれ自身の発展の原動力として用いることを追求する。労働者の党は、この同一の現実において資本の利害を担う労働者たちによる媒介を取り上げ、それを敵対的な形態のもとに、闘争の戦術的領域と破壊のための戦略的潜勢力として、組織せねばならない。[*16]

僕たちがここで見ている議論は、有機的弁証法でもなければ、純粋な敵対関係についての二元論的理論でもない。むしろ僕たちは、資本が、その究極的なユートピア的地平が労働者階級の消滅と資本のまったく制約を受けない自己-価値増殖である、敵対関係の弁証法的利用を重視しているという考え方に、招き入れられているのである。他方、労働者階級とその政治的前衛は敵対関係の敵対的利用をもくろむが、それはまさに敵対関係の——例えば、工場からの逃散はより利潤が上がる技術的跳躍と組合に組織されていない「柔軟な」労働力とを搾取-利用する絶好の機会であるといったような——資本化を拒絶することにほかならない。ハリー・クリーヴァーの便利な解説によれば、これは「資本が労働者階級を単なる労働力としてのみ組み入れることを追求する」ことを意味しているが、他方「労働者階級は、資本の自己 - 再生産を切断する闘争を通じてのみ、自立《インデペンデント》した対自的階級としてみずからを肯定する」ことを意味している。[*17] コミュニズムの政治は、したがって、その「力」が「繰り返し更新される敵対関係の生産」に存在し、[*18] それはまた「その敵対的性質を破壊することなく労働力の自律を破壊する」ことに依拠するという、[*19] 資本主義の内的な緊張関係の利用をその目的としているのである。

ある意味で、資本の有機的構成——制御可能な技術の拡大と利潤の増大という目的から言えば、制御不能な労働者という視点にとくに関連する、不変資本と可変資本との比率——が変化するなかで一九六〇年代に明らかになってきた〔自分自身の労働者からの〕解放に賭けた資本の努力の昂進は、マルクスが『直接的生産過程の諸結果』で〈生きた労働としての〉労働者階級が生産過程に対する資本の指令の一見するに一枚岩的な特質を剝き出しにした、そうした過程の暴露にほかならない。[*20] とすればここには、その唯一の流動性が生きた労働の吸収過程によってのみ提供される資本という吸血鬼の所

＊16 Mario Tronti, "The Strategy of Refusal," in *Autonomia: Post-Political Politics*, eds. by S. Lotringer and C. Marazzi, New York: Semiotext(e), 1980, p. 29.
＊17 Harry Cleaver, *Reading Capital Politically*, 2nd ed., London: AK Press, 2000, p. 66.
＊18 Mario Tronti, *Il tempo della politica*, Roma: Editori Riuniti, 1980, p. 58.
＊19 Tronti, *Operai e capitale*, op. cit., p. 217.
＊20 マルクス『直接的生産過程の諸結果』岡崎次郎訳、国民文庫、一九七〇年、二八～二九頁。

業が、潜んでいると言わねばならない。イタリア版『諸結果』の編集者ブルーノ・マッフィは、「資本は、『過程における価値』に生成変化する場合にのみ、つまり生産過程の内部で人間労働が魔法のようにちょっと触れ、資本を規模が不変力から可変力へ変える場合にのみ、真の意味での資本である」と書いている。*21

生産過程における生産という直接的視点と資本の自己－価値増殖という視点への引き裂かれというこの二重現象こそ、みずからを経済的合理化――これはいつも資本が労働者階級から自己を解放するための序章である――に従属させようとはしないこの敵対関係の此処《ここ》そして現在《いま》における政治的受任の〔資本への〕強制という、トロンティの試みの目的にほかならない。これらの諸条件と指令および規律の実践との増大する密接な紐帯に即して労働条件の全体性が資本として現れる事態を直視することで、トロンティによれば、僕たちは、敵対関係を通じた、あからさまに戦闘的で反システム的な労働者階級の政治的構成を構想するという企図を開始することができる。生産に対する指令の領域で構造的あるいは現象学的な敵対関係として機能しているものは、自己－価値増殖の資本主義的過程を直接的目的として据える政治的な敵対関係によって、（危機に到るまで）担われ、二重化され、再強化されねばならず、それはまた労働者階級の自己－価値実現に、つまり資本主義的指令の不安定化と脱構造化に向かって進む傾向を示している。戦略と戦術の両面（そしてイタリアにおける左派の四分五裂の根因）における全問題が、労働者の闘争を特徴づける自律のある意味での実践から、トロンティが資本に抗する階級として言及したものの政治的形成へと動いていく手段に、関わっている。叛乱から組織化へ、また組織化から叛乱へと。

これがトロンティの「コペルニクス的転回」だが、この「転回」によって、「資本主義社会の経済的な運動法則は労働者階級の運動の政治的法則として新たに発見される」のであり、それはまた「敵対関係と闘争の客観的な革命的必要性に容赦なく役立つために、組織の主体的力によってその方向が曲げられ」るのである。[*22] 資本は、このあからさまに政治的な捻れ《トーション》を通じて、政治が科学に「先行する」状況のもとで、労働者階級の一機能となる。クリスティーナ・コルラッディがイタリア・マルクス主義の歴史について最近記した著作で指摘しているように、もし僕たちがあくまで科学的類似にこだわるとすれば、このコペルニクス的転回は真の意味で一箇の「ポスト・コペルニクス的」あるいはアインシュタイン的な転回である。新たに政治化された資本の敵対主義的科学についてのトロンティのこうした視界《ヴィジョン》は、「一般化された方法論と普遍科学」のそれではなく、「高度の非決定性をその特色とする一箇の体系の境界における、部分的で、主体的、また一側面的な、科学」のそれであり、「マルクス主義的探求は、ちょうど十月革命の精神がアインシュタインの相対性理論がその代表であるような切断《ブレイク》と似ていると論じられたように、非ユークリッド幾何学の発見に比べることができる」のである。[*23] 資本のこうした党派的科学という考え方、それはトロンティの仕事を支配し、それはまたネグリのなかにも姿を変えた形で存在している。そうした考え方は、いくつもの目覚ましい結果を残して

＊21　Karl Marx, *Il Capitale, Libro I, Capitolo VI Inedito*, Bruno Maffi ed., Milan: Etas, 2002, p. xi.
＊22　Tronti, *Operai e capitale*, op. cit., p. 224.
＊23　Cristina Corradi, *Storia dei marxismi in Italia*, Roma: manifestolibri, 2005, p. 169.

いる。ここではそのうちの二つについて言及しておきたい。
その第一は、この転回によって政治的行動を単純に引き出すことができるようないかなる科学的理論も存在しないということが明らかになったことである。むしろ、蓄積の客観的傾向を摑み取るための試みとしての理論は、つねに「客観性の包括的な拒否」としての政治との離接的な綜合関係に存在し、それは傾向を克服する試みなのである。言い換えれば、「理論は予期であり、政治は介入」なのである。[*24] さらにそれは、介入の科学としての政治（学）と敵対関係の科学としてのマルクス主義との結びつきが、つねに情勢の変化に身をさらしながらも、そうした変化に抗するなかで征服されねばならないということをも意味している。

闘争としての科学は短命の知である。それは有益である限りで存続する〔にすぎない〕。（…）君に問題を投げかけるのは世界の一部、しかもその一部だけでしかない。これは思考にとっては幸せな状況である。思考が事態を決する力であるような一箇の例外状況〔だから〕である。[*25]

また安易な決定論とは異なり、

資本の発展を予測することは、自分自身を鉄の法則に従属させることを意味しない。それは、資本の発展にとるべき道を無理やり圧しつけ、鉄よりも強力な武器を携えてその到来をある情勢のもとで待ち受け、ある時点で攻撃を仕掛け、破壊することを意味している。[*26]

「束の間の政治的瞬間」における傾向と主導性とのこの結合は、決定的にも、資本を待ち伏せる限られた好機が取り返しのつかないほどに失われ、また敗北が現実のものとなる可能性であることをも意味している。トロンティが『労働者と資本』で警告しているように、

われわれにはそんなに時間がないのである。[*27]

トロンティの議論は、政治経済学批判に後づけされた主意主義的な付属品などではない。彼の議論は、資本主義社会と資本主義の支配に受動的な構成という役割を割り振ることを目指している。この特徴については、マルクス自身も〔資本による〕労働者の知識の窃盗とその結果として起こる生産過程における構造的調整という観点から理解していた。あるときマルクスが皮肉っぽく指摘したように、つねに資本は——そのすべての技術的人工器官《プロステーズ》によって——おくれをとりながらも、ストライキを求めている、と。ここでの重要な公理は七〇年代のネグリの議論に大きな影響を一貫して与えている公理であり、それはまた最近の「マルチチュード」分析にも埋め込まれている公理でもあって、そこで

＊24 Ibid., p. 258.
＊25 Mario Tronti, *Cenni di castella*, Fiesole: Cadmo, 2001, p. 19.
＊26 Tronti, *Il tempo della politica*, op. cit., p. 64; Id., *Operai e capotale*, op. cit., p. 17.
＊27 Tronti, *Operai e capitale*, op. cit., p. 21.

は抵抗が搾取と支配に対して優位に立っているという点が重要である。この公理には系があり、それは「資本は労働者の労働の結果である」というものである。トロンティ自身に言わせれば、「産業機構におけるあらゆる技術変化を規定するのは、階級闘争におけるさまざまな特殊具体的な瞬間‐契機である」というものである。[*28]「資本主義的利害から離れた状態操作の暫定的自律性」をコミュニストが利用するなかで浮上する「労働者階級の政治的重要性」がその先駆けとなる可能性をみいだす[*29]——これは、自分たちこそ資本主義的生産の優れた組織者であるとするイタリア共産党の見解を踏襲しているのだが——最近のトロンティの立場とは反対に、一九六〇年代初頭から中期にかけての彼の議論には、敵対関係によって引き裂かれた社会の内部における労働者側の戦闘的な非応答‐無責任性が滲み出ている。

> 資本主義の危機 congiunture を解決するのは労働者の仕事ではない。ボスどもに自分たち自身で解決させよう。システムが奴らのものである以上、彼らに片付けさせよう il loro sistema: se la sbrighino。資本主義社会の全面的拒否という戦略が資本家たちの具体的権力に対抗するもっとも効果的な攻撃性を発見せねばならないのは、まさにここである。[*30]

技術の中立性・操作性・「進化」に抵抗し、大きな政府、大企業、大組合、巨大政党とのいかなる生産主義的協定にも反対するこの立場は、死んだ資本による生きた労働の服属と吸収という観点に立って、労働と資本の政治的な敵対関係の利用を、社会変革のダイナミズムを理解するためのプリズムとして肯定的に強調し、資本主義的再生産にとって前提であると同時に基本的な脅威でもある労働者階級の主体性を前面に置くことを主張しているのである。

これを根拠にトロンティは、資本主義的指令のもとで労働する労働者たちがおかれた逆説的状況を明らかにしようとしている。ここでの逆説的状況とは、「労働者側からは到来しない唯一のもの、それは労働の『諸条件』にほかならない」という状況である。[*31] つまり、生きた労働に資本の指令という足枷を履かせ、生きた労働の「存在論的な」優位性と不可避性を全面的な道具性に従属させてしまうのは、労働過程に対する指令と規律化そして合理化というあけすけな政治的枠組みにほかならない。マルクス自身、辛辣に指摘したように、「労働者は生活手段や生産手段を買うのではなく、生活手段が労働者を買って彼を生産手段に合体させる」のである。[*32] しかし、トロンティやネグリ、そして彼らの同志たちにとって、労働者主義の「昂揚」期における生産、流通そして分配のシステム内部に労働力の担い手をつなぎとめるこれら強制のメカニズムは、資本の本当の意味での従属性を覆い隠しているのであり、それは資本の有機的構成における変化によっては簡単に払拭することのできないメカニ

＊28 Tronti, "The Strategy of Refusal," op. cit., p. 30.
＊29 Tronti, *Il tempo della politica*, op. cit., p. 64.
＊30 Tronti, *Operai e capitale*, op. cit., p. 98.
＊31 Tronti, "The Strategy of Refusal," op. cit., pp. 30-31.
＊32 前掲『直接的生産過程の諸結果』五五頁。

ズムである。資本主義は、労働者階級の力能、相対的な従順さ、そしてその〔できるだけ簡単な〕入手可能性に完全にもたれかかっていると同時に、この従属性から逃れる〔しばしば強烈に破壊的な〕方法、つまり蓄積循環〔恐慌〕によって労働という機制から逃れる方法をつねに夢見てもいるのである。トロンティは「搾取は、歴史的には、資本が労働者‐生産者階級に、事実において、従属していることから逃げ出す必要があることから、生み出された」と書いている。[*33]

したがって、以下のように論ずることができる。資本はダブル・バインドに陥っている、と。この場合のダブル・バインドとは、資本が、労働者の要求（あるいは少なくとも資本主義的な価値増殖を妨げるであろう労働者の要求の一部）に対する容赦ない指令とその最小限化、そして労働者の身体的支出という観点から見た生きた労働だけでなく、労働からの解放――労働の解放ではなく――のための労働者の闘争と切り離すことができない協働のために技能《スキル》や知識そして能力の全体をも吸い取る能力の両者を同時に要求されるということである。資本主義的指令がかかえる問題は、深刻な脅威を及ぼすその性質の中立‐無力化に結びついている労働者階級の政治的活力を、どのように寄生的に捕獲するのかという問題に変化する。これは、トロンティが資本主義の歴史における「政治的独裁の有機的形態」の役割として指摘する論点であり、僕たちは今日、こうした点から、アメリカの「下層階級」とヨーロッパやその他の地域における移民を取り締まるための刑罰的で限定的な手段である巨大な封じ込め *grand enfermement* という二重の現象として考えることができるだろう。[*34] 資本主義の国家が社会的抗争の内部で途方もなく大きな機能を発揮していることは、生産過程の心臓部における敵対関係がみずからを国家への攻撃としてのみあらわにすることを意味しているが、それをネグリは、不安定化と脱‐構造化と呼んでいる。トロンティの『労働者と資本』は、分離されているとはいえ相互的な二つの主体化過程の、以前に比べてよりあからさまな、対決《フェイス・オフ》に向かう傾向に、概観を与えている。この二側面は、資本主義的指令の主体とコミュニスト的叛乱の主体の対決にほかならない。こ

＊33 Tronti, "The Strategy of Refusal," op. cit., p. 30.

＊34 労働者主義の党派的方法論に依然として残っている有効性――階級構成、闘争の第一義性、そして資本主義的独裁という形態を結びつけて研究するという立場――は、その処方箋を他の急進的な理論的伝統（規律社会や管理社会についてのフーコー的かつドゥルーズ的な研究に始まり、サバルタン研究やポストコロニアル理論にその起源をもつ従属をめぐるさまざまな概念に到る）で編み出された道具と組み合わせてきた研究者世代の研究に、その明らかな足跡を残している。アレッサンドロ・デ・ジョルジが行ったポストフォーディズム的な処罰体制研究（Alessandro De Giorgi, *Zero Tolleranza. Strategie e pratiche della società di controllo*, Roma: DeriveApprodi, 2000; Id., *Il governo dell'eccedenza. Postfordismo e controllo della moltitudine*, Verona: Ombre Corte, 2002）や「移民の自律性」という命題を主張するサンドロ・メッザードラ『迷走の権利――移民、シチズンシップ、グローバル化』（北川眞也訳、人文書院、二〇一五年）はこうした視点からきわめて意義深い。貨幣の変化と使用という観点から闘争・規律・管理を考える洞察に充ちたポスト労働者主義的な試みについては、共著 Andrea Fumagalli, Christian Marazzi, Adelino Zanini, *La moneta nell'Impero*, Verona: Ombre Corte, 2002 とくにフマガッリの論文（"Moneta e potere: controllo e disciplina sociale"）を参照されたい。これらのテクストが労働者主義の遺産に直面する、現代的な困難を示しているのは、主体的側面、つまり階級と組織との接合という論点である。この点について言えば、「マルチチュード」概念は、労働者階級の叛乱政治が現在直面している隘路にとっては解決策というよりも、むしろいわば代用語である。

こでトロンティは、労働と資本の特殊具体的な政治的差異を導入している。第一の差異は、制度を必要とせず、必要なのは組織だけであるという論点である。他方、第二の差異は、制度的に解明されねばならない。彼は次のように書いている。

その始めからプロレタリアートは、既存秩序のすべての側面の廃棄に直接的な政治的利害‐関心を有する存在そのものである。その内的発展に限って言えば、プロレタリアートはプロレタリアートであることに生気をもたらすためのいかなる「制度」も必要としてはいない。というのも、プロレタリアートであることは、すなわち、直接的破壊の生の力 *life-force* そのものだからである。組織は必要である。（…）革命概念と労働者階級の現実性は一箇同一のものではないが、プロレタリアートは制度を必要としないものである。[*35]

トロンティは、媒介という社民的政治に反対し、労働者階級の運動が戦略において後退するのは、ブルジョワ的な革命モデルのコミュニズム的な革命への転換をいつも追求しているからである、と論じている。つまり政治的支配の転覆をもたらす経済権力の緩慢な継承を想像しているからである。[*36] 言い換えれば、労働者階級側が敵対関係と自律《アウトノミー》を完全に引き受けることを永遠に引き延ばすことによって、以下のことが起こるからだとしている。すなわち、

基本的には、コミュニズムの運動に課されたただ一つの任務は、みずからの理論であった社民的

論理をその実践のある側面において打ち破り、転覆することである。（…）この点にわれわれは、政治的展開の労働者階級的な解明‐接合をみることができる。まずはシステムの機能にとって肯定的な主導権、制度を介して組織される必要があるだけの主導権として、第二の審級では、「否」として、社会メカニズムを現行のまま運営し、その改善だけを目指すことの拒否としてである。これは純粋な暴力によって抑圧されてしまう「否」である。これが、労働組合の要求と政治的拒否との狭間で――労働者階級の諸要求の一箇同一の集合においても――存在しうる内容的違いである。[*37]

夢想《ファンタジー》が靴を履く

トロンティ――彼は労働者の運動が大衆政党を介してのみ接合されると確信しているのだが――はイタリア共産党に復党し、経済計画と合理化に対する労働者階級のヘゲモニーの確立手段として「政治

＊35　Tronti, "The Strategy of Refusal," op. cit., p. 34.

＊36　後年のトロンティは、二〇世紀における政治的主体性の閉鎖についてもっと陰鬱な省察を披瀝するようになるが、そのなかで彼は、「革命を思考することに伴われ、衝き動かされ、実体を与えられなければ、いかなる改良的実践も前進しない」と書くように、叛乱の炎ぬきで延命することができると考えることこそが社会民主主義の幻想であると主張するようになる（Mario Tronti, *La politica al tramonto*, Torino: Einaudi, 1998, p. 52）。

＊37　Tronti, "The Strategy of Refusal," op. cit., p. 34.

的なことの自律 autonomy of the political」[38]という考え方に定式を与えるが、[39]ネグリの場合、その政治的かつ理論的な全展開は敵対関係の非－弁証法的な緊張化のうえに据えられている。その目的は、「われわれの緊急任務は、労働者－プロレタリアートを真に『誇り高く、また脅威を与える』姿で表示する見取り図を手に入れ、流通させることである」というトロンティの勧告に、[40]叛乱的で組織的な捌《は》け口をみいだすことである。社会的境位を通じた敵対関係の、工場や大衆政党を超えた、拡大再生産を目指すネグリの転換は、後期資本主義に出現した傾向についてのある種の評価、労働者の従属を狙う資本側からの指令・危機・管理の執行のかつてないほどの増大、いかなる階級統合のありうべきあらゆる形態も解体し、労働力の担い手とのいかなる弁証法あるいは交渉からもみずからを解き放つことをもくろむ剰余価値の搾出をその特徴とする傾向に、ふたたび依拠している。

この傾向があらわにしたさまざまな現象——これには、緊縮政策という脅迫、冷戦下における核がもたらす緊急事態、一九七三年の石油危機後にいよいよ増大した通貨政策の役割が含まれている——のなかでも、ネグリは資本側で増大する暴力と非合理性を強調している。この暴力は、最終的には、搾取関係の継続がかつてないほど無意味になるレヴェルにまで達した状況においても、社会的協働と技術進歩が賃労働関係を維持するための手段－計測と指令を手放さないという、資本の目論見に現れている。イタリア国家の特徴であった「危機政治」と「緊張戦略」、だがまた、サッチャリズムやレーガノミクスによる組織労働者への猛攻撃をその特徴とする暴力的な階級解体は、現在のネオリベ的な柔軟体制への道を開くものだったが、そうした事態は資本主義的社会関係を再生産するために要請された必然的で垂直的な力の象徴であった。ネグリは次のように書いている。

私の告発は、したがって、暴力の常態化《ノーマリティ》に向けられているわけではない。私の弾劾は、資本主義的な支配と暴力がとる企業という形態に向けられている。暴力は、その本質的で「自然な」根拠――「自然さ」はつねに歴史上に登場した勢力の所産である――と先進的とされるであろういかなるプロジェクトとの関係もことごとく失っている。むしろそれどころか、暴力がとる企業という形態は、その正反対そのものである。それは、その内部で交換価値が交換関係のための諸条件がもはや存在しない社会的諸関係に科されている、非合理な形態にほかならない。これは、その内容において破れかぶれであると同時に、その効果において合理的でもある、非合理性の知的形態である。[*41]

この文章でネグリは、きわめて健全で閉所恐怖症とは異なる筋道から、ギー・ドゥボールが『スペク

＊38 訳注――本書第5章で触れられるが、本書では、トスカーノに順じて、〈政治的なこと the political / le politique〉との対比で〈politics / la politique〉をすべて「政治」と訳す。
＊39 この理論的シフトについては、マッテオ・マンダリーニが巧みに追跡している。Matteo Mandarini, "Beyond Nihilism: Notes Towards a Critique of Left-Heideggerianism in Italian Philosophy of the 1970S," in *The Italian Difference : Between Nihilism and Biopolitics*, eds. by Lorenzo Chiesa and Alberto Toscano, Melbourne, re.press, 2009 参照。
＊40 Tronti, "The Strategy of Refusal," op. cit., p. 34.
＊41 Negri, *Revolution Retrieved*, op. cit., p. 131.

タクルの社会についての注解』で提起し[*42]、のちにジョルジョ・アガンベンが支持することになる、国家暴力の前‐歴史的特徴についての分析を予期させる議論を展開している。実際アガンベンは、一九七〇年代のイタリアで「世界中の政府や機関が、はっきりとした目的をもつテロリズムは、いかにして信用を失った体系の再合法化を行う機構として機能しうるかを、抜かりない協力を示しながら観察していたこと」について書いている[*43]。しかしネグリにとって価値と計測の弁証法の崩壊は、依然として、敵対関係、また実際は、構成する権力を担う主体的圧力に、その源泉をもっている。これは、危機と緊急事態の資本主義的利用、あるいはむしろ、「危機国家」の出現が、ある見解――例えば「例外状態は常態である」と「剝き出しの生は（…）今日、無名かつ日常的な性格をまとっているだけに効果的な暴力へと遺棄されているということ」[*44]――に、形而上学的にも貫‐歴史的にも止揚されえないことを意味している。アガンベンとは反対に、ネグリにとっては、（剝き出しの生に対するアガンベンの批判が証し立てているように）今も昔もこの暴力はつねに明らかに資本家による暴力、つまり主要な抵抗、あるいはむしろ何よりもまず、主体性の敵対的生産に反対して反応‐反動する暴力である。

　工場の門をはるかに越えて広がり、剰余価値の搾出における社会的再生産のすべての側面を網羅するまでになった、資本主義の統合的な社会化傾向（『経済学批判要綱』的に言えば、労働者主義《オペライズモ》の「聖書」である）は、したがって、賃金形態をとった生産の計測可能性の、優美なまでに政治的な手段によって強制された、持続性と衝突することになる。いまや全面的に社会化された生産（実質的包摂のテーゼ）と労働力あるいは賃金によるその計測とのあらゆる比例性あるいは翻訳可能性が失われたとする論点から議論を開始しているネグリは、一九七〇年代以降、この傾向をコミュニズムへの移行の場《サイト》とみなすことになる。この移行は、しかし、計画《プラン》あるいは綱領《プログラム》といった形式をとらず、資本主義的な指令の直截な拒否とそれを根拠とした――階級構成の分析、言い換えれば、労働者階級そのものの内部における権力関係と差異化‐階層分解の分析にもとづいた――労働者の経験と生産力の領有という形態をとることになる。資本の指令を介した自己‐価値増殖は、したがって、資本主義を永続のものとするための政治的諸条件の不安定化と脱‐構造化をその目的とする自律の実践を介した労働者階級の自己‐価値創出と対峙することになる。こうした構想は、したがって、「生産された社会的富の直接的で社会的な領有」という構想なのである。

自律的組織〔組織されたアウトノミア *Autonimia organizzata*〕――一九七〇年代にローマ、パドヴァ、ミラノやその他の都市地域で活動し、『ロッソ』誌といった出版物に支えられた――という旗の下で展開された具体的な運動実践がみずからの理論的正統性をみいだしたのは、こうした立場であった。大衆的不法行為の実践〔請求額の一方的な減額、家屋占拠《スクワット》など〕、サボタージュや労働者の自立の物質的現実性の暴力的な強調など、こうしたことすべてに、一九七〇年代では、「自律主義者《アウトノミスタ》」の運動というレッテルを貼られたが、そうした運動は、したがって、構造的な敵対関係といよいよ深化していた

＊42　訳注――ギー・ドゥボール『スペクタクルの社会についての注解』木下誠訳、現代思潮新社、二〇〇〇年。
＊43　ジョルジョ・アガンベン『人権の彼方に』高桑和巳・西谷修訳、以文社、二〇〇〇年、一三〇頁。
＊44　同前、一一九頁。

その指令の恣意性という傾向を強める試みとして概念化された。単なる拒否ではない、大都市における「赤い基地」の獲得《コンクウェスト》と敵対関係の回復不能なまでの緊張化という戦略には、叛乱状況のさらなる一般‐全面化を準備するという狙いがあった。自律《アウトノミア》という想定は、階級の統一性を不安定化・脱構造化したうえで再構成する手段、資本主義国家が処罰（抑圧と失業）と計画（工場を根拠地とする労働者階級の解体と脆弱で柔軟性のある「非物質的」な労働者階級の創出だが、それは、一九七七年、危機国家のミクロ政治的戦略――労働者の分散化と柔軟化――が失業者と多くの場合高等教育を受けた都市の若者による大衆叛乱をもたらすという思いがけない逆効果として、暴発した）によって抵抗を無力化しようとすることへの直接的な対抗手段として機能するものと考えられた。

　こうした叛乱構想は二重に折り畳まれている傾向にもとづいている。一方では、みずからを労働者とその闘争から解き放とうとする資本側で膨れ上がる野蛮な試みがある。それは「自己‐充足の夢」である。他方には、生産と再生産の過程だけでなく、流通と分配の過程がますます統合され、工場労働者と公務員労働者の運動という媒介空間からますます切り離されていく、価値の深化する社会化に晒されている。敵対関係は、したがって、一方におけるそれ自身の指令の絶対性とあらゆる主導権の断片化、他方におけるそれ自身の生きた労働はもとより日常生活における実践や欲望（主に、統合的に「作用するように設《しつら》えられている」消費領域における）にもみずからの源泉をみいだしている、社会的生産の直接的領有を切望する社会的労働者（*operai sociali* ――フォーディズム的な大衆労働者の変異した末裔）との強烈な対立である。生きた労働の主体化、単独化、そして社会化は、したがって、資本主義的指令からの分離を強いることを目指す運動の目的である。

しかし、七〇年代になり工場の分解が始まると、この主体化は社会的領野全体への拡散を強いられることになる。この領野こそ、階級構成概念と権力関係の分析が、それを欠けば国家に対する階級のまったく非決定的な二元論――「赤い旅団」の前衛主義的でテロリズム的な継承で、それはピークを迎えることになる――が起こってしまうほど重要になってしまった論点であった。ここで僕たちは、階級構成の基本的な非‐均質性、労働者の散種された姿と新たな地平に登場する階級闘争の新たな組織化を生み出す必要性にでくわすことになる。この文脈では、縁辺労働力の労働者階級への政治化は、決して所与ではなく（工場や「運動」といった定点は存在せず）、明示的に克服されねばならないテーマであった。「労働の拒否」という考え方――社会的生産の解放という目的のために資本主義的な賃金関係の再生産を拒否するものと理解されており、それをネグリは「発案の力」と呼んだのだが――がその根拠をもち、軸心的な役割を獲得するのは、まさにここである。工場の外部に結びつけられる仕事の拒否が携える目的は、階級統合（工場からはみ出した新たな階級構成の結晶化）だけでなく、所得に対する権利への無条件の要求、利潤と投資の資本主義的循環を再生産するための諸条件を、全面的に破壊するとは言わないまでも、そうした条件から完全に切り離す政治的賃金要求によって資本主義的諸関係を破壊するという目論見に向けて、舵を切っている（この提案は『〈帝国〉』と『マルチチュード』で若干姿を変えて再登場することになる）。

最終的には、敵対関係、ネグリが採用した「傾向の方法」という視点そのものが、一方における賃金関係と労働力の計測を維持することを試みる指令の暴力と、他方における自己の価値を実現しようとする労働者階級の創造的暴力との――階級構成、有機的構成、再構造化そして指令という資本の戦略の個別特殊性によって規定されながらも、決して媒介されない、あるいは対話を果たせない――対決を要請することになる。僕たちは、したがって、次のように言うことができる。すなわち、ネグリの立ち位置の力もその欠点もともに、いかなる制度的妥協の可能性も吸い取ってしまう彼の規定、そして〔資本の〕国家を凌駕する権力と諸階級それ自体〔階級構成〕の内部における権力関係という、二つの意味における権力を論ずるにあたって彼が主張した論点に潜んでいる。彼にとってとても大切なスピノザ的な区別を用いて言えば、ここでは、労働者階級の力能 *potentia* と企業などの論理に支配されている国家の権力 *potestas* との対決《フェイス・オフ》的関係が問題となっているのである。もしこの対決――どのような形態をとるのであれ――を回避できなければ、その原因は傾向分析そのものが対抗的自律あるいは対抗的な自己‐価値実現――要は、叛乱――が生産の社会化に対する資本主義的指令の暴力に対抗する相殺力にすぎないことを意味しているからである。ネグリはマルチチュードの脱出についての後年の宣言のある部分と相異する主張を次のように述べている。すなわち「労働者階級が追求する享楽は権力の享楽であり、幻想がもたらす、こそばゆい悦びではない」と。この主題は、一九七〇年代にフェルトリネッリ社から出版された彼のパンフレットにおける他のテクスト――これらは彼らが分析した暴力のまさに所有者であった国家によって没収され、抹殺された――にもふたたび出現する。[*45] そこでは「幻想が靴を履く。欲望は暴力的であり、発案は組織される」と記されていた。またさらに「党はプロレタリアートの自立の境界を護衛する軍隊である」とも記されている。しかし、労働者が必要とするものや経験の防衛と資本主義的関係の破壊との両者をその目的とするサボタージュの暴力である、国家に対するこの対抗暴力は、その客観的な弱さによって強いられた〔危険な〕戦略であり、それは以下の煽動に簡単に転換されてしまう戦略にほかならない。そしてその戦略は、少なくともイタリアの場合では、なんと次のようなネグリ自身の煽動によって証された。ネグリは「危機は労働者階級とプロレタリアートが選びとったリスクである。コミュニズムは不可避ではない」と煽動したのである。[*46]

労働者主義《オペライズモ》の叛乱的な飛躍《エラン》が拒否と強さの立場（抵抗の優位性は資本主義的指令の最終的な陳腐さを予告したという確信にもとづく）からの分離を一時的に約束した場合、進行中の情勢《コンジャンクチャー》――マラッツィやディジョルジ、フマガッリやヴェルチェッローネなどの「ポスト労働主義的」な著作が明らかにしているような局面[*47]――が、分離あるいは自律というよりも、むしろ一九七〇年代以降により厄介であるなどることができなくなっていた離接的な指令形態にとっての主体的で物質的な梃子との同一化という考え方に陥ってしまうことは、避けられなかった。今日の挑戦は、その自律が分離という運命の下に縛られていないような敵対関係、現代資本主義の生産と再生産の条件からまったく切り離されることがない敵対関係を思考することである。例えば、帝国とマルチチュードなどといった単純な二項対

＊45　訳注――フェルトリネッリ社については、カルロ・フェルトリネッリ『フェルトリネッリ――イタリアの革命的出版社』麻生九美訳、晶文社、二〇一一年参照。
＊46　Antonio Negri, *Books for Burning*, Timothy S. Murphy ed., London: Verso, 2005, pp. 39, 260, 280.
＊47　訳注――A・フマガッリ＋S・メッザードラ編『金融危機をめぐる10のテーゼ』朝比奈佳尉・長谷川若枝訳、以文社、二〇一〇年などを参照。

立の措定、しかもこの二項対立にある度合いの規定性を提供することができる抗争的な構成を欠いた二項対立の措定は、理論的分析と政治的戦闘性にとって、見かけは勇ましいが、結局は何の結果ももたらさないとみなされるほかない。「非物質的労働」といった政治的－歴史的な形象を持ち出すことで、ある種のポスト労働主義は、資本と労働との計測された弁証法の単なる終焉ではなく、資本主義的指令の暴力に政治的に対決する必要性が呼吸困難に陥っているといった状況を垣間見ることができると思われる。ネグリ自身、自分の議論が「階級関係の社会的変革が完全に終わってしまったという理論的観測」をもたらし、「今日、資本に抗して、非物質的労働の社会的形象が立ち上がってきている」と論じている作品だとみなしている。[*48]

この点で、敵対関係の労働者主義的方法論を社会的諸関係の現状における構成に、つまり資本主義的指令と政治的闘争との不均等で両者が組み合わさった発展に、ふたたび注入することを追求するいかなる作品も、以下の二つの問題と格闘することを強いられるだろう。

つまり、〔第一に〕剥奪《ディスポゼション》による蓄積という資本の邪悪な転回《ラウンド》が、矛盾しているとはいえ、労働者階級からの――全人類から、とは言わないが――資本自体の解放というその死を招く継続的欲望を目指している状況に対して、僕たちはどのように対決するのか？　また僕たちが、つねに労働者主義の特権的な領野であった多くの中核的な資本主義経済で、「支配的諸力の権力を再強化する社会の脱政治化」に直面しているこのとき、[*49] 労働者主義と自律という方法論と政治的姿勢《ジェスチャー》を再生あるいは延命させることは、いったい何を意味するのだろうか？

＊48　Negri, *Books for Burning*, op. cit., p. xlix.

＊49　Mario Tronti, *Con le spalle al futuro. Per un altro dizionario politico*, Roma: Editori Riuniti, 1992, p. 13.

第2章

つねにすでに、あるのはただ現在《いま》だけ

ネグリと生政治的なこと

方法の問題

過去数年で目立ったことは、急進的思想の領域におけるまぎれもなく生政治的な分野《フィールド》の構成である。僕は分野と言い、陣営《キャンプ》とは言わなかった。それは、陣営という表現にこびりついている〔党派的〕残響などといった単純な理由からではない。生政治という考え方《ノーション》（と生権力あるいはより最近出現した生経済といったそれに関連する表現）の領有がおびただしいまでに肥大化し、しかもそれらがまったく異なっているだけでなく、〔互いに〕敵対する場合すらあるからである。では、この分野におけるネグリの立場は、どうか？　生政治という概念《コンセプト》がネグリの知的軌跡にどのような影響を与えただろうか？　逆に、この概念は、ネグリの哲学機械の内部に取り込まれることによって、どのような屈曲をこうむり、どのような変換を経験しただろうか？　これらの設問に答えるために、また望むらくはそうした考察にいくつかの新たな（そして衒学的ではない）解答を生み出すために、僕は誰もが認めるその「系譜学的」論点、ネグリがフーコーから受け継いだ論点との格闘から、議論を始めることにしたい。

フーコーは生政治をめぐる現行の論争の支点である。彼がこの表現を編み出したわけではないにせよ――この表現がさまざまな姿をとって現れたのは、スウェーデンの〈地政学的〉政治学者ルドルフ・チェレーンが一九一一年に導入して以来のことである[*1]――フーコーが『性の歴史』の第一巻で与えたその定式と[*2]、その後の一九七〇年代後期におけるその彫琢（とくに一九七六年から七九年にかけてのコレージュ・ド・フランスにおける講義録の最近の刊行[*3]）が現代における論争にとっての試金石として働いたことはまぎれもない事実である。この論点を検証することは本章の域を超えてはいるが、しかし、生政治概念の現状における使用法が示す揺れとそこでしばしば見受けられる厳密さを欠いた曖昧さは、フーコーの方法に潜むいくつかの決定的な特徴に由来することを示唆できると思われる。ネグリも含めて、この概念を偏愛する人びとには、生政治の時代、生政治的条件、生政治的資本主義など

*1　Roberto Esposito, *Bios. Biopolitica e filosofia*, Turin: Einaudi, 2004, pp. 3-16.
*2　訳注――ミシェル・フーコー『知への意志　性の歴史』第一巻、渡辺守章訳、新潮社、一九八六年。
*3　訳注――ミシェル・フーコー『社会は防衛しなければならない（1975-76）』石田英敬・小野正嗣訳、筑摩書房、二〇〇七年、同『安全・領土・人口（1977-78）』高桑和巳訳、筑摩書房、二〇〇七年、同『生政治の誕生（1978-79）』慎改康之訳、筑摩書房、二〇〇八年、同『生者たちの統治（1979-80）』廣瀬浩司訳、筑摩書房、二〇一五年参照。

を語ることができるように、生政治をある種の「時代《エポック》を画する」範疇として論ずるといった傾向が支配的である。もちろんフーコーは、史料や出来事の非人称的な連結にその根拠を委ねて、歴史的で言説的な時期区分を導き出すといったいかなる類の理性の狡知にも依拠していない。とはいえ、彼自身によるこの表現の導入に、『言葉と物』[*4]や『監獄の誕生』[*5]に探し出すことができる認識論的な位置づけの脱臼と同じような、「時代を画する」という衝動をまったくみいだせないというわけにはいかない。

それでもフーコーの方法論、とくにそれが生政治に関連している場合に顕著な方法論は、彼が伝統的な政治理論とマルクス主義の両者に共通しているとみなしていた、全体化・普遍化というそのアプローチのあり方に対して論争的に対立するものと位置づけることができる。「生政治の誕生」についての一連の講義――この講義は、じつは、主に新自由主義的な言説の発掘であったことが判明するのだが――のまさに冒頭で、フーコーが宣言しているように、

> 統治実践について語ること、あるいは統治実践から出発すること、これはもちろん、最初の基本的な所与とみなされているいくつかの観念、たとえば、主権者、主権、人民、臣民、国家、市民社会などといった諸観念を、はっきりとしたやり方で脇に置いておくということです。普遍的とされるそうした観念を、社会学的分析、歴史的分析、政治哲学的分析は、統治実践を説明するために実際に使用します。[*6]

フーコーは、自分の方法と歴史主義の方法との違いを顕揚して、次のように続けている。

歴史主義は、普遍から出発し、いわばその普遍に歴史によってやすりをかけるのです。私の問題はこれと正反対です。私は、理論的であると同時に方法論的であるような決断、すなわち普遍概念など存在しないという想定から出発して、歴史と歴史学者に対し次のような問いを提出します。もし、国家、社会、主権者、臣民のような何かが存在するということをアプリオリに認めないとすれば、歴史をどのように書くことができるだろうか、と。（…）歴史を批判的方法として使用しつつ普遍概念に対して問いかけるのではなく、普遍概念は存在しないという決断から出発してどのような歴史を語りうるだろうかと問うこと。[*7]

こうした宣言はイアン・ハッキングを刺激し、彼に「フーコーの動態的唯名論も歴史化された唯名論の一種である」と書かせた。[*8] この方法論的唯名論は生政治理論の導入にどのように反映されているのだろうか？　まず第一に僕たちは、この方法論的唯名論が次のようなあり方で作用しているのを見ることができる。すなわち、フーコーは生政治の問題を、「社会的生」の領域がどのように知の対象と

＊4　訳注——ミシェル・フーコー『言葉と物』渡辺一民・佐々木明訳、新潮社、一九七四年。
＊5　訳注——ミシェル・フーコー『監獄の誕生』田村俶訳、新潮社、一九七七年。
＊6　前掲『生政治の誕生』四〜五頁〔訳注——トスカーノは、Michel Foucault, *Naissance de la biopolitique. Cours au Collège de France, 1978-1979* (Paris: Gallimard/Seuil, 2004) を典拠としているため、ここではオリジナルに依拠した邦訳版に統一した〕。
＊7　同前、五〜六頁。

して、また権力のある種の調整的な実践の相関項として、構成されるに到ったのかといった視点から、提起している。生政治の軸を構成する範疇である「人口」、認識的であると同時に物質的でもある、このある一箇の実在物が、どのようにして、統計的な知と認識的な権力との交錯点に出現したのかが、問題である。その際、以下の点に注意せねばならない。それは、その唯名論によってフーコーが、生政治という言葉の誤用や道具化への単なるイデオロギー的批判を見限るために、生政治の物質的構成にとても敏感になっている〔からである〕。しかしフーコーは、それと同様程度に、人口の既存性をその仮定に取り入れることができなかった。さらに生政治へのアプローチは「統治術」をめぐる言説の非連続的な系譜学によってなされ、またしたがって、政治的合理性のレンズを通じて構想されている。

　フーコーが「人口の生政治」と呼んだものは、その規律の「解剖－政治学」と相まって、自在に変化する「生権力」の「二極的な技法」を造り上げ、*9 したがってまた、そうした「人口の生政治」は「問題への接近を可能にし、その解決／処理のためのある種の戦略を提供し〔それだけでなく〕介入の特殊具体的な形態に構造をも与える」ものと理解されている、「統治」の立論構制に属している。*10 機構《メカニズム》（あるいは装置《ディスポジティフ》）、行為者－担い手の複数性とこの生政治の応用点を前提として与えられることで、僕たちは「異質性の戦略的論理」と遭遇するとされるが、この「論理」によってフーコーは、「実体的な統合を構成する装置《ディヴァイス》の増殖を、それぞれの審級に偶発するさまざまな統合《ユニティ》と同様程度に、経済あるいは政治的なことの全体化する原理に取って代え」ようとしているのである。フーコーの議論には、権力の執行における大きなシフトを解明する力があるにもかかわらず、「権力の運営－管理を多数性の運営－管理として」構想する人口の生政治は、*11 その結果、特殊具体的な合理性を描くという目的を与えられ、あらゆるそれ固有の技法と独特の物質的な効果‐帰結をもたらす局所的な操作をもつ範疇として出現し、国家あるいは市民社会といった観念に取って代わる一箇の新たな普遍的なこととして現れることがない。むしろ反対に、フーコーは生政治に「反‐普遍的な」概念としての配列を与えているのである。

媒介ハ死セリ、生政治、万歳！

ネグリの最近の著作をちょっと見ただけでわかることだが、彼が生政治という言葉を使用する場合、それが分析的に制約されたものではまったくないことが明らかになる。実際ネグリは、生政治という考え方によって、存在論的、政治的、社会的、経済的、そして歴史的な特徴に理論的な確定を与えるために全般的に使える枠組みとするだけでなく、マルクスの「実質的包摂」概念の彼固有の使用にも

＊8　イアン・ハッキング『知の歴史学』出口康夫・大西琢朗・渡辺一弘訳、岩波書店、二〇一二年、一一九頁。なお、Étienne Balibar, "Foucault and Marx: The Question of Nominalism," in *Michel Foucault Philosopher*, ed., T. Armstrong, New York: Harvester, 1992 も参照。

＊9　Paul Rabinow and Nikolas Rose, "Thoughts on the Concept of Biopower Today" (http://www.molsci.org/files/Rose_Rabinow_Today.pdf).

＊10　Thomas Lemke, "'The Birth of Bio-politics': Michel Foucault's Lecture at the Collège de France on Neo-liberal Governmentality," *Economy and Society* 39(2), 2001, p. 191.

＊11　以上、Maurizio Lazzarato, « Biopolitique / bioéconomie », *Multitudes* 22, 2005.

とづいて、社会全体にわたる生産的な内在性という状況を特定するための重要な表現としてしばしば用いるに到っている。ハートとネグリによれば、むしろフーコーは、ドゥルーズやガタリなどの書き手たちとともに、「帝国的支配の物質的機能の探求のための（…）領域を準備していた」とすらみなされ、[*12]それは、フーコーによる権力と社会的再生産の概念化によって僕たちが「資本主義がその発展で帯びる単線的で全体主義的な姿」から〈資本のもとへの社会の実質的包摂〉という考え方をようやく手に入れ、[*13]資本主義の理解に多数性や特異性、また出来事といった考え方を植えつけることができる道具とされているからである。こうして、ひとたび「フーコー的な」諸要素が本来のものとして組み入れられてしまうと、生権力は「社会の資本のもとへの実質的包摂の別名」ということになってしまうのである。[*14]

以下に見るように、ネグリの生政治への接近には、もっともありふれた管理の標《マーク》であると同時に新たな叛乱的主体性の合図《サイン》でもあるといったような二面性があり、それは実質的包摂の歴史‐政治的な逆説に密接に結びついているのであって、そうした側面は彼の近年の作品全体を支配していると言ってもよい。というのも、権力が「社会的生のあらゆる要素をみずからの内部に統合する」と同時に「包み込む」のは実質的包摂においてであり、またその結果、媒介そのもののさまざまな基盤を転覆しながらも、しかし「まさにその瞬間、新たな文脈、最大限の複数性と包摂不能な特異化という新たな環境——出来事の環境——をあらわにしてしまう」からである。[*15]生権力と「生政治的生産」は、このように、ただ単に社会化についてのマルクス理論という観点からだけでなく、これまでは機能的観点からみて分離していると考えられていたさまざまな領域が生産と敵対関係という単一的な領域へ、しかも超越論的手段や外部を欠いたまま、融合することを表すための合い言葉として、繰り返し現れているのである。

こうしてハートとネグリは、「いまや生産諸力は、事実上、完全に生政治的なことである。言い換えれば、生産諸力は生産だけでなく再生産領域全体を覆い尽くすまでに拡散し、生産と再生産の全領域をじかに構成する」とすら書くに到っている。[*16] あるいは、『マルチチュード』で行われたより最近の試みでは、生政治の名のもとで遂行された軍事的な介入や占領をめぐる直近の段階をも取り入れて、「〈帝国〉における戦争、政治、経済そして文化といった、権力がとるさまざまな形態がある種の調和あるいは収斂のもとで、社会的生をその全体性において生産する様式、したがって生権力の形態へとついに生成変化する」とも書いている。[*17] これまでは本質的に異なるとされてきた人間活動の領域を生政治に収斂させるというこの考え方はまた、フーコーが政治的合理性についての研究によって方法論的に転覆しようとしていた政治的に普遍なことにも影響を及ぼし、[*18] 例えば、市民社会は「国家に吸収されてしまったが、しかしその結果もたらされた帰結は、かつては市民社会のなかで調整・媒介され

*12 前掲『〈帝国〉』四〇頁。
*13 同前、四三頁。
*14 同前、四五六頁。
*15 同前、四三頁。
*16 同前、四五六頁。
*17 前掲『マルチチュード』下、二二九頁。

ていたさまざまな要素が爆発的に突沸するという事態である」と言われるにまで到っている。[19]この媒介項を失い計測不能な爆発に、ネグリは、彼が大胆にも「唯物論的神学」と命名したものの内部で「共《コモン》」の社会的かつ政治的な存在論を予兆するさまざまな特徴を感じ取っている。「公私の分離の破壊」、「労働力のノマディズムと柔軟性、社会的なものの（その生政治的な次元全体にわたる）共《コモン》的な構造としての新たな配置、大衆的知性の登場」などがそれである。[20]（ハートと）ネグリの最近の思考全体が帯びているこうした特徴は、したがって、「社会的生に従って社会的生を解釈し、吸収し、再分節することによって、内部から社会的生を規制する」生権力という理解《ヴィジョン》と、[21]「特異性が形づくる一つの網目状組織」や「愛」と「貧」の潜勢力が発揮する強制力を媒介として、生権力に対抗する新たな共《コモン》にもとづく世界を生産する、[22]いわば下からの生政治という構想《ヴィジョン》との、緊張にほかならない。

　生権力と生政治とのこうした二元論化については、以下でフーコーを経由してから立ち戻ることにするが、ここで注意を喚起しておきたい点は、これら二つの範疇が、どのような標《サイン》を帯びるのであれ、また肯定・否定の如何を問わず、その目指すところは、（公－私や国家と市民社会といった二項対立の）いかなる媒介、いかなる弁証法も停止していることを断言する点に、据えられている。『転覆の政治学』に付された初期のテクストでネグリは、実質的包摂という条件のもとでは資本主義の権力がみずからをその途方もない指令と暴力的な危機としてあらわにするという命題に即して、「媒介は潰《つい》えている。財の生産は支配を通じて行われる。生産と再生産との関係、支配－利潤と抵抗－賃金との関係に調和をもたらすこと不可能である」と宣言していた。[23]この疑似－二元論的な非調和は、マルチチュード理論の核心にも残っている。ハートとネグリは、弁証法を超えた ***über*** 範疇を搦《から》め手から利用して、二つの全体性の対立という観点から、さきの非調和を構成している。ここでの二つの全体性とは、一方における「権利と国家の全体性、帝国的権利の肯定とわが惑星の社会的、経済的、法制度的で政治的な諸関係の包括的な集合を超えて拡張する新たな主権に向かう傾向」であり、他方における「それと同時に、同一の論理空間で、この権利、この新たな帝国的権威に反抗する叛乱が存在する」という全体性である。言い換えれば、二つの媒介されない全体性、つまり〈帝国〉の新たな生政治的な主権に関わる全体性と「そのトータルな対象が権力ではなくむしろスピノザのいわゆる『民主的絶対』である」ような全体性という、二つの非媒介的な全体性の対峙が存在するとされているのである。そして「欲望の教理の科学」に関わる第二の全体性こそ、反弁証法的、反目的論的、そして反超越論的という特徴をもたらす当のものとされているのである。[*24]

＊18　Andrew Barry, Thomas Osborne, and Nikolas Rose eds., *Foucault and Political Reason: Liberalism, Neo-Liberalism and the Rationalities of Government*, Chicago: University of Chicago Press, 1996.

＊19　前掲『〈帝国〉』四三頁。

＊20　前掲『革命の秋』三六二頁。

＊21　前掲『〈帝国〉』四一頁。

＊22　前掲『革命の秋』三二二頁。

＊23　アントニオ・ネグリ『転覆の政治学』小倉利丸訳、現代企画室、二〇〇〇年、一五六頁。なお、Alberto Toscano, “Antagonism and Insurrection in Italian *Operaismo*” (http://www.goldsmiths.ac.uk/cisp/papers/toscano_antagonism.pdf) も参照。

しかし、権力が「共《コモン》、精確には生政治的な共《コモン》における支配」であり、「生政治では指令という名の政治が一掃される」とすれば、[25]僕たちの生政治の時代の特徴とされている媒介なき敵対関係をどのように理解すればよいのか？　確かに内部から生を制御する――つまり、その人口の個人的また集合的な力能や虚弱さをミクロな次元で管理‐運営しながら生を「気づかう」――（生）権力を超越的な指令という位置に追いやるだけではすまないのではないか？　ハートとネグリが資本主義的な帝国的権力をマルチチュードの構成的「愛」に寄生するものとして描くにせよ、本質的に異なる領域が生政治的な連続性に融合されてしまうという想定によって、僕たちが、生の生産と再生産という作動の内部で、生政治的な管理‐運営を担うおびただしい数に上る装置《ディスポジティフ》によって追い散らされたり、煽動されたり、制約を受けたりすることがないような集合的なコミュニズムの主体を分離培養できるかどうかは、依然として明らかではない。ネグリの哲学は、階級闘争を脱‐弁証法化し、プロレタリア的主体性を内在平面へ沈み込ませてしまう流動的で不安定な試みとして理解するのがもっともわかりやすいとしても、いまだ不確かな以下の二点が残っているのである。

　その第一は、マルチチュードが、明らかに異なる階級主体の帝国による解体を伴う生権力の非媒介的なミクロ政治を耐えしのぐことができるか否かという点であり、第二は、マルチチュードが、「対立するだけでなく非対称的でもあり、非対称的であるだけでなく非場所‐論点的 *atopic* でもある、つまり異なる場を構成する」二つの全体性という、[26]亡霊のようなテーゼにもとづいて前進できるか否かという点である。法と国家が生政治的な手段をどんどん取り込み、またそれによって生を「内部から」統治するようになったと想定した場合、どのような意味で、マルチチュードの生が古典的な媒介を回避する権力形態の油断ならない滲透からみずからを分離することができるのか？　例えば、ネグリが持ち上げてやまない、公的領域と私的領域との障壁の破壊が、当初はじつは、抑圧的で搾取的な手段ではなく、むしろ来るべき赤い夜明けの兆しではなかったのかと問うことは、決して見当違いではないはずだ。

とすれば、ラビノーとローズの忠告に従って、ハートとネグリによる生権力概念の使用を「全体を覆い包み一体のものにして」しまう、「他のポストモダンの思想家たちが過去の遺物と宣言したある種の圧倒する世界観の内部に鋳固められた、われわれの現在のある側面についての表層的な描写」として棄却せねばならないのだろうか。[*27]『〈帝国〉』の著者たちは、大いなる存在論的物語へのその偏愛を決して隠そうとはしない。ラビノーとローズが、「リスク政治」や「分子政治」といった考え方や、[*28]新たな発生学的療法を伴う主体‐従属化の研究を用いて現在に対する生政治を分析的に追究することでさらなる洗練を摑み出そうとしているのに対して、同様の論点をめぐってハートとネグリは、いかなる分析の文脈も「生そのものの襞をまさにときひろげ、世界、そして歴史を構成する過程でなければ

＊24　Michael Hardt and Antonio Negri, "'Subterranean Passages in Thought': *Empire's* Inserts," *Cultural Studies* 16 (2), 2002, p. 196.
＊25　前掲『革命の秋』四一九頁、三四九頁。
＊26　Hardt and Negri, "'Subterranean Passages in Thought': *Empire's* Inserts," op. cit., 197.
＊27　Rabinow and Rose, "Thoughts on the Concept of Biopower Today," op. cit., p. 5, 6.
＊28　Nikolas Rose, "The politics of Life Itself," *Theory, Culture and Society* 18(6), 2001, p. 1.

ばならない」と力を込めて宣言している。[*29] これは、彼らが「生権力」や「生政治」といった表現を使用するそのやり方がフーコーの唯名論的な方法論の不当な実体化《ハイポスタシス》にすぎないということを意味しているのだろうか？

この点では、ハートとネグリが生政治の「全体化」といった形でフーコーの概念を領有するに到るいくつかの段階を、フーコーの作品がそうした全体化に対して提示したであろう理論的かつ方法論的な抵抗とともに、解明しておくことが大切である。フーコーの生政治概念の領有‐変形における重要な動きは、以下の点に表れている。

- 生政治は主体化され、「生きた労働」というマルクスの概念に結びつけられている。
- 生政治は生権力の統治的実践や合理性の内的な分節‐解明とはもはやみなされていない。
- 生政治の時期区分は変更されている。

ラビノーやローズによる批判がはらんでいる問題は、実際、彼らがハートやネグリが行ったこれらのシフトについて明示的に論じた部分——彼ら自身の目論見と彼らがとったフーコーとの距離を論じた部分——を無視している点にある。

生きた労働の生政治的主体

ネグリは、多くの著作のなかでもとくに『構成的権力』と『革命の秋《とき》』で、自分の試みに占める生きた労働についてのマルクス的考え方の重要性を強調している。資本の命法によって規律化され支配されている単なる力能 *capacity*、あるいは身体性に存在しているあらゆる肉体的で知的な構え《アティテュード》の総計というよりも、ネグリにとってそれはむしろ、生きた労働が生産の正真正銘の存在論的原理であり、それは自己‐価値実現の恒常的な過程に加わりながら、資本からみずからを自律させることが可能なものである。彼は次のように書いている。

> マルクスが提起した主題はあらゆる方向に拡張する生きた労働の創造性である。生きた労働は、それが触れる素材を創造的に造形し、初めから、世界を構成する。（…）世界へのその投射は存在論的であり、その人工装具は〔また〕存在論的であり、その建設は新たな存在の建設である。この未決の過程の最初の成果は主体の建設である。[*30]

この点でネグリは、それまでの自分の作品との一貫性を保持しながらも、哲学的人間学《アントロポロジー》という硬い縛りを乗り越えて動くことを目指し、またマルクスの内部でマルクスを超えて反人間主義の教訓を組み込む人間主義を思考しようとしている。[*31]だからこそネグリは、「生きた労働は、命ある造形的な炎

＊29　前掲『〈帝国〉』五〇頁。
＊30　アントニオ・ネグリ『構成的権力』杉村昌昭・斉藤悦則訳、松籟社、一九九九年、四四四頁。
＊31　前掲『〈帝国〉』一二七頁。

であり、生きた時間による諸物の形成として、諸物の無常性、それらの時間性である」という、[*32] 生きた労働についてのマルクスの有名な言明のいわば最大限の改釈を選びとったのである。ところでこれは、『経済学批判要綱』でも展開されている、生きた労働の生産性は資本によって駆り立てられ規律化されたものとしてのみ存在するとしたマルクスの議論に素っ気ない態度をとっていることを意味している。

> 労働者が資本に提出せねばならない使用価値、したがって彼が一般に他人のために提出せねばならない使用価値は、生産物のうちに物質化されてはおらず、およそ彼の外部に存在するものではなく、したがって現実に存在しているものではなく、ただ可能性 Möglichkeit としてのみ、彼の能力 Fähigkeit としてのみ存在しているにすぎない。(…) この使用価値は、資本から運動を受け取るようになるやいなや、労働者の一定の生産的活動として存在する。それは、一定の目的に向けられた、またしたがって一定の形態を発現する労働者の生命力 *Lebedigkeit* そのものである。[*33]

労働者自身の「生命力」は、ここでは、労働者に課された資本関係の結果現れるのであって、資本によって「捕獲された」だけの既存の生産衝動としては現れない。

　ところで、ハートとネグリがフーコーを論ずるようになって提起した生きた労働とは、そもそも何か。[*34] ハートとネグリは、帝国という条件のもとでの社会的再生産理論へのフーコーの決定的な貢献にもかかわらず、フーコーを「システムの原動力」や「文化的・社会的な再生産の存在論的実体」を犠牲にしてしまう「構造主義的認識論」だとして厳しく非難している。「構造主義的」というやや思慮を欠いた形容詞を用いた背景には、フーコーがその生政治的な「主体－隷属化の様式」に注目していたにもかかわらず、[*35] あるいはそれだからこそ、歴史的変化の背後に生産的な存在論的主体を定式化することができないという考え方がある。もちろん問題は、これがフーコーの場合にはみすごされてよいちょっとした過ちではなく、むしろこれこそが、さきに指摘したように、方法論的で理論的なフーコーの決断であったことにある。ハートとネグリが、フーコーに「誰が、また何が、そのシステムを動かしているのか」あるいはむしろ「生《ビオス》とは何ものなのか」と尋ね、それへの「返答が言葉にならな

＊32　マルクス前掲『資本論草稿』四五七頁。

＊33　同前、三一五頁（強調はトスカーノ）。なお Paul-Laurent Assoun, « Vie / vitalisme », *Dictionaire critique du marxisme*, ed. G. Labica and G. Bensussan, Paris: PUF, 1999 も参照。

＊34　ハートとネグリが労働者主義《オペライズモ》の遺産から引き出した、価値についての新たな政治理論と主体性についての新たな理論の——非物質的労働と情動労働が彼らの生政治の領有にとって重要であるという観点から定式を与える——意義をフーコーを超えて際立たせるというその試みにもかかわらず、本章で僕は、その経験的形象の批判を回避し、哲学的抽象化の側面を選びとることで、「生きた労働」という論点そのものだけを論ずることにする。こうしたやり方は、ハートとネグリが論じた以下の次元によってお墨付きが与えられているように思われる。すなわち、ハートとネグリは労働者主義やポスト労働者主義の思想によってつけ加えられた次元が「直接的に、現代資本主義社会における生きた労働の無媒介的に社会的でコミュニケーション的な次元」を吟味する記述であるからである（前掲『〈帝国〉』、四八頁）。

＊35　Rabinow and Rose, "Thoughts on the Concept of Biopower Today," op. cit., p. 28.

い体のものであったり、まったくの沈黙であった」と不満を募らせるときに彼らがみのがしているのは、[36]フーコーの方法論が、とくに例の「システム」という考え方が、良かれ悪しかれ、フーコーの系譜学や政治的理性の分析学が宙吊りにすることを追究している普遍的なものの一つにほかならないからこそ、原理的にはハートとネグリが問うた問題そのものを拒否するのだという事実である。

さらに言えば、ハートとネグリが生きた労働の炎をフーコーの生政治に注入しようとするとき、彼らはこの概念そのものに対してフーコー自身がとった関係性という論点を迂回している。フーコーは生政治と資本主義との、踏査され尽くしているとはおよそ言えないにせよ、明示的な結びつきを指摘しており、これをハートとネグリは引き合いに出すのだが[37]、しかし、フーコーの労働に対する態度は、それにもかかわらず、心底否定的である。すでに『言葉と物』で、労働についてのマルクス主義者の分析が、リカードの作品との「いかなる本当の非連続性」も、「経済学の歴史性」「人間存在の有限性」そして「〈歴史〉の終焉の達成」との絡み合いもまったく導入しておらず、それがマルクス主義の認識《エピステーメー》のあらゆる限界をあらわにするものとして描かれていたはずだ。フーコーの判決は厳しく、「マルクス主義は一九世紀の思考において水のなかの魚のようなものであって、それ以外のどこかでも呼吸するわけにはいかなかったであろう」と断じられている[38]。フーコーにとってニーチェだけが、語の真の意味で、こうした一九世紀的なパラダイムとの訣別を果たした存在とされている。

フーコーが、マルクス主義政治（より精確に言えば、毛沢東主義者）へのある種の共感――それは内在的な理論的展開というよりも、むしろ〈六八年〉の五月の余波への彼の関与の産物なのだが――に引きずられて、自分の方法論をマルクス主義の方法論に、敵対的というよりも、むしろそれを補完するものとして、確立しようと試みたときでさえ、労働概念は依然として一箇の障がいとして描かれたのである。一九七四年のブラジルにおける講義でフーコーは、マルクス主義が長い間墨守してきた搾取や労働の疎外――それはフーコーにとっては人間の具体的本質とされていたのだが――への関心は、労働の人為性そのものや「資本主義的システム」がマルクス主義者が喜んで認める以上に「われわれの生活にずっと深く滲透している」という事実を理解しようとするのであれば、脇に置かれねばならないと論じている。だからこそ「剰余利潤があるためには、補助的権力」が、「毛細管状でミクロな政治的権力（…）人間を生産装置に固定する」補助的権力が、「存在せねばならない」としたフーコーは、「人間と労働との結びつきは綜合的、政治的です。つまりそれは、権力によって操作される関係」としての補助的権力であって、それは「国家装置」でもなければ、「権力の座にある階級でもなく、小さな権力の集合、もっとも低いレヴェルにある小さな制度の集合です。私がやろうとしたことは、補助的権力を剰余利潤の可能性の条件として分析することです」と語ったのである。[*39] ネグリが「人間の死」を革命的人間主義の発案に組み入れようと試みた（またしたがって、ドゥルーズやガタリといった書き手たちに方向転換し、自分自身も「人間‐機械」という概念を創り出した）ことは確かであり、また何よりもまず、資本による社会の滲透（実質的包摂）を際立たせるために生政治概念に魅せられ

＊36　前掲『〈帝国〉』四六頁。
＊37　同前、四五〜四六頁。
＊38　前掲『言葉と物』二八一頁。

たとはいえ、彼は、生きた労働の存在論化された考え方である一箇の階級主体を介してマルチチュードを措定することなしには、フーコーを領有することができないように思われるのである。さらには、彼が生政治という考え方に辿り着いたときでさえ、ドゥルーズの管理社会論やかつての盟友ラッツァラートとは異なり、[*40]主権と国家という論点をまるごと迂回し、自分の分析的注目をミクロな生政治的制度の拡大に向けるという点において、フーコーに付き従おうとは思っていない。すでにほのめかしておいたが、資本主義の機能が寄生的になり、またしたがって純然たる危機と指令、言い換えれば戦争として現れるという、ずいぶん前からネグリの議論にとって決定的だったテーゼと衝突するかのように見える理由が、ここにある。[*41]

＊39　フーコー「真理と裁判形態」（西谷修訳）『ミシェル・フーコー思考集成』V、筑摩書房、二〇〇〇年、一八七〜一八八頁。マルクス自身、一箇の社会関係としての資本の機能に内在する「生政治的な」次元に鈍感だったわけではない。『経済学批判要綱』でマルクスは、資本がどのように「生きた労働の力能の生産費用を補塡せねばならない部分、言い換えれば、労働者を労働者として生かしておくのに必要な部分」を処理するのかについて論じている（マルクス前掲『資本論草稿』四五五頁）。ネイト・ホルドレンは、批判的でリバタリアン的なマルクス主義者の視点から、資本主義的「生政治」の超歴史的な特徴を論ずる鋭敏な議論を収めた最近の論考で、フェミニズムの文献をうまく用いて、「単純流通」分析、商品としての労働力、貨幣（賃金）、そして生存手段との関係そのものが根本的に生政治的であるそのあり方に詳細な分析を加え、さらには生の非資本主義的形態の流通－循環への連続的で暴力的な囲い込み（マルクスのいわゆる本源的蓄積）についての分析が「生政治的」経済批判への真に唯物論的な洞察を提

供するとしている。彼の結論は、「生政治や生権力といった表現の影響を受けた価値生産の拡張は資本主義そのものの概念と物質的存在についての何ごとか、その始めから現在にまで到る資本主義的生産の時代全体にとっての本質的正しい何ごとかを表しているというものである（Nate Holdren, "A Biopolitical Stage of Capitalism?", *Critical Sense*, forthcoming）。こうした議論に従えば、ハーヴェイ的に次のように示唆することさえ可能である。つまり、現代の「牛政治的な異議申し立て」（前掲『マルチチュード』下、一五三頁以下）が「略奪による蓄積」（デヴィッド・ハーヴェイ『ニュー・インペリアリズム』本橋哲也訳、青木書店、二〇〇五年）に対抗する反帝国主義的闘争として考え直されねばならない、と。

＊40　Lazzarato, « Biopolitique / bioéconomie », op. cit.

＊41　アントニオ・ネグリ『〈帝国〉をめぐる五つの講義』小原耕一＋吉澤明訳、青土社、二〇〇四年、七七頁。戦争と生政治との関係をめぐる問題は本章の限界を超えているが、しかし、ネグリの議論の特徴が一方における危機－指令と他方における調整－生産との間の動揺であることは知られており、この特徴はまた、この主題にも現れている。戦争、とくに核戦争が政治的仲介、とくに純粋な恐怖や指令にその突破口を求めるといったテロリズムのようなやり方を資本が維持できないことの象徴として提示されているにせよ、ネグリはまた、チョムスキーが合法的な生政治的な介入と戦争の新たな連続的「調整」という観点から「新たな軍国主義的人間主義」（訳注――チョムスキー『アメリカの「人道的」軍事主義』益岡賢・大野裕訳、現代企画室、二〇〇二年）とすっぱ抜いたことに概念を与えようと試みている（前掲『〈帝国〉』および前掲『転覆の政治学』）。NGOのしばしばうわべだけの拡大――それは「〈帝国〉を構成する生政治的な文脈に完全に呑み込まれてしまっており、〈帝国〉による閉廷的で生産的な正義の介入という権力を先取りしている」（前掲『〈帝国〉』五七頁）――やそのあとには（略奪された病院、壊れた下水管、断続的に起こる停電などといった）真に生政治的な悲惨をもたらす雑多な生政治的な企業、現行の軍事的ベンチャーが帝国的な生政治の理想的なタイプと一致するわけがないことは指摘しておかねばならないだろう。

生政治と階級闘争の往還

さてネグリは、生政治についてフーコーが残した大量の論考が人口に対処する権力の技法としてこうした問題にアプローチしていることを完全に自覚している。ネグリは、人口が「しばしば単一の存在／生物学的な特徴を呈している、共に生ける存在の集合であり、その生は労働力のより優れた管理‐運営によって社会の規則正しい成長を保証するという目的によって管理されやすい」と書いているからである。[*42] しかし彼は、フーコーの著作に、生政治を科学と警察の合理性（警察学 *Polizeiwissenschaft*）として解明するという立場と「生の政治経済学一般」[*43]を生み出す試みとの間に生じた緊張を読み取っている。この緊張は、一方における人口への対処とその維持、また他方における国家と社会との分離をまたぐ一般的な存在論的基本構造《ファブリック》、そうした二極の緊張でもある。問題は、「統治の活動から派生する生権力の総体として生政治を考えるべきなのか、それともその反対に、権力が〈生〉を備給する程度に応じて、〈生〉もまた権力になるのか」という問題である。[*44] このように、明らかにネグリは、彼が生きた労働に特権的な位置を与えたまったく存在論的な重要性を生政治の分析学に埋め込むことで、フーコーの唯名論的あるいは反普遍主義的な序論を厄介な「構造主義的」残滓として括弧に入れることを望んだのである。

生政治は、したがって、「仕事や言語だけでなく、身体、情動、欲望、性においても、〈生〉そのものから表出される権力」として、またこの力強い「生」を「対抗権力、潜勢力、脱‐隷属化の機制としてみずからを提示する主体性の生産」として、作り直されねばならないものとされる。[*45] ラッツァラートと同様、[*46] ネグリもまた、生政治と生権力との新たな――さきに指摘したように、生政治が全般的な生権力の人口論的構成要素となるような――違いをフーコー自身のそれとの隔たりにおいて生み出そうとしている。こうした語彙における再調整は、生権力が隷属化《サブジェクション》と管理－運営の側に据えられ、生政治が主体性と自由という観点から再考されていることを意味している。しかし、ラッツァラートとは異なり、ネグリの試みは、存在論化された生きた労働という概念を通じて、この概念的シフトが革命的マルクス主義との分離的な関与をもたらすことなく起きる点に、賭けられている。リスクの「ソフトな」生政治、あるいはさらに厄介な、福祉政策に対抗する機械としてのフーコー的言説の利用に対抗し、「生政治は階級闘争の展開である」とするネグリの理解をここに確認することができる。[*47] 生政治を階級闘争の延長、あるいはむしろ（ネグリの実質的包摂の読解に従って）その緊張化と尖鋭化と捉えるという考え方が要請していることは、フーコーの概念が階級とその構成についてのマルクス的分析によって（置き換える、あるいは廃止するというよりも、むしろ）補完される可能性があるものと

＊42　前掲『〈帝国〉をめぐる五つの講義』一〇八～一〇九頁。
＊43　訳注――Antonio Negri, "The Labor of Multitude and the Fabric of Biopolitics," *Mediations* 23(2), 2008, p. 13.
＊44　前掲『〈帝国〉をめぐる五つの講義』一一〇頁。
＊45　同前。
＊46　Maurizio Lazzarato, "Per una ridefinizionen del concetto di 'bio-politica'," in *Lavoro immateriale. Forme di vita e produzione di soggettività*, Verona: Ombre Corte, 1997; Id., "From Biopower to Biopolitics," trans. I. A. Ramirez, in *Pli: The Warwick Journal of Philosophy* 12, 2002.
＊47　前掲『〈帝国〉をめぐる五つの講義』一一三頁。

して提示されねばならないということである。したがってハートとネグリは、フーコーが「生権力を論ずる」とき、彼は「それを主権権力という特権として（…）上からのみ理解している」が、しかし「他方でわれわれは、生政治的生産に関わっている労働という視点から状況を見ることで、下からの生権力を理解し始めることができる」と書いたのである。[*48] 一方における主権と他方における生権力および生政治の両者との根深くも論争喚起的な曖昧さが存在することは確かだが、[*49] フーコー的な生権力が「主権権力の特権」であるのは、すでに記したように、統治実践研究のためのフーコーの方法論的な出発点が「もし主権が存在しなかったらどうだろう」といった問題にその根拠をもっているからだと論ずるのは、奇妙であろう。さらに言えば、ハートとネグリのこの生政治的主体あるいは「下からの生権力」の自律に対する確信は、補助的権力を剰余利潤に結びつける毛細管状のミクロな政治形態の存在がつねにそうした自律に疑問を付すことを考慮すると、必ずしも保証されていないようにも思われる。資本主義のもとでの労働が制度――それらのすべて（あるいは大方）ではない制度が主権あるいは国家によって包囲されている――の多元性を要求する政治的な綜合の帰結だとすれば、またフーコーに倣って、下からの抵抗すらも自己‐管理や自己‐統制といったそれ自身油断ならない機構を生み出してしまうとしたら、僕たちは本当に、新たな生政治的な階級闘争が内在性と超越性との別の正当な闘争として簡単に定式化可能だと思えるほどに確信をもてるだろうか？　また階級闘争概念は人種差別の論争的で生政治的な歴史と関係ないわけではないというフーコーの挑発的な示唆はどうか。[*50]

しかし、生政治が階級闘争の「延長」であるとは、何を言わんとしているのだろうか？　一方でそれは、生権力、つまり「主権が生そのものを支配する権力となる傾向」が、[*51]構成的権力の優越性と「プロレタリア的主体性の重要性」[*52]に対するネグリの労働者主義的支持、すなわち叛乱するマルチチュードが資本の権力によって多価的でミクロ物理学的な応答をますます強いられるような、そうした潜勢的な闘争の帰結と軌を一にしていることを示唆している。しかし他方で、生政治体制の出現、資本のもとへの（単に社会ではなく）生の実質的包摂体制は、そうした「生政治的」な階級闘争がそれまでの階級闘争がまとってきた伝統的形態との類似性をほとんどもたないことも意味している。実際、それはもはや、階級間の闘争そのものとも言えない。それは、ブルジョワジーあるいはさらに多国籍的な資本家階級の心臓部に直截には位置づけられてはいない権力装《ディスポジティフ》置に対抗する、限定なく自在に変幻するかに見える「構成」を帯びた階級の闘争である。闘争は、生権力による生きた労働の「等級分類」に対抗する直接的な闘いという姿態をとっているかのようには見える。ここでは、しかし、生きた労働がいかなる権力によっても真の意味で汲み尽くせない、あるいは訓育しきれない内在性の剰余に衝迫されているのである。

＊48　訳注──Michael Hardt, "Affective Labor," *boundary 2*, Summer 1999, p. 98.
＊49　Esposito, *Bios. Biopolitica e filosofia*, op. cit., p. 38.
＊50　前掲『社会は防衛しなければならない（1975-76）』八四～八五頁および二五九頁以下。
＊51　前掲『マルチチュード』下、二二八頁。
＊52　Alex Callinicos, *The Resources of Critique*, Cambridge: Polity, 2006, p. 139 およびToscano, "Antagonisme and Insurrection in Italian *Operaismo*," op. cit.

人間の革新的で創造的な能力は生産的労働——生産的とは、資本のそれを指している——をつねに上回っている。この段階でわれわれが理解できることは、生政治的な生産が時間の固定的単位によっては数量化できないという理由から、一方では計測不能でありながら、他方では資本が生きた労働から搾出することができる価値については——資本が生を全面的に捕獲できないという理由から——つねに過剰でもあるという点である。[*53]

もし生きた労働と生政治が生政治的生産という概念のもとに綜合されれば、この概念は途方もない存在論的重要性を授けられることになるだろう。つまり「生政治的生産は、それが新たな社会的存在、新たな人間の本性を不断に創造するという意味で、存在論に関わる問題」となるのである。[*54] しかし、生きた労働のこの過剰を喚起するだけで充分なのか？　階級闘争についての新たな物語が超越性に抗する内在性の闘争、捕獲に抗する創造性の闘争に参照項を絶え間なく求めることはできるのか？

問題はふたたび、生権力の（抑圧的生権力と叛乱的生権力という二つの変奏であれ、生権力と生政治との対抗であれ、いずれにせよ）この二元論化を恒常的な批判のもとに本当の意味でおくことがなければ、まず生政治的な合理性が主権あるいは国家権力の次元を回避し、次いでミクロな制度と主体の下部レヴェルで作用することができるというフーコー的解釈の主調のいくつかを持続的な批判に真の意味で据えることなく、覆い隠してしまうことになるという点である。もしそういうことになれば、こうした制度や生政治的な操作子はどちらの側に加担することになるのか？　こうした制度や操作子に階級性という標《マーク》を打刻するものとは何か？　上からの生政治的な戦略と下からのそれは、具体的にはどのように識別されるのか? もっと直截に尋ねれば、もし生産がますます社会的生の生産になるとすれば、誰が生産するのか? 議論を単純化すれば――ハートとネグリがときどきそうするように思われるのだが――あらゆる創造性が思うがままに生きた労働の側にあると論ずることなどありそうにもないのである。結局のところ、ハートとネグリ自身、『〈帝国〉』における戦争、政治、経済そして文化といった、権力がとるさまざまな形態がある種の調和あるいは収斂のもとで、社会的生をその全体性において生産する様式、したがって生権力の形態へ、ついに生成変化する」と書いてはいなかったか。[*55] また「生政治的」企業は「生産者を生産する」とも書いていなかったか。[*56] もし権力が、わがフーコーが一〇一回の講義で主張したように、生産的だとすれば、これは、僕たちがそれらをバラバラに語ることを助けてくれるであろうその読解法《プロトコール》にもかかわらず、確実に、その戦略的な対峙の全般を通じて、下からの生権力と上からの生権力の両者を共に勘定に入れて重視していることになるのである。

純粋に寄生的な生権力など、形容矛盾である。さらには、生権力の技法そのもの、また「管理社会」におけるそれ――ハートとネグリが曖昧にしようとしている二つの異なるパラダイム――が何よりも、マルチチュードの計測不能な過剰を単に切り縮めてしまう超越的な手段がとる形態とは決して

*53 前掲『マルチチュード』上、二四二~二四三頁。
*54 前掲『マルチチュード』下、二五〇頁。
*55 前掲『マルチチュード』下、二二九頁。
*56 前掲『〈帝国〉』五二二頁。

みなされえない。むしろ反対に、生権力そのものの過剰、制御と流動化《セキュリティゼーション》の無数の機構の過剰こそ、手段－計測に公然と反旗を翻すものと論ずる者さえいるかもしれない。生政治的な合理性は他の多数性の「管理を管理する」多数性という観点から見るともっともよく理解できるとすれば[57]、どのように下からの生権力の不断の育成から生まれ出る上からの生権力を阻止することができるのかを、敵対関係のマルクス的概念の維持を最大限根拠薄弱にしてしまう難解な位相論のなかで理解することは、困難である。したがって、もし「生政治的」という言葉が「経済的なもの、政治的なもの、社会的なもの、そして文化的なものを分けてきた従来の区別がますます曖昧になってきた」ことを意味しているとすれば[58]、世界的で全面的な階級闘争――世界内戦という姿をとって出現するであろう――における二つの対立する陣営を分離する分割線の鮮明さをどのように主張することができるのだろうか？

時期区分と生産

フーコーが切り結ぶ歴史との関係は恐ろしいほどに複雑である。すでに僕たちは彼の反歴史主義的な方法論の条件を引き合いに出しておいた。僕たちはまた、生政治と生権力という視点から、それに次の点も加えることができるだろう。つまり、彼の作品に、これらの表現のより「時代を画する」議論――つまり、『性の歴史』第一巻では、生権力が主権と代議からのシフトの指標であるように見える――から、例えば新自由主義的な合理性と生政治的なこととの結合についての議論にも見られるように、もっと局所化され方法論的に注意深い議論への移行を感じ取ることが可能である、と。生きた労働と階級闘争といった概念の生政治概念への注入や生政治概念と実質的包摂というマルクス的概念との接合〈これはネグリの構想全体における試金石であろう〉といったネグリの試みは、また、生政治的なことが帯びる歴史性に重大な結果をもたらしている。あるレヴェルでネグリが、社会的再生産の新たなメカニズムを考えるためにフーコーに支援を求める場合、生権力は、単純な局所性を伴わず、純粋に国民的な文脈からも離脱し、社会的なことを介して内部から作用する帝国的権力の新奇性にふさわしいものとして、出現する。この場合、生権力は権力の支配的パラダイムにおけるシフトが帯びる特徴である。[*59] 別のレヴェルでは、しかし、とくにハートとネグリが「生政治的生産」に言及する場合がそうだが、はるかにより重大な論点が唱えられている。すなわち、完全なる実質的包摂という状況のもとにあるただ現在《いま》だけが、生きた労働をつねにすでに規定している生政治的な特徴がその身をあらわにする局面であり、生きた労働が叛乱的な政治的主体性を備給されるのは、ただ現在《いま》だけであるという立論である。

　資本主義の固有かつ貫-歴史的に生政治的な特徴そのものが「資本主義の生政治的段階」というハートとネグリの印象主義的で主意主義的なテーゼを切り札に勝負するといった、非常に明敏に見える議論は、しかし、短絡的である。確かに、資本は「生政治的な」社会関係につねに関与している。しかし、〈ただ現在《いま》だけ〉は、それが経済的なことが政治的なことの集約的解釈である場合、[*60] 主体的

＊57　「管理の管理」としての統治あるいは統治性については、Graham Burchell, Colin Gordon and Peter Miller eds., *Foucault Effect: Studies in Governmentality*, Chicago: University of Chicago Press. 1991 参照。

＊58　前掲『マルチチュード』上、一八六頁。

に十全なものとして存在することができる関係である。この点でパオロ・ヴィルノは、生政治を力能としての労働力に還元し、メタ歴史を現在に注入することから、自分の議論を始めるという、刮目すべき議論を生み出している。ヴィルノによれば、労働力がみずからの十全な妥当性を社会的で政治的な概念としてあらわにするのは〈ただ現在《いま》だけ〉だが、それは非物質的労働の体制が、商品としての労働者の言語的な力能を直接備給することによって、労働力の現実における逆説をあらわにするからであり、それが販売されている「超越論的」可能性であるときこそ、労働者の経験的身体の生《ビオス》、購入された潜勢《デュナミス》－可能態の尽きせぬ基材《サブトレイト》が決定的に重要となるのである。[61]労働力は、こうして、「供給と需要にとっての非－現在《いま》的な主体〔供給と需要に服属する非－現在《いま》〕」であり、[62]また身体はその幻影《シミュラークル》あるいは担い手として管理・操作されるのである。さらには、資本主義の対象－目標が純粋な力能である限りで、身体は計測のさまざまな戦略の場《サイト》となる。ヴィルノは「彼が欲望する良きもの、つまり力能《ポテンツァ》を獲得するためだけに、資本家は代償を提示するが、この代償は『生』というまったく価値のないものの維持に照応している」と書いている。[63]この危殆にはらまれる歴史的意味とは何か？　ヴィルノによれば――彼の最近の興味深い議論の多くがこの問題そのものに宛てられているが――非物質的あるいはポストフォーディズム的な資本の出現以前から、僕たちの力能、つまりは僕たちの「生物学的な不変性」〔僕たちの「非－分化、幼形成熟《ネオテニー》、一義的な環境の欠如」〕だけが、[64]崩壊的な異例性、社会的な例外状態のまっただなかで、言い換えれば、文化が用意した免疫力をつけて、代償的な疑似的環境が衰え、崩壊したときに、前面に躍り出るのである。先進資本主義の冷酷な計算によるこれらの擬似的な環境の破壊によって、僕たちは定まっていない〔汎用性がある indefinite〕類的存在、僕らの

総称《ジェネリック》―一般的な本質をかつてなかったほどに前面に押し出すのである。ヴィルノはさらに、「不定型

＊59 生権力とドゥルーズの規律社会と管理社会という時期区分との結びつきは、時系列的に言えば、ややトリッキーである。僕たちがフーコーにこだわるのは、実際、身体の規律的訓練（解剖-政治学）と人口の統計的な統治（生政治）は、このシフトが生権力そのものの内部における強調点の一つにすぎないような、一箇の権力複合体――つまり生権力――の二側面だからである。ハートとネグリは、そのようには考えず、近代的な規律性から管理社会としてみずからをあらわにするポストモダンな生権力への移行を強調したがっている。実際彼らは、「権力が全面的に生政治的なこととなれば、社会体全体が権力機械によって構成され、その機械の潜在性の中で展開される」と書いている（前掲『〈帝国〉』四二頁）。あるいはもっと形而上学的な筋からネグリは、「人間-機械の時代では、指令は生政治的統制に変質する。（…）統制は〔共の、〕つまり生の、時間的存在論へ、あまねく滲潤する」と宣言している（前掲『革命の秋』四一九頁）。潜在性 virtuality という語は生政治の時間的論議にとっては魅力的に見えるが（Lazzarato, "Per una ridefinizionen del concetto di 'bio-politica,'" op. cit.）、ネグリの生産（権）力 productive power 概念がヴィルノの力能 capacity [potenza] あるいはアガンベンの潜勢性 potentiality についての議論とかみ合っていないように、潜在的なことという概念はネグリにおける身体や情動といったスピノザ主義と本当の意味で齟齬を来さないようにするには、あまりにベルクソン主義的である。

＊60 前掲『転覆の政治学』、一九一～一九二頁。

＊61 パオロ・ヴィルノ『マルチチュードの文法』廣瀬純訳、月曜社、二〇〇四年参照。

＊62 Paolo Virno, *Il Ricoldo del presente. Saggio sul tempo storico*, Turin: Ballati Boringhieri, 1999, p. 121.

＊63 Ibid., p. 127.

＊64 Paolo Virno, *Quando il verbo si fa carne. Linguaggio e natura umana*, Turin: Bollati Boringhieri, 2003, p. 167.

な力能、つまりは未成熟な特徴の慢性的な残存は危機のただなかでは脅威を与えるものとしては出現せず、もっともありふれたルーティンのあらゆる側面に充満する」とも書いている。[*65] また、「柔軟な」力能に最大の重要性が与えられるこの状況でこそ、規範（あるいは管理）が肥大し、かつてないほどに造形的となることはもとより、より緩行的進展も見せるようになる。[*66] ここにはマルクスが労働と貨幣の両者に関わって『経済学批判要綱』で展開した議論との明白な形態的同一性《イソモフィー》が存在している。

> このまったく単純な範疇でさえ、それがその内包を充実させた姿で現れるのは、歴史的には、社会のもっとも発展した状態になってから以外にはありえない。（…）経済学的にこの単純性で把握された場合の「労働」は、この単純な抽象をつくりだす諸関係と同じように、一箇の近代的な範疇である。[*67]

しかし、すでに記したように、労働力そのものというよりも、むしろ生きた労働に焦点を据えるネグリの立場は、力能の「自然主義的」言説を超えて進むという彼の欲望に根ざしており、それには真の意味での生産の存在論にその方向性が定められている。これは、ついでに言っておけば、言語的なことを過度に強調するヴィルノのような人びととの立場への批判の根拠でもある。[*68]

しかし、生きた労働への転回は時期区分という論点に関わってどのような意味を担っているのだろうか？「政治的な物の怪《モストロ》」が帯びる形象についての豊富な哲学的考察――この考察は、西洋的合理性の「優生学的な」特徴（礼儀作法‐善き繁殖 *good breeding* としての理論）に対する批判から始まっているのだが――でネグリは、善き起源と真っ当な作法－繁殖の合理的な管理のもとに引き据えることができなかった共－性《コモナリティ》と権力が帯びるその平民的な形象である物の怪が周縁からシステムの核心に向かうその過程を描こうとしていた。彼は「一九世紀と二〇世紀の戦争で根こそぎ動員されたこの怪物は、政治的であると同時に技術的にも、商品の生産と生の再生産の真の主体となった」と書いている。[69] 同じ論考でネグリはまた、「権力はつねに生に対する力、『生権力』を、敵対関係という視角から言えば、生政治的な階級闘争の力能である」と書いたうえで、次のように続けている。

> 発展全体は権力《ポテーレ》（生に対する支配）への生のこの不服従（生の力能《ポテンツァ》）によって支配されてきた。（…）しかし今日ではむしろ、権力《ポテーレ》に対抗する力能《ポテンツァ》の何度目か分からないほどおびただしい数に上る叛乱によって、われわれは共《コモン》の肯定と力能《ポテンツァ》の勝利（もはや後戻りできない勝利）に直面している。生政治的怪物はいまや舞台の中心に立った。（…）怪物は生政治における覇権にまで生成した。[70]

＊65　Ibid., p. 170.
＊66　Ibid., p. 173.
＊67　マルクス前掲『資本論草稿』五四頁。
＊68　前掲『〈帝国〉』四九～五〇頁および四五五～四五六頁。
＊69　Antonio Negri, "Il monstro politico. Nuda vita e potenza," in *Desiderio del monstro. Dal circo al laboratorio alla politica*, eds. by Ubaldo Fadini, Antonio Negri, Charles T. Wolfe, Rome: ManifestLibri, 2001, p. 191.
＊70　Ibid., pp. 192-3.

この言明、またその底流にある驚くべき楽観は、ヴィルノが提示した資本主義と力能という観点から見た生政治のより醒めた、より両義的な評価を超えて進み、生政治的なことをマルチチュードのある種主体的な局地にまで変換するという、ネグリの立場を導き出している。つまり、勝利であり、それ以外には何もないのである。

ヴィルノにとって現代資本主義は、自然主義、言語学、そして哲学的な人間学の武器を研ぎ澄ますことを僕たちに強く勧めるものだが、ハートとネグリにとっての現代資本主義は、「社会的、経済的そして政治的な生産と再生産が一致する生政治の世界では、存在論的視点と人間学的視点が重なり合う」地点なのである。[71] ブレット・ニールソンがアガンベンとネグリの論争を――ヴィルノによるとりなしを通じて――読み解くことを目指した優れた論考で示唆しているように、この生政治論争は、社会的あるいは政治的な分析の論点をめぐるというよりも、むしろはるかに哲学的な範疇、とくに様式をめぐる範疇を基礎づけることを軸とする論争だったことが判明する。アガンベンにとってネグリの構成的権力は、みずからに反して、アリストテレス的な母型《マトリクス》（またしたがって、主権と構成された権力の生政治）にいまだ囚われたままであり、それはネグリの議論が「現働態という形式にある〈存在〉とのいかなる関係性も欠如している潜勢性の存在を思考する」ことができないからだが、[72] ネグリは剥き出しの生についてのアガンベンの理解を権力の否定性への許しがたい譲歩であり、集合的な歓びと欲望のスピノザ的政治への背信だとみなしているのである。ニールソンがヴィルノを擁護するのは、ヴィルノが、アガンベン自身のアリストテレス理解に抗してアリストテレスを新たに読み直そうとする試みと生政治的資本主義の急進的理論を組み合わせることができているからであり、この急進的読解は、マルチチュードの労働についてのハートとネグリの関心に追随しながらも、「潜在力《ポテンシャル》と行為《アクト》とのズレに途方もなくプラグマティックで経験的かつ経済的な重要性を与え、資本主義がメタ歴史を歴史化する」社会組織の一様式として資本主義の「哲学的」特殊具体性をよりよく特定することができているからである。[*73]

さてここでは、ニールソンが素晴らしい筆法で論じた問題を乗り越えて進むことなく、それ以降ネグリが公表したいくつかの論考に触れる形で、彼の議論を簡単に補足しておきたい。またそうすることで、僕たちは生政治的なことをめぐる哲学的論争の核心の区画区分が可能になるだろう。

アガンベンを肯定的な倫理的機制とハイデガー的陰鬱さとの狭間——とくに後者がしばしばもっとも支配的になるのだが——に永遠に囚われている人物として批判的に描くネグリは、いまや馴染み深いものになっていなければならない表現で、彼らの争異に立ち戻っている。何よりも第一にネグリは、区別それ自体がはらんでいるやや論争喚起的な性質についての議論を巧みに避け、生をめぐる階級闘争についての自分自身の構想に定義を与える、生政治と生権力という二元論的な格子をアガンベンに圧しつけている。

＊71　前掲『〈帝国〉』四八二頁。
＊72　Brett Nielson, "*Potenza Nuda?* Sovereignty, Biopolitics, Capitalism," *Contretemps* 5, 2004, p. 66.
＊73　Ibid., p. 75.

アガンベンは、生政治についてのその定義において、この概念が生権力の外部で、またそれを乗り越えた形をとって、抽出できることを否定するだけでなく、生政治的なことが二元論的な領域として理解可能であることもまた否定する。アガンベンにとって生政治的領域の論理は、せいぜい言って、二極的で遷移的な力の領域にすぎない。家《オイコノミア》と都市《ポリス》、無限の生〔命〕*zoē*と有限の生〔命〕*bios*、生と政治は、一方から他方で流れ、まさに往還するそうした流れのなかに位置づけられている。このように生政治的なことの絶対的な中立‐無効化が課されているのである。[*74]

この中立‐無効化は、〔しかし〕どのような結果をもたらすことになるのか? ネグリにとってそれは、マルクスにとって造形する炎である「生産力」と理解され、生きた労働の生政治学からの撤退を意味している。アガンベンにおける生産のこの宙吊りに対するネグリの批判は、存在論の意味そのものに対する闘争という観点に立って、その根拠が与えられている。ネグリは、建設的で苛烈なまでに主体的な次元を剥ぎ取られたいかなる存在論も彼にとってはいかにも考えられないものであり、反動的なものであり、あるいは敗北主義的なまがいものであることを示しながら、「アガンベンが行った生政治概念からの生産的規定性の排除は、生政治の定義を不可能にするだけでなく、さらにはわれわれが存在概念を把握することを阻止してしまう」と明言している。[*75] また彼は、その原因を次のように名ざしている。ハイデガーである。ハイデガーがそのニーチェ講義で主体性の形而上学をめぐって展開した議論が及ぼした非常に大きな影響が、急進的な政治的存在論の形成を中立‐無効化し、倫理が存在論的な構築と構成から切り離されてしまう、いわば「存在概念の葬送」への道を開いてしまったのだ、と。[*76]それとは異なり、「生産的存在」概念、「存在を無限定な特異化」と捉える「概念」、「新たな存在の再生産、構築」を捉える「概念」に基礎を与えたスピノザには、「近代におけるただ一つの創造的代替物」があるのだ、と。[*77]判決は明らかである。スピノザとハイデガーの狭間にどっちつかずで立っていることなどできない」という立場である。[*78]つまり「スピノザと主権権力による剥き出しの生の致死的生産からみずからを控除する「来るべき共同体」や「生の形態」に向けたアガンベンの倫理的素振りですら、[*79]ネグリのスピノザ主義的確信を鎮めることはないように思われる。存在論は政治的であると同時に生産的なのか、[*80]あるいは僕たちは〈権力〉の単に否定的で形式的であるにすぎない影絵芝居とともに取り残され、僕たちの集合的な社会的生の神秘化だけを与えられて、放置されてしまうのか。

＊74　Antonio Negri, "The Discreet Taste on the Dialectic," in *Giorgio Agamben: Sovereignty and Life*, eds. by Matthew Calarco and Steven DeCaroli, Stanford, Calif.: Stanford University Press, p. 121.
＊75　Ibid., p. 122.
＊76　Antonio Negri, "The Political Subject and Absolute Immanence," in *Theology and the Political: The New Debate*, eds. Creston Davis, John Milbank, and Slavoj Žižek, Durham, N.C.: Duke University Press, p. 236.
＊77　Negri, "The Discreet Taste on the Dialectic," op. cit., p. 122.
＊78　Negri, "The Political Subject and Absolute Immanence," op. cit., p. 236.
＊79　訳注――ジョルジ・アガンベン『到来する共同体』上村忠男訳、月曜社、二〇一二年。
＊80　Negri, "Il monstro politico. Nuda vita e potenza," op. cit., p. 201.

ネグリによる生政治概念の領有を記した基本的な文書や、そこで浮上する緊張を跡づけることを試みることで、僕はその哲学的で方法論的な反響についてのいくつかの洞察を結論として提起することにしよう。まず始めに、「叛乱的」とはいえ局所化《ローカル》された分析的象限から世界的《グローバル》な全体性への明示的な移行を指摘しておきたい。フーコーの方法論的な条件のほぼ大方が、革命的な大きな物語（「勝利」の物語！）の創出のなかで、放棄されている。この物語では、僕が示そうとしたように、「生政治」は新たな世界化された筋書き《シナリオ》における様相や担い手すべてをその射程に入れるだけでなく、そうした様相や担い手を単一の存在政治的な連続性に巻き込んでいる。確かにハートとネグリは、例えば、特定化された「範囲」に安穏としてはもはやいられず、単に労働だけでなく、「生そのもの」のために闘う運動（NGOやインディー・メディア、ナルマダ〔・ダム建設への〕抗議など）の担い手を特定することに示されているように、より経験的な筋道のなかで生政治概念を用いているが、その基本的な役割は、それまでは明快だった領域を「曖昧にする」ことに終わっている。「実質的包摂」という基軸をなす概念以上に、ネグリにとっての生政治は、分析領域間の区別だけでなく、組織をも含めた説明的立ち位置の違いをめぐる区別（例えば、「党」がまとうその姿が、社会的なこと、政治的なこと、そして生命的なことの生政治的な区別の内部に墜落してしまうように見える）、そうした一貫した区別を維持することがもはや不可能になっていることを示している。したがって、ネグリ自身の言説――言説的な領野《ジャンル》間の区別（例えば、説明的な領野と予言的な領野の区別）とともに、学術的な分割を超克することを目指す言説――におけるその内的な役割にこそ、生政治概念の現実への適用法――その「経験的」

利用が数え上げられた生政治的な諸現象を乗り越えることなど滅多にない——が探し出されねばならない。ネグリの意義深く教育的な、フーコーからの旅立ちだけでなく、この概念の全体化的な利用は、非常に多くの問題を提起している。なかでも、実質的包摂、階級闘争そして生きた労働についてのマルクス的言説と生の社会的生産についてのフーコー的探求との「異種交配」は、言うまでもなく、例えば、マルクス的な階級闘争が生権力のミクロ物理的な分散によって弱体化され、フーコーの生政治が（それに付随し姿態変換する技法を携える）統治の特殊具体的な合理性から存在論的な主のシニフィアンへ移行することでその存在意義を失うといったような、両者を鈍磨させてしまうという不幸な結果をもたらさなかったか。

こうした懸念を踏まえて、ネグリを生気論だとして批判しようとした批評家も確かにいた。[*81] 弁証法の厄介《ポレミカル》な放棄と強い主観主義的要素に衝迫された力強《マスキュラー》いな内在性の存在論を選択すれば、おのずとそうした結論が出てくるほかないのである。だからカリニコスは、「ネグリの存在論の中心には自由がなく、あるのは〈生〉だけだ」と語ったのである。[*82] 自由と〈生〉というこれら二つの言葉がネグリの作品のなかで絶え間なく結びつけられているという事実を別にすれば——彼が両者が相まって意味をもつと考えていることは当然だろう——、生気論とそれに憑いて離れない反政治的あるいは反動的で

＊81　この点については、Nielson, "*Potenza Nuda?* Sovereignty, Biopolitics, Capitalism," op. cit. で語られたバリバールや、Callinicos, *The Resources of Critique*, op. cit., p. 144 を参照。
＊82　Callinicos, ibid., p. 121.

すらある非合理主義という批難は、ネグリにはまったく当たっていない。

まず第一に、カリニコスがそれとなくほのめかしたこととは反対に、ネグリはドゥルーズの存在論への関与——ついでに言っておけば、その「生気論」は一筋縄では理解できない[*83]——を安易に選択してはいない。まったく反対に、ハートとネグリは、ドゥルーズ＝ガタリの『千のプラトー』を「唯物論的思考を刷新し、社会的存在の生産という問題にその根拠をしっかり据えつけた、生権力のまさにポスト構造主義的な理解」と解釈しながらも、この社会的存在の生産に構造を与える主体性の形態はもとより、社会的規定性、組織や制度を本当の意味で把握することができないドゥルーズ＝ガタリに小言を垂れている。「絶え間ない運動と絶対的な流れへ向かう傾向」に魅入られた彼らの生権力についての議論は、最終的には、「実体を欠いた無力なもの」とされているからである[*84]。同様に、ニーチェ－ベルクソン－ドゥルーズという「唯物論的生気論者」の系統の政治的な劣勢、存在論的に革新的な決断を思考することができないという彼らが共有するその無力さがみいだされたのも、彼らが「抵抗の生産と多数性への生成変化の動態（特異性の動態）を正しくほのめかした」にもかかわらず、彼らには「生の凡庸な持続への単なる称揚」に終始する傾向が残っていたからだとされている[*85]。

生気論的系統へのこうした批判は、その形式において、アガンベンとの論争にも繰り返されている。その論争でネグリは、「秩序化を欠いた社会的構造や意味作用なき言葉と同じように、存在論にはいかなる剝き出しの生も存在しない」と明言している[*86]。生気論の「野生の存在論」は、フーコーが教えたように、「さまざまな存在にその根拠を与えるものというよりも、それらを瞬時にある不安定な形態に送り届け、それらを破壊するために、そのうちにすでにひそかに内部からその力を侵蝕してしまうものをあらわにする」存在論である。それは「存在の絶滅の存在論」である（おそらくはそれだけにとどまらないだろうが）[87]。この生気論的な死の欲動《タナトス》は、「政治的なことは協業する多数の特異性の存在論的力である」というネグリの民主的スピノザ主義の構想には無縁のものである[88]。

確かにネグリは、生「そのもの」を語ろうとして、「生きた労働」の唯物論的規定性から迷い出てしまうこともあるが、たとえそんなときでも、彼の立場は、生を一箇の独立した原理[89]、あるいはそれ自身において神秘的な力として、論ずるようなことはしない。むしろ「生とは、さまざまな身体と頭脳からなる集合体による、生産と再生産以外の何ものでもない」のである[90]。この点でハートとネグリ、とくに生政治の機械状の特徴 *machinic* character について論ずるハートとネグリは、「**自然＝生産**」という等式の意味で、ベルクソンを論ずるドゥルーズに比べて、『アンチ・オイディプス』のドゥルー

＊83　Alberto Toscano, *The Theatre of Production: Philosophy and Individuation between Kant and Deleuze*, Basingstoke: Palgrave, 2006 参照。
＊84　前掲『〈帝国〉』四七頁。
＊85　前掲『革命の秋』四一〇頁。
＊86　Negri, "Il monstro politico. Nuda vita e potenza," op. cit., p. 193.
＊87　前掲『構成的権力』二九九頁。
＊88　前掲『言葉と物』四五三頁。
＊89　Assoun, « Vie/vitalisme », op. cit. 参照。
＊90　前掲『〈帝国〉』四五七頁。

ズ＝ガタリにきわめて接近している。また僕らが無視してならないのは、ラッツァラートのそれとは異なり、[*91]ドゥルーズが必要としている「前有機的な生」の哲学から影響を受けていないハートとネグリの核心にある、野生の人間主義的推進力の奥深さである。最終的には、生についての彼らの考え方は変わることなく社会的であり、構築的であり、集合的である。

ハートとネグリの作品が古典的な意味で生気論的であると言うことは、生きた労働の造形的な炎を生政治的に鋳直すという彼らの試みが明白で批判を受けつけないということを示唆しているわけではない。彼らが「発生」概念という観点から自分たちの議論を枠づけるときはとくにそうである。

発生は〈帝国〉の生政治的な世界における第一の動者である。生権力——自然的なものと人工的なもの、欲求とさまざまな機械、欲望と経済的なもの・社会的なものの集合的組織化との異種混交化——は、みずからを存在させるために、絶えず自分自身を再生せねばならない。そこでは、発生は、何よりもまず、生産と再生産の基盤であり、原動力である。[*92]

すでに述べたように、歴史哲学とはまったく無縁なやり方で、「新たなもの」としてのみ顕現する、この発生の「つねにすでに」は、少なくともフーコーでは、基盤と原動力との存在論的事前性に対するある種の疑念を投げかけていた、生政治の非常にモル的な曖昧さを吹き飛ばしてくれるだろう。さらに、不可視とはいえ不可逆的な勝利へのその信頼によって、ネグリ的な生政治概念は、それ自身の過剰と自律的な欲望という駆動力ではなく、資本によって駆動される運動に埋め込まれている労働の生気をマルクスが論ずるにあたって浮上する、その曖昧さを回避することができるだろう。労働する身体と頭脳の生は、実際、「あらゆる生産に滲透し、それを支配するもの」なのかもしれない[*93]。たとえそうであったにせよ、また僕たちが生政治的な「補助的権力」の毛細管的で主体‐臣民化をもたらす機構についてのフーコーの研究を真面目に取り上げる場合はとくに、勝ちどきの雄叫びを上げるにはいまだあまりにも早すぎるだろう。これらの諸身体と諸頭脳の多くが発揮する生気が他律性という非常に強烈な一服を携えていることを理解することは、しかし、早ければ早いほどよいのである。

＊91　Lazzarato, "Per una ridefinizione del concetto di 'bio-politica'," op. cit.
＊92　前掲『〈帝国〉』四八三頁。
＊93　同前、四五七頁。

第3章

マルチチュードの感覚的《センシャス》な宗教

ネグリにおける芸術と抽象化

とてもよく聞くことだが、巨大な大衆にはある種の感覚的宗教がある。一般大衆だけでなく、哲学者もまた、そうしたものを必要としている。理性と情熱の一神論、想像力と芸術の多神論。これこそが、われわれが望むものにほかならない！　ここではまず、一箇の理念について語ろう。この理念は、私が知る限り、かつていかなる者の心にも決して入り込んだことがなかった理念である。われわれは一箇の新たな神話をもたねばならない。この神話は、しかし、さまざまな理念に役立つものでなければならず、理性についての一箇の神話にもならねばならない。[*1]

イタリアにおける何かが、われわれすべてを活かし続けている。[*2]

現代美術研究所ICA、テート・ブリテン、サーペンタイン・ギャラリー……。いまやほとんど気づかれないまま通り過ぎられてしまうほど普通になった現象のなか、最近、ネグリとイタリアの自律主義《アウトノミズム》あるいはポスト労働者主義的なマルクス主義という「伝統」あるいは「流派」がこれらロンドンの美術館すべてでその存在をあらわにしており、興味津々のキュレーターたちが整理して取り込むべきもう一つの領域として革命的理論があるという、旧来の誤りから解放された洞察を一部に生み出している。けれども、芸術を政治的な思想と実践の終着点というよりも、むしろ通過点として見るというもっと肯定的な——もちろん、その意に反してだが——見解が、テート・ブリテンで開催された「芸術と非物質的労働」コンファレンスの組織者ピーター・オズボーンによって提起された。

*1 *The Oldest System-Programme of German Idealism* (1796-1797), as quoted in Antonio Negri, *Fabbriche del Soggetto*, 1978.〔訳注 —— 前者 *Das älteste Systemprogramm des deutschen Idealismus* については、Geoffrey Hartman, *The Fateful Question of Culture*, New York: Columbia University Press, 1998, p. 164 を参照〕

*2 Scritti Politi, "Skank Bloc Bologna".〔訳注 —— 〝スクリッティ・ポリッティ（政治的書簡）〟は一九七七年にイギリスで結成された音楽ユニットで、この「政治的書簡」はグラムシの著作を指していると言われている〕

*3 労働者主義、ポスト労働者主義、そして自律主義の全体を貫く連続性という考え方に対する説得力ある疑問については、Sergio Bologna, "A Review of *Storming Heaven: Class Composition and Struggle in Italian Autonomist Marxism* by Steve Wright," *Strategies: Journal of Theory, Culture & Politics* 16(2), 2003 (http://www.generationonline.org/t/stormingheaven.html) 参照。

独立左派の政治的‐知性的な文化の後退とともに、芸術世界は、そのちょっと変わった知性的嗜好すべてにとって、社会的で文化的な実践の知的かつ政治的な側面をめぐる議論が闘わされ、これらの論争に変化する高等教育の諸制度を超えた、大きな溜まり場になっている。[*4]

「芸術世界」におけるネグリの存在とさきのいわゆる「後退」には何らかの関係があるという考え方を否定することはむずかしい。ネグリ自身、一九八八年一二月以降に書きつけられた芸術についての主要な論考や書簡を集録した『芸術とマルチチュード *Arte e Multitudo*』の刊行（一九九〇年）は、基本的には、金銭問題にその理由がある、とあけすけに記している。[*5] パスポートもなければ、正式な労働許可証もない亡命者ネグリにとって、芸術論はまた、その場しのぎの便法でもあった。こうした状態にもかかわらず、僕は、芸術をめぐるネグリの論考とより最近のその続編を精査することには意味があると思う。それは、そうした論考が、彼の作品が経験した姿態変態に提供したであろう観点といった問題だけでなく、近年非常に多くの名高い急進的理論家たちが芸術への「転回《ターン》」――多くの論争を生み出した宗教への転回という問題とまったく無縁とは言えないと、悪意ある人びとならシレッと言ったであろう転回――を遂げたことがはらむ、潜勢力の政治化と脱政治化を通じて思考するという試みが示すその徴候という問題にも関わっている。後退、あるいはさらに敗北という論点がこの問題と何らかの関係をもっていることを受け容れるとすれば、芸術に政治‐哲学的な関心をもってアプローチする方法はあるだろうか？　しかもそうした営為を政治の代理、実現（あるいはじつは、報償）の地平を奪われた急進派にとっての最後の避難所、あるいは安息の場に切り縮めることのないやり方で。

諸君が一九八〇年代をどのように生き延びたかを話してくれ。僕は、諸君が何者かを話してあげよう。

これが、新自由主義と渡り合い抗議することを学んだ若い世代から過去十年注目を浴び続けてきた、一九六〇年代（ネグリの場合は一九五〇年代）の自慢話をネタにする、数多の現代の急進的理論家に普通にみられる口癖だろう。今日、ネグリやバディウあるいはランシエールといった人びとが彼らにふさわしい好奇心や称讃の対象になっているとすれば、それは彼らが、かつての同志たちの多くを打ちのめすか、あるいは説き伏せてしまった懲罰的反動の時代を乗り切ることができるような概念的な配置を何とか発案したからである。とりわけネグリが「〔反動と反革命の〕冬は終わった」と宣言する気になったとしても、[*6] 一九八〇年代のその本質においてまったく異なる哲学的な錯綜は、新自由主義か

＊4　Peter Osborne, "What is to be Done? (Education)," *Radical Philosophy* 141 (http://www.radicalphilosophy.com/default.asp?channel_id=2188&editorial_id=23279).

＊5　訳注 —— Antonio Negri, *Arte e Multitudo*, Roma: DeriveApprodi, 2014.

＊6　Antonio Negri, *L'inverno è finito. Saggi sulla transformazione negata (1989-1995)*, a cura di Giuseppe Caccia, Roma: Castelvecchi, 1996.〔訳注 —— Antonio Negri, *The Winter is Over: Writings on Transformation Denied, 1989-1995*, Los Angeles: Semiotext(e), 2013〕

らの攻撃という恐怖を依然として感じている僕たちの世代にとっても、いくつかの教訓を与えてくれるだろう。その意味で、一九九九年と二〇〇一年の書簡と二〇〇四年の講演を新たにつけ加えて発刊されたフランス語版『芸術とマルチチュード』は、強く心を捉え、教えに溢れる記録《ドキュメント》である。[*7]『芸術とマルチチュード』は、とくに芸術問題が——あらゆる意図と目的にとって、変革的で解放的な政治にとっての伝統的な綱領を剝ぎ取られてしまっているかに見える状況のもとで、あるいはもっと厄介な場合は、闘争の記憶そのものがマルチチュードの粉々にされた心と身体から洗い流されてしまっている状況下でみずからを再構成することを追求する——革命的な政治思想のための実験室を（美学、芸術作品や工芸作品、また生産的想像力の理論の生産などにまたがる、どちらかと言えば多義的なやり方で）再現する方法を間接的に表現している。興味深いことだが、『芸術とマルチチュード』は、『ヨブの労苦《レイバー》』や『主体の工場』といった彼の作品[*8]の流れに属する悲観的な作品ではなく、革命的な想像力が苦悩と絶望にみちた現実に沈潜し、この審級から核をめぐる抗争という姿態をとった存在論そのものの政治的絶滅という展望と対峙する〔肯定的な〕作品である。[*9]「倫理」は一九八〇年代のネグリの作品に一貫して繰り返されている言葉だが、この「倫理」はおそらく、社会的な破壊の傷跡や政治的敗北にあって掲げられてきた希望のこうした構成に与えられた名称であろう。すでにネグリが『政治的デカルト』で取り上げていたこの主題は、[*10]一敗地に塗れた階級（「デカルト」の場合はブルジョワジーである）による探求を、敵対的な世界、その敵対者が一時的に支配権を握っている世界から行動がふたたび立ち上がるための理論的立場として、劇的に表現するという主題である。『芸術とマルチチュード』に入り込む前に、以下の点を記しておくことが妥当だろう。つまり、すでにネグリは芸術の領域でもその名が知られており、またこの領域には政治との複雑な絡み合いが存在しているということである。『芸術とマルチチュード』に集録されているマンフレード・マッシローニ宛の書簡でネグリは、一九五九年から一九六四年にかけて、パドヴァで活動していた「グルッポN」との連携と〈オプ・アート〉運動への関わりをもったことをほのめかしている。ネグリは、これらの運動が経験した「芸術の有機的なテイラー化」やその生産的特徴を明らかにし、芸術を美学あるいは市場に主導された神秘化から自由にすることで神秘性から解放する実践についても語っている。

＊7　Toni Negri, *Art et multitude. Neuf lettre sur l'art*, Paris: atelier/EPEL, 2005.〔訳注 —— 以下でトスカーノはフランス語訳から英語に変換して引用しているので、邦訳『芸術とマルチチュード』（廣瀬純＋榊原達哉＋立木康介訳、月曜社、二〇〇七年）とフランス語版を参照しながらも、トスカーノの英訳を尊重する〕

＊8　Antonio Negri, *Il lavoro di Giobbe*, Roma: Manifestolibri, 2002[1990]（『ヨブ —— 奴隷の力』仲正昌樹訳、世界書院、二〇〇四年）および Id., *Fabbriche del soggetto. Profili, protesi, transiti, macchine, paradossi, passaggi, souversioni, sistemi, potenza: appunti per un dispositivo ontologico*, XXI Secolo: Livorno, 1987.

＊9　『主体の工場』のある章で論じられている彼の関心はこの存在論的否定性の根源性に据えられているが、それが倫理的かつ政治的な偶然性の地平を開くやり方を説いた章のタイトルは、意義深いことに、「いかなる未来もなく〔あるいは認識論の倫理的本質について〕」とされている〔訳注 —— 第1章：No furure, ossia sull'essenza etica dell'epistemologia, pp. 41-74〕。

＊10　Antonio Negri, *Political Descartes: Reason, Ideology and the Bourgeois Project*, trans. and intro. Matteo Mandarini and Alberto Toscano, London and New York: Verso, 2007 (*Descartes politico: o della ragionevole ideologia*, Milan: Feltrine, 1970).

この「芸術の脱構築」は、労働の人間的実体である生きることをあらわにするものとして、描かれている。ネグリは、最近の著作『帰還——アルファベット的自伝』で、ヴェネツィア建築大学IUAVで活動していた急進派との一九六〇年代おける連携や、[*11]コミュニストの作曲家ルイジ・ノーノや画家のエミリオ・ヴェドヴァと一緒にヴェネツィア・ビエンナーレの封鎖に加わったことについても回顧している。[*12]どんなことが起こったのかを理解するために、一九六八年六月二八日付の『タイム』誌に掲載された「暴力が文化を殺害する」という記事にみられる主流的な見解を引用しておく価値があるだろう。

シャンパン・グラス、せわしない芸術分野における政治活動と普通はカナル・グランデ沿いのパラッツォで開かされる開催直前のシックなパーティに群れをなして集まるお金持ちたち。こうしたものがすべて消えてしまった。それどころか、三四回ヴェネツィア・ビエンナーレの開催は社会的で芸術的な大混乱に陥った。これは、春に訪れる長い長い学生叛乱を記すもう一つ別の道標という、厄介な出来事である。[*13]

ネグリの政治的自伝におけるヴェネツィアの重要性を考えれば驚くべきほどのことでもないが、『タイム』誌の記事が「芸術界でのオリンピック」と茶化して言及したビエンナーレは、『芸術とマルチチュード』でも取り上げられている。まず一九六三年のロバート・ラウシェンバーグの展覧会については、[*14]現実が色褪せず、一九三七年のブレヒトを髣髴とさせる瞬間とされ、[*15]支配権力から神秘性を剝ぎ取るやり方で暴力的に転回した、と評されている。ビエンナーレは二〇〇一年の〔マリー＝マグドレーヌへの〕書簡でも、ストイックな革命的テクストながらやや憂鬱な感じで、振り返られている。そのなかでネグリは、ビエンナーレを訪れたときに感じた、「形式上の革新がまったくみられないこと」、そうした美の力の不在への驚きについて、「もしも美が形式でないとしたら、いったいほかの何でありうるだろう」と語っている。[*16] そこでの経験全体が墓地を散歩する様子になぞらえられるが、それはまた、資本主義の下への社会〔全体〕の実質的包摂というネグリの考えから浮上する問題や懸念に結びついてもいる。彼は書く――「絶対的な内在性が勝利を収めた世界において、芸術作品がいかにしてなお存続しうるのか」と。[*17]

ネグリは、この問題に自分自身の政治宇宙《せかい》における要素《ストランド》として真正面から取り組んではいないけれ

＊11　ヴェネツィア建築大学と労働者主義との関係については、Gail Day, "Strategies in Metropolitan Merz: Manfredo Tafuri and Italian Workerism," *Radical Philosophy* 133, 2005 参照。

＊12　アントニオ・ネグリ『ネグリ生政治的自伝――帰還』杉村昌昭訳、作品社、二〇〇三年、二〇九頁以下。

＊13　訳注――"Exhibitions: Violence Kills Culture," *Time Magazine*, June 28, 1968.

＊14　訳注――ラウシェンバーグがヴェネツィア・ビエンナーレで最優秀賞を受賞したのは一九六四年。

＊15　訳注――ブレヒトの戯曲『肝っ玉おっ母』を指しているとすれば、一九三九年か？

＊16　前掲『芸術とマルチチュード』九頁。

＊17　同前、一〇頁。

ど、自律主義におけるいわゆるリバータリアン的な傾向——一九七七年の運動、とくにフランコ・ベラルディ（ビフォ）がその活動を「マオ-ダダイズム」や「メトロポリタン・インディアン」そして自由ラジオ（ラジオ・アリーチェ）といった現象を生み出しながら、活性化させ、ボローニャの雑誌『ア／トラヴェルソ *A/Traverso*』で全面展開した[*18]——がこうした問題への公然とした否定的応答だと考える。こうした運動のいわゆる「欲望する」また「創造的な」側面は、異端派マルクス主義、ドゥルーズ＝ガタリ、新たな技術への情熱などの陶酔的なごった混ぜという衝動に衝き動かされたそれであり、後にネグリが新たな活性化を与えることになる組織された自律主義のレーニン主義に対する批判にも結びついている。

　例えば、『ア／トラヴェルソ』の社説では、運動の実存的に変革的な次元への着目、ガタリの言い方を借りれば、その「倫理-美学的」傾向は[*19]、社会工場全体への戦闘性の散種と結びついているとされる[*20]。一見するに「前-」——あるいは「反-」——政治的なことが、集合的な生の全領域の政治化として、再コード化されるのである。

> 解体、それは社会的行動の革新的な形態である。（…）身体の領有と解放、人間関係の集合的変換、それは、業績と搾取にもとづくいかなる秩序にも抵抗するという目論見《プロジェクト》を今日われわれが工場労働に再構築する方法である[*21]。

政治的エクリチュールそのものが、美学的、さらには創造主的《デミウルゴス》な、内容で充たされるようになる。もはや政治的著作は単なる正しいスローガンや正しい筋書きについての省察の生産ではなく、詩的、あるいはさらに神話制作的《ミソポイエティック》となる。「傾向に身体を与えることができる一箇のエクリチュール、この傾向を欲望として化体するエクリチュール、解放の可能性を集合的な生に書き込むエクリチュール」、これこそが問題なのだ。[22] 運動におけるこの分派が提示した構想は、分離《スセッション》と騒乱としての自律主義《アウトノミア》、認識についてのいかなる弁証法もない組織的《システミック》な変革を強いるであろう「他なる空間」の創造だった。一九七五年に『ア／トラヴェルソ』に掲載された記事には、次のような一文が読める。

---

*18 訳注——以上については、Paolo Virno and Michael Hardt eds., *Radical Thought in Italy: A Potential Politics*, Minneapolis: University of Minnesota Press, 1996' *Humour and Social Protest*, eds. Marjolein 't Hart and Dennis Bos, *International Review of Social History Supplement* 15, New York: Press Syndicate of the University of Cambridge, 2007、フランコ・ベラルディ（ビフォ）『NO FUTURE——イタリア・アウトノミア運動史』廣瀬純＋北川眞也訳、洛北出版、二〇一〇年などを参照。

*19 訳注——フェリックス・ガタリ『カオスモーズ』宮林寛・小沢秋弘訳、河出書房新社、二〇〇四年。

*20 訳注——例えば、Antonio Negri, *Social Factory*, Los Angeles: Semiotext(e), 1998 および Rosalind Gill and Andy Pratt, "In the Social Facroy?: Immaterial Labour, Precariousness and Cultural Work," *Theory, Culture & Society* 25(7-8), 2008 など。

*21 "'A/traverso' (Quattro frammenti)," in *Settantasette. La rivoluzione che vienne*, eds. Sergio Bianchi and Lanfranco Caminiti, second edition, Roma: DeriveApprodi, 2004, pp. 181, 182.

*22 Ibid., p. 182.

支配システムとしての資本主義はとても長い歴史的期間にわたって生き続けることになっている。けれどもこれは、コミュニズムが時間的により先に繰り延べられることを意味しない。コミュニズムは、その内部で、またそれに抗して、〔資本主義の〕同時代として生きている。解放における社会的力の組織化として、その解放がとる形態として、生きている。しかし、問題を解決するものがコミュニズムではない。コミュニズムは問題を可及的すみやかに審議する。システムが生き延びるために対処を強いられている〔奴らの〕問題を。この党派的自律としての力、けれども社会全体に対する統治としてのそれではないこの力は、われわれが働かせねばならない力である。[*23]

一九七七年運動がその周知の矛盾（産業労働者の抵抗とネットワーク社会が到来するという予期との矛盾や、レーニン主義の復興とリベルタン的な祝祭との矛盾）を全面的に開花させながら爆発的に登場したことで、政治という概念そのものがいよいよもって疑義に付されることになった。『ア／トラヴェルソ』の編集部は、明らかにドゥルーズ＝ガタリ的な表現を用いて、「政治は縮減的であり、前－意味作用的欲望が創り上げる欲望する複雑な網《ウェブ》の目に直面して、〈シニフィアン〉の独裁を復権する」とも書いている。[*24]とすればここで浮上する問題は、党的戦闘性という古典的な図式と訣別した「欲望の戦略」、つまり「解放に向かうある方向性を指し示す欲望する流れの構成」と理解されている「欲望の戦略」は、[*25]可能か否かである。この戦略は、社会と生へのその把握力を失い、管理《コントロール》の策謀－機械化《マッシネーション》とほとんど自己－参照的になってしまっている権力の運営《マネジメント》の火急性を放り出し、政治的な代議からの撤退を図ることに手を染めているかにも見えるが、提示された「欲望の戦略」の事例は、そのすべてが政治行動の分別ある形態、さらに具体的には、〔政治的〕言語そのものの内部における変革に関わっていることから言っても、有益である。『ア／トラヴェルソ』は、改良主義者と革命派との呉越同舟が、精神病院に幽閉されていた若いプロレタリアートの自殺を再演する戦闘的活動家によって粉砕されるような、そうした政治的結集《アセンブラージュ》について以下のように表現している。

一人の女性が立ち上がり、「私は財布を売る！」と叫ぶ。「職を失った彼女の怒りの上演」である。またほかのある者は、イタリア共産党の日刊紙『ウニタ』から引用していることを明らかにするためだけに、シュールレアリストの新聞を読み上げる、といったように。

当時、そうした政治の戦略的でリビドー的な美学化は、ウンベルト・エーコの有名な観察対象となった。エーコは、この運動が呈する左‐右といった伝統的区分のための政治的なコードに関わる判読不能性に説明を与えようと試みた。エーコはこの運動の「判読不能性」を直截にも以前の歴史的瞬間における前衛の判読不能性と結びつけただけでなく、彼はさらに進んで、この世代は〈六八年〉の）「九年後」という空間に爆発的に登場し、彼らがいなければ潰《つい》えてしまっていたであろう前衛文化を昇華し、引き継いだ〔と書いている〕。

＊23 Ibid., p. 185.
＊24 Ibid., p. 187.
＊25 Ibid.

新しい世代はその日常的実践において前衛の言語（つまり言語の多数性）を話し、生きている。高踏文化はそのどん詰まりでみずからを失った軌跡を求め、前衛言語の軌跡を特定しようと躍起になったが、言語や行動の転覆的な操作の実践は、ジョン・ケージとシュトックハウゼンがロックとインド音楽の融合によってふるいにかけられたように、限定版、アート・ギャラリー、単館上映の映画を打ち棄て、ビートルズの音楽や、《イエロー・サブマリン》のサイケデリックなイメージ、ジャンナッチ Jannacci の歌、コチとレナートのお喋りに到る道を切り捨て、都会の壁はいよいよサイ・トゥオンブリーが描いた画に似てきたのである。（…）いまや、作詞家の歌詞とセリーヌや、ハグレ者の集会での議論とベケットの戯曲との類似性のほうが、ベケットとセリーヌとの類似性や［主流派の芸術や演劇］のそれよりも高くなっている。[*26]

これはまた、一九七七年運動における形式的で実存的な革新の大方が自分たちの領域で「芸術世界」を確立できず、むしろアンドレア・パッツィエンザの漫画に感じ取ることができる暗い熱狂やプログレ・バンドのアレア――ギリシャ生まれのリード・シンガーであるデメトリオ・ストラトスは、自分の実験的ヴォーカルのモデルを、アルトーの『神の裁きと訣別するため』に求めていた[*27]――にその活動根拠を確立した理由でもある。[*28]

なぜ僕は、一九七七年の「創造的」一翼を際立たせるといった迂回をしているのか？　しかも、誰にでもすぐわかる「ネグリ的」概念、とくに「傾向」という概念に繰り返し言及しながら。さらにこの一面は、一九七〇年代後期におけるネグリの政治的かつ理論的な実践とは多くの点で齟齬を来しているというのに。部分的には、一九八〇年代末のネグリの精神を占めていた美学的省察が、あの混乱の時代に結晶化した変革的跳躍の弾圧・吸収的再編・雲散的解散の経験抜きには、理解困難だからである。したがって、一九七七年は分岐点、「産業的成熟の時代に出現した社会性がとるさまざまな形態

＊26 Umberto Eco, "C'é un'altra lingua, l'italo-indiano," in Nanni Balestrini and Primo Moroni, *L'orda d'oro. 1968-1977. La grande ondata rivoluzionaria e creativa, politica ed esistenziale*, ed., Sergio Bianchi, Milano: Feltrinelli, 1997, p. 610.

＊27 訳注――アントナン・アルトー『神の裁きと訣別するため』宇野邦一・鈴木創士訳、河出文庫、二〇〇六年。

＊28 イタリアの一九七七年と英語圏でのパンクとの関係については、Mauro Trotta, "Andrea Pazienza o le straordinarie avventure del desiderio," in *Settantasette*, op. cit. 参照。また Keir, "When Two Sevens Clash" (http://www.nadir.org.uk/punk.html) も参照。ボローニャにおける運動もポスト・パンクとされているが、それについては〝スクリッティ・ポリッティ（政治的書簡）〟の一九七八年シングル「スカンク・ブロック・ボローニャ Skank Bloc Bologna」に明らかである（なお、ここでの「ブロック」には、彼らが文字化け的に使う名前、アントニオ・グラムシへの大らかな参照が窺える）。サイモン・レイノルズ『ポストパンク・ジェネレーション 1978-1984』（野口モモ監修・翻訳、新井崇嗣訳、シンコーミュージック・エンタテイメント、二〇一〇年）参照。

ネグリ自身、『芸術とマルチチュード』でパンクの重要性を以下のように指摘している――「パンクは、リアリズムのイカれた主張のきわめて高い地点として出現するんだ。パンクの脱ユートピアとは、なんらかのカタルシスがありうるという予感であり、また、それを決して果たしえないという確信なんだ」と記されている（前掲『芸術とマルチチュード』一五〇頁）。

における破れかぶれの抵抗」と「労働活動と社会循環の『精神的《メンタル》』方向性についての最初の自覚とその表象」との狭間に曖昧に位置づけられ、ビフォの表現を借りれば[*29]、「ハイパーモダニズムの突起《プロジェクション》」と「ハイパーモダンな悪夢への抵抗」に引き裂かれていく分岐点として、出現したのである。一九七七年という年はまた、自律主義的な左翼を悩ますこともあった偏狭なイタリア中心主義的な修辞《レトリック》を免れていないわけでもないという観点から、ポストモダンの局面への移行点とも見られている。プロレタリアの闘争の生産的な最重要性といった労働者主義のテーゼをほぼ証し立てるものであった、一九八〇年代の反革命的、反政治的で消費主義的な不毛は、一九七七年の運動がそのあらゆる矛盾性に予期した——協働、技術変化、そして欲望と欲求の新たな政治的人間学のための——さまざまな可能性そのものの転倒的な吸収的再編と理解されている。ネグリの『芸術とマルチチュード』は、したがって、同時期の他のテクストとならんで、過酷で急速な、だが一見するに脱政治的で文化的な蜂起の時代のまっただなかで、一九七七年の構成的エネルギーを奪回する試みとして、読むことができる。僕は以下の三つの視軸からネグリの貢献を考えてみたい。時代区分・抽象性・想像力である。

ネグリの作品で果たす時代区分の原動力は、その部分性、抽象性、目的論と一次元性といった論点に関わって、大きな批判的注目の的であり続けてきた。それを予言主義という形式をとっているとみなす者さえいた。[*30] こうした審判については後で振り返ることにするが、ネグリの作品は、実際、敵対的な労働-力における支配的《ヘゲモニック》形象——専門的労働者〔熟練工〕、大衆的労働者〔半熟練工〕、社会的労働者、非物質的労働者、認知労働者、マルチチュード〔最後の三つあるいは四つは、いろいろなあり方で、敵対関係の「ポストモダンな」形象へ融合されている）――の行進と同じである。時代区分という挙措がそのもっとも基本的なレヴェルにおいて行われる場合、この時代区分によってネグリは、構造的決定性には還元不可能だが、それにもかかわらず資本主義的な連鎖における最強の環をつねに、また公理的に攻撃することをその任務とする革命的攻勢のために、資本主義的生産の傾向の内部に「客観的な」梃子の支点を措定することが可能になった。この時代区分は単なる社会学的あるいは政治経済学的なことをいつも超え出ている。その役割は傾向を把握し、そうすることで資本主義からの反攻を予期するだけにとどまらず、この時代区分がそのうちに描いている主題－主体そのものを再構成あるいは召還することとさえある。ネグリにおける社会的描写と政治的処方箋とのこうした混淆に特段ユニークな点はない（それは、さまざまな形態をとってマルクス主義全体、あるいはより広く言えば、革命思想に見られる事態である）。ネグリの特殊性は、おそらく彼がこの操作の神話制作的な特性を大らかに重視する点にあるだろう。ネグリのアプローチは、芸術と政治を結びつけて時代区分する点にも、適しているとせねばならない。『芸術とマルチチュード』や「芸術と非物質的労働」コロックへの彼の最近の介入にも見られるこうしたこともまた、特段に不思議なこととは言えない。思い切って僕たちは、新たな象徴的形象の急激な高まり――それはひるがえって、生産の姿態変態と政治の潜勢力との綜合

＊29　Franco Berardi (Bifo), « Pour en finir avec le jugement de dieu », in *Settantasette*, op. cit., p. 173.
＊30　グレーバーの「芸術と非物質的労働」コンファレンスでの批判的見解については、David Graeber, "The Sadness of Post-Workerism," *The Commoner*, April 2008 (http://www.commoner.org.uk/?p=33) 参照。

でもある――が、それ自体において、芸術的なモダニズムについての個別解釈にその根拠を据えているだけでなく、さらには純化、加速化そして／あるいは極端化についてのある種の論理をモダニズム理論と共有してさえいる、と理解してもよい（現代の非物質的労働者が、生きた労働、その化体された精髄の制約からもっとも自由な顕現であるといったように）。それと同じように、ネグリは芸術的モダニズムと革命的政治を縒り合わせる「新たな人間」の「生政治的な」主題についても、その忠誠を守っている（トロツキーが『文学と芸術』で主張した「硬化したホモ・サピエンス」の急進的な変革という悪名高い訴えを考えてみてほしい[*31]）。

ネグリは、芸術－労働－政治の近代における連関性に関わる時代区分は図式的でなければ意味がないと考えていたが、それは以下のように区分されている。

一八四八～一八七〇年　専門的労働者（熟練工）が主軸となっている労働者の運動の勃興期であり、それは美学的にはリアリズムによって支配されている。

一八七一～一九一四年　労働の分業の強化によって労働者の反攻が強まり、それに対して資本が反動する時代であり、他方、労働者は自己管理のイデオロギーを発展させ、印象主義が経験描写と経験分析のための支配的な美学となる。

一九一七～一九二九年　ロシア革命とソヴィエトの勝利が表現主義と実験的な抽象性の時代を予告し、「労働の抽象化の表象と参加、これが抽象化」である[*32]。

一九二九～一九六八年　この抽象化は分析的になるが、しかしまたそれは、大衆芸術へと展開し、

「大衆的労働」のフォーディズム的形象を帯びることになる。**一九六八年から現在まで**芸術は政治的に社会的労働という問題へと開かれ、経験の政治的美学とは不可分離となる。[*33]

最初は（芸術的）生産の生産様式へのある種の還元主義、とくに労働過程を強く打ち出すためのある種の還元主義と見られがちだっただろうが、この相関原理は基底－上部構造のそれではなく、むしろ芸術と政治がともにその源泉をみいだす機動的根拠と理解されている、労働の表現－表出的な存在論に由来している。ネグリが「芸術とは集合的労働であり、その素材《マチエール》－質料は抽象労働である」と宣言するように。[*34] もっと最近のテクストでもネグリは、『芸術とマルチチュード』の主題設定（と時代区分）に立ち返って、「世界が――またおそらく芸術世界も――解体され、再構築されるのは、労働においてである」と記している。[*35] 言い換えれば、芸術が「労働をその根源的な本質において構成する創

＊31　レオン・トロツキイ『文学と革命』上、桑野隆訳、岩波文庫版、一九九三年、三四三頁。
＊32　前掲『芸術とマルチチュード』一二〇～一二一頁。
＊33　ネグリにとっては時代区分は、単なる認識的な地図作成がとる形式ではなく、アクチュアルな美学的経験という資格をもってさえいることを指摘しておこう。ネグリは、彼がピナ・バウシュの舞台やエイウンタス・ネロシウスの《ハムレット》（訳注――《マクベス》か?）を観劇したあと、「移行期は終わった」と宣言したというエピソードを記している（前掲『芸術とマルチチュード』二八頁）。
＊34　前掲『芸術とマルチチュード』一一〇頁。

造行為へとわれわれをじかに送り返し」、「芸術における労働が、存在を溢れ出るものへ展開し、自由な労働にする、汲み尽くしえない人間の力能の指標である」限りにおいて、時代区分の定まりのなさを内側から引き絞るもの[*36]、それが労働としての芸術が帯びる存在論的な価値《ヴァレンス》‐力とされるのである。さらに言えば、労働のこの存在論的特質が、単なる生産ではなく、言語的コミュニケーションや協働的創造性と理解される限りで、労働と同様、芸術もまた、溢れんばかりの政治的肯定‐実定性を授けられている。

ネグリは次のように書いている――「芸術というものは、言ってみれば、つねに民主主義的なものだ。芸術の生産メカニズムが民主主義的であるとは、それがさまざまな共同体――さまざまな新たなる共同体――のなかで群生する言語活動、発話、さまざまな色、さまざまな音を生産するという意味においてである」と[*37]。したがって、ネグリの時代区分を内側から目いっぱい張り詰めさせているのは、資本と指令の計測手段から――資本が生産において自分から逃れ出るものを分配において〔再〕捕獲しようと試みようとしても――つねに〔そうした捕獲から〕溢出してしまう創造性の次元の措定にほかならない。まただからこそ、芸術を政治化の瞬間をめぐる記憶やその喪の作業として処理してしまおうとするブレまくる時代区分などに、ネグリが興味を示すことはないのである。こうしたアプローチでは、芸術は自律の特別な貯水池ではなく、労働の存在論の顕示‐宣言、あるいはさらに言えば、まさに「生」の「創造性」にほかならず、それが仕事、政治的仕事と芸術的仕事との識別不能性という方向性を形づくるのである。生きた労働と、それに死をもたらしてしまう資本主義的な価値増殖の網の目への捕獲の深化との抗争的共存というテーゼを根拠に、ネグリは、そうした労働が、多様な脱出や経験と感覚の「赤い基地」を建設することで、みずからを〔資本主義から〕分離するさまざまな様式を追い求め、まただからこそ肯定的文化に対する批判理論からの警告を彼は受けつけようとしないのである。より最近の文章、例えばレム・コールハースの「ジャンクスペース」[*38]というテクストについての論考でネグリは、死んだ労働に対する生きた労働のこの溢出的超過は、明らかに、「マルチチュードの生政治的力」に結びつけられているとしたうえで、「利用可能なあらゆるエネルギーが仕事に差し向けられている。社会も仕事に差し向けられている。『ジャンクスペース』は仕事の社会に等しい。この搾取された全体性では、この労働命令には、自動する自由、それをこき使うことを狙う管理には呑み込まれえない自動する自由がある」[*39]と。

しかし、時代区分は現在への賭けと切り離せない。行動がその局面あるいは情勢にみいだすであろう環境《アフォーダンス》に由来する意味の評価から切り離せないのである。なんら驚くべきことではないが、ネグリの

---

*35 Antonio Negri, "Metamorphoses," trans. Alberto Toscano, *Radical Philosophy*, 149, May-June 2008, p. 21.

*36 前掲『芸術とマルチチュード』一三四頁。ネグリは「われわれの力はわれわれが自分を表現する能力より大きい」と書いているように（同前、一二〇頁）、ネグリはしばしば、芸術を過剰－溢出という観点から描き出すとはいえ、それはひるがえって、力の存在論的次元によって乗り越えられてしまうのである。

*37 同前、一三七頁。

*38 訳注――Rem Koolhaas, "Junkspace," *October*, Vol. 100, Spring, 2002.

*39 Antonio Negri, "Presentazione di *Junkspace* di Rem Koolhaasm" in *Dalla fabbrica alla metropolis: Saggi politici*, Roma: Datanews, 2008, p. 220.

時代区分もまた、その重要な日付が一九六八年であることについては、なんら異ならない。ネグリが五月の出来事から、二〇〇八年のリーマンショックへの時代に関連づけた抽象化の急激な高まりが何か他のものへと、転換するのは、この点である。彼は論文「姿態変態」で次のように書いている。

一九二九年から一九六八年の時代は、

（…）抽象化と生産が絡まり合う時代だった。それは、生産の現行様式とありうべき世界の表象の抽象化、イメージともっとも変化に富んだ素材－質料の利用の抽象化、芸術的な挙措の単純化と現実的なものの幾何学的な脱構造化などが起きた時代だった。ピカソやクレー、デュシャンやマレーヴィチ、ボイスやフォンタナ、ラウシェンバーグやクリストを思い起こせばよい。われわれはそうした抽象化に芸術家たちが同じ創造的な経験を共有している姿をみる。新たな主題－主体と抽象的な対象－客体、それは資本が課した物象的命運から神秘性を剝ぎ取ることができる主題－主体である。*40

しかし、この時代、ネグリが「分析的」――ネグリ自身が「芸術のテイラー化」と表現した〈グルッポN〉の実践において分析的――と定義したこの時代は、〈六八年〉という出来事で終焉を迎え、それがひるがえって、ビフォや『ア／トラヴェルソ』によって実体をもたされ言祝がれたポスト－レーニン主義的な分子的前衛といった類のものを生み出すのである。ネグリによれば、一九六八年によって、さまざまな問題の新たな集合全体が現代芸術に差し向けられたのである。ネグリは次のように尋ねている。

どのように出来事は起きたのか。情熱と変革への欲望は〈現在《いま》－此処《ここ》 *now and here*〉でどのように展開しうるのか。この革命にどのような配置を与えるのか。人間はいかに作り直されるのか。抽象的なものはどのように主体になるのか。どんな世界を人間は欲望し、彼（女）はそれをどのように欲望するのか。変革のこの過激な挙措はどのような生の形態を受け取るのか。*41

しかし、政治的な戦闘性と国家との衝突に激しく引っ張られることが多いイタリアでは、ネグリの時代区分が示唆した、芸術的なことと政治的なこととの一義的対応の関係性が必ずしも全面的には物質化しなかった、と主張する者もいるだろう。また一九七七年運動で本当に初めて、政治と日常が、若者や大衆文化における実験（－経験）主義の美学化の拡散と相まって、真の意味で際立つようになったのだ、という考えもまたあるだろう。「現代芸術」が多くの役割を担うかどうかを知るのは困難なのだ。

僕たちは次のように考えることができるだろう。つまり、ネグリは「抽象化」の時代を一九二九年を分岐点として表現主義と分析的変種に分割したが、それとまったく同じように、一九七〇年代中期

＊40　Negri, "Metamorphoses," op. cit., p. 22.
＊41　Ibid.

まで舞台の中央を占めていた果てしなく強烈な政治化を分岐点として、〈六八年〉以後の時代を一九七七年前後における、エーコ的に言えば「最後の前衛」の突出とこうした機制の変質《メタボリゼーション》や腐敗に到った――ネグリが手紙で「このうんざりする時代」と呼んだ――暗闇の一九八〇年代に内的に時期区分する方向をとっている、と。この最後の瞬間こそ、僕がより深く掘り起こしてみたい論点なのだ。一九七九年――ヴォルカー・ショックとイタリア国家の抑圧的な猛攻撃がピークに達し、ネグリ自身が投獄された年でもある[*42]――における反革命的な攻撃に続く時期を振り返ることに、ネグリが一九八〇年代後期に書いた手紙で強調しているポストモダン――注意しておくが、ネグリはこの言葉を、その言説的な内実が著しく衰退した現在に到っても採用することを主張している――という範疇の妥当性が存在するからである。

ネグリにとってポストモダン――それは包括的で世界的なものとして明示的にコード化されているが――は、進歩的な目的論と近代化の機能主義からみずからを引き剝がした近代《モダニティ》を指している（彼はそれを出来事の時間性でふたたび充たそうとするだろうが、それは経験の空間化、資本主義的空間による革命的時間の無効化を表象しているように思われる）。しかしこの「抽象的な第二の自然」は、引き受けられねばならない自然でもある[*43]。つまり、技巧と表層というその世界が唯一「現実的なもの」なのである。外部の消失、容赦ない内在性の消失という主題こそ、後年のより勝ち誇った作品に比べればためらいがちな基調とはいえ、その口を開ける場である。ネグリは「私がポストモダンを支持するのは、ポストモダンの経験を抽象化の真理と考えている限りであり、抽象化を経験の一条件だと考えている限りでです」と書いている[*44]。世界から、その身代わりを引き出すことはできず、身代わりが獲得できるのは世界の内部だけである。つまり、ポストモダンの「存在論化」、ボードリヤール的なハイパーリアリティの変革の領域への転倒的な折り返し、そうした基本的には依然として労働者階級の抵抗と自律の一義性というトロンティ的な視角から図式化された見方がそこにはあり、これは一九八〇年代におけるネグリの敗北と反革命から得られた彼の綱領でもあって、多くの観点から言って、『〈帝国〉』を含む彼の後年における軌跡への手がかりとなっている。しかし、ポストモダンの抽象化は、何よりもまず、不毛と敗北、「絶対的な無差別性の巨大なスペクタクル」として経験され[*45]、またネグリが芸術労働に関心を寄せた理由と、敗北のただなかで革命的な地平を理解するための源泉として実験とを説明するのはまさにこの次元なのだが、それは「抽象的なものへのわれわれの魂の深化」に余地を残しておくためだったのである[*46]。しかし、ある深化は、反動という過酷な視点から、「赤い十年」の敗北についての充分な自覚のなかで、つまり、ネグリが「一種のハイパーリアリズム的妄想、アメリカ

*42　一九八〇年代の債務危機は、世界の利子率の急激な上昇と米ドルの価値の維持をもたらしたアメリカ合衆国における通貨収縮（「ヴォルカー・ショック」）を含めた（…）一九七〇年代の経済的不安定性に対処するために世界の諸政府が払った、よれよれの努力にまで遡ることができるだろう。ポール・ヴォルカーは一九七九年から一九八七年までＦＲＢ（連邦準備制度理事会）の議長を務めていた。

*43　前掲『芸術とマルチチュード』一三二頁。

*44　同前、六二頁。

*45　同前、八五頁。

*46　同前、六八頁。

流シュールリアリズム、さらには生や身体が再創造可能なもの、再発案可能なものになり、抵抗が代替案となって、世界はわれわれのものだった」時代と思わず描いてしまったあの「赤い十年」の敗北についての充分な自覚のなかで、[*47]解明されるべきものである。しかし、一九八〇年代という「大なぎ」は抽象化の担い手が帯びる形態だったのであり、[*48]ここでは「あらゆる集合的敵対の主体が完全に消え去り[*49]」、商品という抽象性だけ、つまり市場という同義反復の支配だけが、それに取って代わった。言い換えれば、「大きな循環機械」が「主体 - 主観性の無を生産している」のである。[*50]この大いなる潰走のまっただなかにこそ、つまりネグリにとっては存在そのものにも影響を及ぼしたかに見えたこの潰走にこそ、革命思想は、敵対的な階級政治の再構成を見込んださまざまな要素を求めて資本主義の無意味とも思われる表層をくまなく調べ上げ、みずからを立ち上げる必要がある。

ポストモダンは、したがって、市場である。われわれは近代をそのあるがままのもの——排泄されたものの成り行き——として、またポストモダンをそれ自身の抽象的で強烈な限界——今日唯一可能な世界——として捉えている。(…) さまざまな亡霊からなる世界、だが本当の世界。反動と革命派の違いは、次の点にある。すなわち、反動は世界の巨大な存在論的空虚を否認する。だが革命派は、それを肯定するのである。[*51]

とすれば、一九八〇年代の特徴である脱 - 現実化に、再発案のまさに可能性を再発案するに充分な強さを集めて、対峙するにはどうしたらいいのか? しかも、世界が徹頭徹尾「われわれ」のものではないことが明らかな現在《いま》（あるいは、実際、このわれわれ自体 the us itself が撒き散らされ、原子化され、粉々になってしまっているこの現在《とき》）で。ネグリの省察がある種のポストモダンな情熱を劇的に称揚するのは、しかもその公公然としたキリスト教的な意味‐方向性を携えて、そうするのは、まさにこの論点に関わっている。その言葉づかいそのものが紛れようのないまでにキリスト教的である。彼は書く――「われわれは、真理の敗北、われわれの真理の敗北を生き、その敗北の報いを受けねばならない」と。[*52] またさらに書き続ける――「ここにはわれわれの経験における真正なるキリスト教的な瞬間がある。それは、われわれの現実性《リアリティ》との根源的な訣別、われわれを他者との、遺棄された友人との、いまや雲散してしまった現実《リアル》にふたたび接触を赦してくれる、一箇の放棄と一箇の不在である。そしてそれは世界の抽象化を受け容れるためであり、その冷徹を耐えるためであり、情熱の不毛を耐えるためである」と。[*53] ポストモダン、そしてその表面的には脱‐存在論的な主眼は「現実的なことの真の抽象化」として受け容れられねばならないが、それは、この受容を引き継いで、現実的なことをこの

＊47　同前、六六頁。
＊48　訳注――同前、七九頁。
＊49　訳注――同前、八一頁。
＊50　同前、八四頁。
＊51　同前、九一頁。
＊52　同前、六九頁。
＊53　同前、六九～七〇頁。

経験の不毛そのものにもとづいて再構成するためである。時代区分の標《しるし》は非連続性という決断をつねに打刻されているが、とくにネグリの場合のそれは、さまざまな時代の連続性における中断的休止を告げるものとして存在している。もはや「再‐構築」はない。あるのは、この前目的論的で、意味‐方向性のない空間における「構成」だけである。この「構成」は、ポストモダン性の虚無的に見える「意味を欠いた」抽象化、記号と意味の離接、価値を計測するいかなる手段も欠いた状態に対処し、それを反革命的な「無力さへの移行」以外の何ごとかへ転換するためである[*54]（ここで興味深い論点は、『芸術とマルチチュード』のネグリが、その転覆という攻撃的意志を維持し、一九八〇年代におけるフランスの理論家たちの作品における麻痺をもたらすような沈静と内爆発への転換の機先を制することを願って、記号の破局と価値の崩壊を訴えていた「初期」ボードリヤールを称讃していることである）。しかし、もし抽象化——資本主義による「実質的包摂」——がポストモダンであることの地平そのものだとしたら、どのような革命的行動への足がかりがあるのだろうか？　それをネグリは「われわれがたびたび議論してきた唯一の領域であるこの抽象の領域において、どうやったら出来事を構築できるのか」という形で問いかけた[*55]。

ヨーロッパにおける虚無主義についてのニーチェの断片を敷衍して言えば、抽象化という主題系に逢着したときのネグリの構想《デザイン》は、受動的なポストモダニズムを能動的なそれに変質させるという点におかれているように見える。その目的論の拒否にもかかわらず、そこにはしかし、彼の提案、さらにはある方法への導きを目指す操作的な方向性が、存在している。というのもネグリは、「現実は、まず、それ自身の抽象化の内部に示され、次いで、批判的手法によって意味の内実をすっかり奪われ、そしてついには、新たな意味論的方向づけの線に沿って再構築される」と書いているからである。[*56] ナンニ・バレストリーニに宛てたネグリの書簡からとられたこの件《くだり》は、戦後イタリアの前衛とネグリが予告した異端派マルクス主義との融合のための決定的な形象として機能している（とくに、政治的敵対関係の強烈なコラージュであるバレストリーニの『すべてが欲しい *Vogliamo tutto*』や『ブラックアウト *Blackout*』[*57]、あるいはノーノとのコラボレーション「魂の弁証法的対位法 *Contrappunto dialettico alla mente*」やその後ノーノが引き継いで完成させた彼自身の作品《*Non consumiamo Marx*》——「マルクスを使い切らないようにしよう」——を参照されたい）。ネグリはバレストリーニに手紙を書き、ヌーヴォー・ロマンを「一箇の抽象のリアリズム」として持ち上げている。[*58] ポストモダンの世界における芸術の流離は、こうして、ネグリにとっては、予期しえなかったリアリズム、非-表象的なリアリズムの発案に存在しており、それは現在を全面的な無差別システム以外の何ごとかへと再接合する能力をもっているとされている。ここには、アルチュセールのもっとも興味深いテクストの一つ、「抽象画」から「現実におい

＊54　同前、八〇頁。
＊55　同前、一七〇頁。
＊56　同前、一四九頁。
＊57　*Vogliamo tutto*, Roma: DeriveApprodi, 2004 [1971] (*Vogliamo Tutto: the novel of Italy's Hot Autumn*, Melbourne: Telephone Publishing, 2014) および *Blackout*, Roma: DeriveApprodi, 2009 [2001] を、また “Contrappunto dialettico alla mente” および Luigi Nono, *Non consumiamo Marx* は Youtube で鑑賞できる。
＊58　同前、一四四頁。

て〔つねにすでに〕抽象的なものを描くこと」への道筋、つまり諸関係として必然的に抽象的な現実の諸関係を描くことを探求したルイージ・クレモニーニについての小編との共鳴がある。[*59] 抽象化はもはや一箇の操作ではなく、政治と労働が作用する要素そのものにほかならない――「抽象的なものこそわれわれの自然であり、抽象的なものこそわれわれの労働の性質であって、抽象的なものとはわれわれが存在するただ一つの共同体」なのである。[*60]

またここにこそ、ネグリが、ポストモダン性における再構築の不可能性という警告をおしてまで、抽象画の歴史から引き出されたであろう政治的インスピレーションを承認するいわれがある。こうした点から言えば、『芸術とマルチチュード』は決定的な宣言をその内部に携えている。それは、芸術の解釈学を労働の政治化、協働からコミュニズムへの道筋を通じて思考するための特権的な領域として定式化するという宣言である。

> 芸術が抽象的なものになったときから、私は芸術を愛するようになった。抽象化によって、芸術が存在の新たな質をあらわにし、労働のさまざまな特異性がただ一つの集合‐総体、まさに一箇の抽象的な集合‐総体に参与するようになってから、私は芸術を愛してきた。芸術は、価値創出を支配するすべての規定性につねに先んじてきた。したがって、芸術が抽象的なものになったのは、一箇の現実的な展開を踏破し、抽象化を通じて一箇の新たな世界を創造することによってなのだ。芸術は、存在論的経験となるために、いかなる具体的な存在も必要としない。抽象が発案されることによって、芸術が自然や世界に完全に取って代わったのだ。近代とは、この抽象化、

それぞれの特異性による労働とその互換性、つまり、抽象的な共同体のことなのである。[*61]

決定的にも、「抽象労働」、マルクスがその性質を通約性と均質性、「社会的に必要な労働として交換価値において計算される」という観点から規定した「抽象労働」[*62]は、生きていながらも、しかし必ずしも「具体的」ではない「さまざまな特異性」の担い手へと全質的な変化を遂げている（というのも、この「抽象的な第二の自然」では、使用価値が廃れてしまっているからである）。こうして、抽象絵画（ネグリの説明におけるその厳密な拡張を特定することは難しいが）によって僕らは、自然的規定要因を剝奪された共同体の政治的構成、ネグリにとってとても大切な表現で言えば、「物《もの》の怪《け》的な」共同体、完全に社会化された世界――「実質的包摂」も外部を失ってしまった世界――のただなかから生まれ出た共同体への道を得ることができる。[*63]

＊59　ルイ・アルチュセール「抽象の画家クレモニーニ」『哲学・政治著作集Ⅱ』市田良彦ほか訳、藤原書店、一九九九年、一一四〇頁以下。

＊60　前掲『芸術とマルチチュード』七二頁。

＊61　同前、六〇頁。ここでの近代とは、すでに指摘したように、ポストモダンが近代化からそれ自体を引き剝がす限りで、単にポストモダンと併存したり、それに先立ったりはしない。

＊62　前掲『諸結果』三六頁。

＊63　芸術における、あるいは芸術としての「物の怪的な」ことについては、Antonio Negri, "Art and Culture in the Age of Empire and the Time of the Multitudes," trans. Max Henninger, *SubStance* 112 (36: 1), 2007, pp. 48-55.

「特異性」は、ここでは基軸をなす重要な考え方である。ポストモダン――市場の無意味な覇権として理解されている意味での――の超克あるいは無効化は、一箇の無差別な抽象化から一箇の特異な抽象化への移行の可能性に、左右されている。アガンベン宛の手紙でネグリは、この覇権からの逃亡を――もはや限界あるい崇高なものという姿態をとったそれではなく、理念《イデア》的なものから特異なものへの道筋という観点から――思考することを強調している。ここでのネグリは、芸術についてのシェリング哲学を、「芸術の存在論的特異性」が「構築され、物質のなかへのその拡張を通じて、一つの具体例を展示する、一つのプラトン的な理念」という観点から予期されるという意味において、蘇生させているように思われる。だが彼は、この具体例は「理念には還元されえない。というのも、具体例は特異なものを展開させるからである。芸術は中庸‐媒介には還元できない。(…)芸術は、絶対的に特異なものの創造であると同時に、その再生産でもある」と、その説明を続けた。[*64]

これらの難解でいささか混み入った議論についてはもっと多くのことが語られるべきだろう。ただここで僕が強調したいのは、理念性から特異性へのこの道筋の――またネグリのより明示的に政治的な作品で抜き身になってもいる――意義、通約性・均質性・計算可能性から、さまざまな特異性の合成あるいは「共同体」という理念‐考え方、一箇の共通の計測手段を欠いたさまざまな差異の共通性《コモナリティ》という理念‐考え方へと抽象的に置き換えるこの形象変換《トランスフィグレイション》の意義である。これらの基礎に身を寄せて初めて、ネグリは「芸術は、価格に還元された単一性にさまざまな特異性からなるマルチチュードを対置するという意味で、反市場である」と宣言するのである。[*65]『芸術とマルチチュード』ではあまり詳らかにされていないようなやり方で、このように芸術は、もう一つ別の抽象化の可能性をほのめかしている。「抽象絵画とは、存在と空虚と潜勢力とによるつねに新たな追いかけっこという寓話なのだ。（…）芸術とは潜勢力のヒエログリフ」なのである。[*66]ネグリの作品が、芸術についての書簡の後に、二〇数年にもわたる長い期間を費やして展開したように、一箇の抽象的な共同体への特異性の合成、つまりマルチチュードの強調は、以前にもまして強くなっている。

その構成要素の規範的あるいは有機的な通約には基礎を置かないコミュニズム、そうしたモチーフには説得力がある。またそれは、この基本線に限って言えば、バディウやデリダあるいはナンシーといったネグリとは一線を画している思想家たちにも共有されている。依然として不明確のまま残っている問題は、それが定義の問題ではないとすれば、少なくともこの言説の核心としてある「特異性」の機能、あるいはその〔具体的〕ありようという問題である。雑多な政治的自然主義や規範的な人間主義への嫌悪は理解できる。またそれは高貴で威厳ある流れにもとづいている。だが、しかし、特異性というこの概念が神秘的な限界をやむなくふたたび生み出してしまう、あるいは個人という政治的人間学を密輸入してしまうことはないのだろうか？　もし自然と媒介が同程度に回避されねばならない当のものだとすれば、その定義あるいは特殊具体性それ自体がまさに事実によって雲散させてしま

＊64　前掲『芸術とマルチチュード』一〇四〜一〇五頁。
＊65　同前、一〇六頁。あるいはなぜ「芸術は、形式には、急進的な真の民主主義がそうであるのと同じぐらいに開かれている」のだろう〔同前、一九五頁〕。
＊66　同前、一〇三〜一〇四頁。

う可能性がある、特異性というこの逆説的概念の存在論的一貫性とはなんだろう。また、どのような基準——もしあるとすればの話だが——によって、市場によるその擬態《シミュレーション》や循環‐流通から本当の、肯定的で説得力がある、特異性を識別的に分離できるのか？　ちょうどホルクハイマーとアドルノが疑似個性を語ったのと同じように[*67]、たとえ僕たちが文化産業の陳腐さや認知資本主義への移行を受け容れたとしても、疑似‐特異性の増殖もまた依然として存在するのではないか？

しかし、別の抽象化や広義に解釈された芸術が果たす役割についての考え方は、ネグリにとっては、一九八〇年代の彼の作品のもう一つ別の次元から見た場合、もっともよく理解できるものである。それは倫理《エチカ》への関心である。彼の友人であり同志でもあったガタリと同様、『芸術とマルチチュード』でネグリは、復活する革命政治のための序章として機能するものという限定つきで、僕たちに「倫理《エチカ》‐美学的パラダイム」を提示している。あるいはむしろ、倫理《エチカ》は急進的な変革的政治のための基盤を再構成する行動そのものの別名なのである。美学を通じて倫理を政治に結びつける能力こそ、想像‐構想力にほかならない。これはネグリの作品におけるハイデガー的なカント読解の痕跡を残す概念でもある。ネグリが描いたポストモダンの無差別性という光景、反革命的な資本主義が、ごつごつした岩だらけの空間が覆い尽くし乾き切った砂漠のような姿を見せるこの光景のただなかで、「われわれは不可能な切断を求めてこれらの地平を動き続ける」が、想像‐構想力とは、「切断という一つの出来事を規定する」ために[*68]、市場による抽象化の表層的な空虚を踏査する力なのである。

想像‐構想力とは、資本主義の無意味さを「物の怪的な」何ごとか、「コスモスの脈動」にどうにか転換することにほかならない[*69]。こうしたテクストで驚くべきは、ネグリの成熟期の作品の神経組織を刺激している傾向と階級構成という方法が決して放棄されていないにもかかわらず、そうしたテクストが、まったく明確で極端な方法で、一方における市場の空疎さと他方におけるありようもない敵対的な代替案の勃興との表層的亀裂を余すことなく、示していることである。アガンベンに宛てた手紙にあるが、これは、「解放の稲光」が「弁証法ではなく、神秘という形で」与えられるといった文言に[*70]、端的に提示されることがある。

「真なるものの物質性」と触れあい[*71]、出来事を呼び出し、包括的な無差別の呪文を打ち壊すための想像‐構想力というこの非‐弁証法的な試みは、ネグリの手紙に染みわたっており、それは「好機《カイロス》・豊穣《アルマ・ウェヌス》・多数性《マルチチュード》」のような作品の定式を予期させるものである[*72]。一九八〇年代のもう一つの作品である『主体の工場』ではさらに進んで、この倫理《エチカ》という問題が掘り下げられ、この時期のネグリにとってのドイツ観念論の創始的で革命的な洞察が明らかにされている。手持ちのたった一つの意味が空虚な同義反復に切り縮められ、計測手段の消失もまた革命的なエネルギーの雲散霧消を予告してい

＊67 訳注——例えば、マックス・ホルクハイマー＋テオドール・アドルノ『啓蒙の弁証法』徳永洵訳、岩波文庫版参照。
＊68 前掲『芸術とマルチチュード』九三頁。
＊69 同前、九七頁。
＊70 同前、九九～一〇〇頁。
＊71 同前、一〇二頁。
＊72 訳注——前掲『革命の秋』第二部参照。

るある時代《エポック》で、ネグリは、「ドイツ観念論の最古の体系プログラム」に立ち戻り、最終的《ターミナル》な敗北の一見するに逃れえない地平からのただ一つの脱出口が「今日における理性、自由の新たな神話学、こじつけ的にひねり出された媒介の網の目に囚われているであろう超越論的な倫理《エチカ》を特定する試み」にこそ存在している、[*73]と断定的に述べている。ふたたび現在《いま》‐此処《ここ》におけるコミュニズムとして理解されている倫理《エチカ》（「コミュニズムがまず到来する」とネグリは書く。だがそれは、移行の結果ではない）が、記号の市場に駆動された循環‐流通における意味の虚無的な撤退として描かれているポストモダン性への応答として、明らかにされている。彼は「無差別、これが傾向である。この世界が展開すればするほど、それはますますみずからを成熟させ、みずからを完成させ、いよいよ無差別になる」と書いている。核戦争あるいは相互確証破壊ＭＡＤが「存在の破壊」そのものを可能にし、「生産の世界性、コミュニケーションの無意味さ、そして行動の絶対的偶然性」がごっちゃとなっている時代を経験することで、倫理《エチカ》的基盤の構成は、ネグリにとっては、経験の再構成を開始し、「新たな超越論的美学」を生み出すための唯一の方法だったのである。[*74]

政治の復活へのこの「倫理《エチカ》‐美学的な」前触れは、後に特殊具体的な身体的屈曲を与えられることになるだろう。ネグリは次のように明示的に宣言している。

> 身体はいまや一つの機械である。身体は、いまや、生産と芸術がそこに書き込まれている一つの機械である。このことこそ、われわれ、つまりポストモダンの人間が知っていることのすべてである。（…）あの抽象が、われわれの特殊で具体的なあらゆる表現の生きた物質（すなわち、内容

にして動力）になったということだ。いまでは抽象が生を包摂したきた。だが今度は生が抽象を包摂した。[*75]

特異性は、ドゥルーズでは一箇の厳格に非人間的‐無慈悲な下位‐表象的な概念として現れている。だがネグリでは、現象学的な方向性でなければ規定できない一箇の項を表層的に具体化しながら、しかし抽象化の次元そのものに、つまり「身体の人工器官へと生成した一箇の抽象的な潜勢力」に、[*76]奇妙な形で巻き込まれるようなやり方で、身体に標を打たれ、表示されている。こうして、美学をさまざまな身体の普遍的な詩学あるいは芸術の政治へ解消するというかつての中身のない前衛は、「今日」では、突然変異の過程にある。そしてこれが、ネグリのポストモダン性である――「詩学は、存

*73　Negri, *Fabbriche del soggetto*, op. cit., p. 31.

*74　Ibid., pp. 43, 45. ネグリはまた、次のように書き、倫理的機制を強調している。「生産的で存在論的なこと、出来事と共《コモン》を繰り返すことによって、芸術は、この危機に倫理的な意味を与えることができるだろう（おそらく、ただ単にそうせねばならないのだろう）。その結果われわれは、他者のために存在すること、共《コモン》において存在することが勝利する多数的なパラダイムを構築することができるようになる。（…）芸術は、その基底において貧困であること、また群れへの生成の頂点における革命への意志によって特徴づけられる、生の形態として、みずからを定義する」（Negri, "Metamorphoses," op. cit., p. 25 も参照）。

*75　前掲『芸術とマルチチュード』三〇、三一頁。

*76　同前、三四頁。

在論的潜勢力に、すなわち、抽象が具体へと生成変化するための道具になる」のである。[*77] ポストモダンの時代に生きる僕たちは、その結果、ネグリによれば、ポストモダンが「みずからを普遍性に、還元不能なマルチチュードとして出現する身体性に、それ自身の法の保持者（そして生産者）に課す特異性」へ突然変異するにつれて、スピノザ主義的な知性的愛、「抽象的な全体性の決定的領有」へ踏み込むギリギリの段階に直面することになるとされるのである。[*78]

芸術的自律性と政治的自律性との非和解的な弁証法、アドルノや彼の追随者たちが奉ずる批判的な美学理論にとってとても重要だったであろうそうした弁証法は、生きた労働のある種の存在論的な自己‐制定に向けて廃棄される。つねにすでに懸案であったこと（労働の造形的炎）は、ただ現在《いま》だけにおいて、その完全な潜勢力を、「労働価値の〔大衆労働者的次元での〕巨大な抽象化から労働の表現‐表出的な潜勢力の非物質的な特異化への」時代を画する「移行」において、獲得するのである。[*79] すでに述べたように、ネグリと芸術との邂逅で懸案のまま残されていたもっとも大きな問題こそ、ポストモダンのこの非‐弁証法的な全質的変化、特異性概念に結晶化された全質的変化である。そのように言う特段の理由は、僕たちが、基準――力能‐潜勢力のある種の詩的な現象学の基準とは異なる基準――を奪われているかに見えるからである。つまり、その単なる擬態から真の特異性を識別する、あるいはおそらくもっと重要な論点であろう、特異性の一般化がどのように抽象化の無差別へと崩れ墜ちてゆかないようにするのかをめぐる論点を理解するための基準を、奪われているかに見えるからである。多くの問題にあってネグリが提起した問題は、政治的美学の現在における命運に関心を寄せる誰もが注目するであろう論点に値することは間違いない。つまり、コミュニズムの政治（と政治的美学）はどのようにして、無差別性という傾向を帯びるかにみえる具体的抽象化のシステムのただなかから、生まれ出てくるのか？　どのような感覚形態と創造形態が、資本がもたらす腐食をしのぎ、生きた労働の自律を構築するのか？　しかも、みずからを郷愁に譲り渡すことなく、あるいはそうしたまったく同一の無差別性を昂進させることなく、という条件の下で。

言うまでもないが、ネグリが芸術を論ずる方法を内部から張り詰めさせている存在論と労働の時代区分の両者には、多くの批判が存在する。[*80]『芸術とマルチチュード』の読解ノートである本章で僕がやろうとしたことは、僕が理解した限りでの『芸術とマルチチュード』における支配的なテーマ、つまりポストモダンの抽象化のただなかで解放的政治を復興するというテーマを特定することにすぎない。

政治的どん底で書かれたこれらの書簡は、この時期に書かれた他のテクストとならんで、逆流《リフラックス》あるいは敗北の時代に政治が芸術と切り結ぶ特殊具体的な関係性を示すにあたってユニークと言える。ネ

＊77　同前、三六頁。
＊78　同前、三九頁。
＊79　同前、五三頁。時代区分のこのモデルの基礎をなす存在論については、本書第2章を参照。
＊80　ネグリの「労働の否定的力の実証化」における基本的な限界を特定する、レディメイド後の芸術についての思考に対するネグリの自律主義の妥当性への批判的見解については、John Roberts, *The Intangibilities of Form: Skill and Deskilling in Art After the Readymade*, Verso: London and New York, 2008, pp. 210-15 および Graeber, "The Sadness of Post-Workerism," op. cit. を参照。

グリによる倫理や理性の神話学、来るべき人びとにとっての「感覚的な宗教」を創り出す必要性の強調は、彼の思考――予言的あるいは演出的な要素をその特徴とすることはあったが、吟味されることはあまりなかったこの思想――の重要な次元を明らかにしただけではない。僕たちは、ネグリの議論によってこそ、彼が承認しようと願う以上に彼の「冬の時代」に似ているであろう時代において、「抽象的共同体」という概念に取りつく両義性そのもの、資本ならではの政治が繰り出す約束であると同時に、集合的行為者が資本が包摂するこれらの抽象化の形態につなぎとめられたままであるという脅威でもある、この両義性そのものを思考することができるのである。

第II部

バディウ

第4章

国外に追放されたマルクス主義

アラン・バディウの転回[*1]

マルクス主義の危機があるとすれば、それは政治の危機、コミュニズムのための政治の危機、厳密に言えばわれわれのいわゆるマルクス主義的政治の危機である。[*2]

マルクス主義の諸起源とポスト－マルクス主義の怪物《キメラ》

今日の急進的政治理論の多くは、敗北と再発案の歪んだ弁証法の所産である。〈左翼〉を論ずる最近の理論的著作の決定的な特徴の大方は、そうした著作がマルクス主義的政治の失敗あるいは歪曲の清算からどのように出現したのかについて論ずることに失敗すれば、またさらに、どの程度そうした著作がみずからの出自であるマルクス主義的衝動への、曖昧ではあっても、その根底をなす、責務《コミットメント》を失わないでいるのかをみすごせば、うやむやにされてしまうだろう。マルクス主義の組織論的で理論的な信条に別れを告げる方法は、それがどのような姿をとるものであれ、マルクス主義からそうした信条が当初の支えを引き出した政治思想への貢献の現在における源泉や限界を雄弁に物語っている。バディウの作品がそうした事例に属していることは疑いを入れない。バディウの作品が自分自身の毛沢東的な戦闘性やマルクス主義理論と切り結ぶ複雑な関係性は、近年、詳細で実り豊かな探求の対象となっているが、そのなかでもブルーノ・ボスティールスのいくつかの論考は、際立っている。ボスティールスが「ポスト-毛沢東主義」という観点からバディウのアプローチに与えた特徴は[*3]、すでに以下の点を示唆している。すなわち、バディウの知的変遷が「ポスト-マルクス主義的」傾向、主に

＊1　本章の初期論考はベオグラードの雑誌『プレロム *Prelom*』誌に掲載された。オズレン・プポヴァクと同誌の編集者たちが議論を定式化するために初期的な刺激を与えてくれたことと彼らの同志愛に感謝する。

＊2　Paul Sandevince, « La fin des références », *Le Perroquet*, mai 1982 42, 1984, p. 10.

＊3　Bruno Bosteels, "Post-Maoism: Badiou and Politics," *positions: east asia cultures critique* 13(3), 2005 参照。またボスティールスがバディウの政治思想に与えた鋭い分析については、Id., *Badiou and Politics*, Durham & London: Duke University Press, 2011 参照。なお、ボスティールスが行ったバディウへの最近のインタヴューで表明されたバディウの毛沢東主義への見解については、Bruno Bosteel, "Can Change Be Thought? A Dialogue with Alain Badiou," in *Alain Badiou: Philosophy and its Conditions*, ed. Gabriel Riera, Albany: SUNY Press, pp. 241-6 参照。

ラクラウとムフが『ヘゲモニーと社会主義の戦略』で要約的に論じた傾向や、[*4] エレン・メイクシンズ・ウッドの『階級からの撤退』が説得的に転覆してみせた方法に見られるあらゆる傾向からも著しく隔たって立っているという点で。そうは言っても、ヘーゲル－マルクス的な弁証法と社会存在論へのこだわりからの訣別と相まって、「ポスト構造主義的」な理論的危機《コンジャンクチャー》という共通の場がもたらした効果から「ラクラウとバディウの理論構成を見比べると、それぞれに明らかな相違点をいくつも列挙できるとはいえ、両者の核心部分では非常に深い相似性をみいだすことができ、まるで一つの理論」なのではないかと疑う者すらいるかもしれない。[*5] この「深い相似性」——それをジジェクは、存在論的閉鎖（あるいは、あらゆる全体性）の偶然で主体的な断絶という考え方にみいだしているが——は、それでもやはり、ある基本的な不一致によって帳消しにされる。究極的にはバディウの「ポスト－マルクス主義」が以下のようである限りにおいて。つまり、バディウの

> 「ポスト－マルクス主義」は、しばしば指摘されるような、マルクス主義に存在しているとされる「本質主義」の脱構築的な棄却とはまったく無縁である。むしろ反対に、バディウは、脱構築主義の臆見《ドクサ》を疑似－思想がとる新たな形態、詭弁の現代的様相《ヴァージョン》としてその根底から拒否する点において、唯一無二である。[*6]

相似的か、あるいは正面きっての対立かというよりも、むしろもっと厳密には、バディウの「ポスト－毛沢東主義」とラクラウやその同輩たちの「ポスト－マルクス主義」がある種の「家族的類似」を

生みだしながらも、しかしいざとなると、両者がマルクス主義の終焉あるいは危機についての異なる評価に由来する通約不能性を呈しながら交錯することを論ずる必要があるだろう。両者の理論的軌跡は多くの同一の点を結びながらも、しかし結果的に残された事態は根源的に異なっている。バディウの目論見《プロジェクト》とそれが駆動してきたさまざまな問題の特殊具体的な差異をよりよく解明するために、僕は、バディウの異端派的な毛沢東主義の所産である『主体の理論』（一九八二年）というもっとも高度に思弁的な作品と彼の成熟期の土台とも言うべき作品『存在と出来事』（一九八八年）、とくに一九八五年に出版された『政治は思考可能か』――つまりラクラウとムフの『ヘゲモニーと社会主義の戦略』と同時期に公刊された作品――を結ぶ時期について吟味を加えることにする。僕の考えでは、これはバディウの理論的生産物のなかでもこれまで吟味されてこなかった局面《モーメント》であり、この局面は彼のその後の作品に導きの糸を与える洞察に富んでいるが、しかし同時に現代の急進的政治理論とマルクス主義との危険をはらんだ関係についてのより広い省察にも貢献するはずである。[*7]

---

*4 エルネスト・ラクラウ＋シャンタル・ムフ『民主主義の革命――ヘゲモニーとポスト・マルクス主義』西永亮・千葉眞訳、ちくま学芸文庫、二〇一二年および Ellen Meiksins Wood, *The Retreat from Class: A New "True" Socialism*, London: Verso, 1998.

*5 スラヴォイ・ジジェク『厄介なる主体』1、鈴木俊弘＋増田久美子訳、青土社、二〇〇五年、三〇六頁。

*6 Slavoj Žižek, "Psychoanalysis in Post-Marxism: The Case of Alain Badiou," *The South Atlantic Quarterly* 97(2), p. 236.

*7 バディウの作品に関わる時期区分についてのより突っ込んだ考察については、本書第5章を参照。

多くのポスト‐マルクス主義者たち、そしてじつは反共主義者と同様バディウもまた、マルクス主義政治に取りついている「形而上学」を糾弾している。彼は、ハイデガー的な文体模写《パスティーシュ》を用いて、マルクス‐レーニン主義を「マルクス主義的な政治的存在論の形而上学的な時代《エポック》」として描くことさえ、辞さない。[*8] マルクス主義の正典の最大の脱構築は、マルクスのいわゆる還元論的経済主義、あるいは社会的なこと、とくに階級的敵対関係の想像的な構成——その相互連関は革命後の政体に打ち立てられたとされていた透明性に存在している——に、そうした形而上学を発見したのである。[*9] こうした論点のいくつかは、一九八〇年代中期のバディウのテクストから拾い出すことができるが、その強調点はより最近の『メタ政治』といった作品ではもっと大きな効果を発揮している概念的一対《ダイアッド》、つまり政治 *politics* と政治的なこと *the political* との区別のうえに、固く据えられている。

バディウはマルクス主義思想のいわゆる危機にその「破壊」と「組み立て直し」によって対抗することを呼びかけているが、その核心には、マルクス主義が、政治行動を計測し、予期し、表象‐代議する可能性を想起させる均質化をもたらす政治的フィクションに屈服したというテーゼが存在している。この点で、「政治的なことは、政治が出来事という孔によって破裂《パンク》させたフィクション以外であった試しはない」のだ、と。[*10] 労働者階級、プロレタリアートあるいは人民を社会的結合のフィクション、政治的行動がその保護者を追求する空っぽのシニフィアンとして捉えるという考え方からみて、バディウとラクラウの考え方が実質的にも深く重なり合っている。これが第一印象だっただろう。事実バディウにとって基本的な政治的フィクションとは、「社会的関係の連携とそのための手段」というフィクションである。[*11] しかし、このことからバディウは、言説的に生み出された同一性の厄介な多元性とヘゲモニーへの欲求とに関わる月並みなポスト－マルクス主義的な教訓を引き出しはしなかった。彼は、戦略的人民主義《ポピュリズム》、社会学的描写、言説的存在論、そしてデ・ファクトな自由主義をポスト－マルクス的に混淆することに決して加担することなく、思考していた。むしろバディウは、社会的フィクションへの強烈な批判と政治経済学批判へのマルクス主義の基本的責務の宙吊りとを解放の政治の革新、解放の政治のある種の純化のための好機と見ていたのである。

マルクス主義は、『政治は思考可能か』によれば、それ自身の政治経済学批判を批判の俎上に載せることができず[12]、その結果、そもそもの政治的推進力を歪め、政治経済学批判を経済と社会の媒介に縛りつけてしまうとされている[13]。マルクス主義は全体性と体系《システム》という概念を手放さない――このこと

---

*8　Alain Badiou, « La figure du (re)commencement », *Le Perroquet* 42(1), 1984, p. 9 および Id., *Peut-on penser la politique?*, Paris: Seuil, 1985, p. 61.

*9　エルネスト・ラクラウ『現代革命の新たな考察』山本圭訳、法政大学出版局、二〇一四年。

*10　Badiou, *Peut-on penser la politique?*, op. cit., p. 12.

*11　『存在と出来事』における「国家」概念の処理が示唆しているように、バディウは計測を表象－代議と同一のものと見ている。バディウの国家論が果たさねばならない諸問題のいくつか、とくに資本と資本主義についての思考にそうした問題が課しているさまざまな障がいについては、以前論じたことがある。Alberto Toscano, “From the State to the World?: Badiou and Anti-Capitalism,” *Communication and Cognition* 37(3/4), 2004 参照。

*12　Badiou, *Peut-on penser la politique?*, op. cit., p. 14.

が、〔偶発的〕邂逅と政治の創造を政治的なことのフィクションに封じ込めてしまう。そうした点でマルクス主義は批判されているのである。[*14] 政治的なことは国家と市民社会との、表象《リプレゼンテーション》－代議と顕現《プレゼンテーション》との、割れ目を塞ぐものにほかならない。政治の目的は、新たな紐帯の創造には存在しない。社会的なことにおける首尾一貫性の欠如は、その内容についての周期的で形式的に繰り返される争論にではなく、いかなる関係的な弁証法からも隔たって立つ、政治の自律と政治の異質性についての理念へ開かれているのである。

雲散すること Ce qui se dissipe、それが都市《シテ》に内的な諸関係の本質についてのテーゼである。この本質は、それが奴隷の独裁であれ、階級構造の内部における内戦であれ、主権の執行において表象－代議可能な本質である。[*15]

マルクス主義とその社会存在論とのバディウの闘争におけるこの脱全体化というテーマを把握することは、彼の後年の仕事における展開を理解するために決定的に重要である。『存在と出来事』における多数性の存在論と、いかなる〈全体〉概念からも切り離されている根源的平等の政治のための基礎を哲学的に打ち立てるための試みとの背後には、一九八〇年代のバディウにおけるマルクス主義政治の危機の経験とそれへの応答が存在しているのである。[*16]

したがって、たとえある種の反－本質主義をめぐってバディウとポスト－マルクス主義的位置との間に収束点あるいは相似性が存在するかに見えても、社会的諸関係を一箇の全体性と捉える考え方そのものに対するバディウ自身の疑念が原因となって生じた帰結は、伝達可能な原理への合理主義的な参照や総称《ジェネリック》－一般的な平等へのコミュニズム的な参照を維持することを依然として追求する、（社会的な）首尾一貫性の欠如と（政治的な）出来事との結びつきのもとに、おかれているのである。[*17]「形而

*13 この点で、バディウの一九八〇年代におけるテーマが「マルクス主義政治」への責務を失わないことに絞られていることは、政治経済学批判が解放の政治に資する、あるいは彼が他の場所で「コミュニズムの不変《インヴァリアント》」と呼んだことに資するという彼の確信に関わっているとせねばならない。Alberto Toscano, "Communism as Separation," in *Think Again: Badiou and the Future of Philosophy*, ed. Peter Hallward, London: Continuum, 2004 参照。マルクス主義政治にとって政治経済学批判が副次的な地位しかもたない点については、Alain Badiou, *Théorie du sujet*, Paris: Seuil, 1982, p. 296 もみよ。

*14 Badiou, *Théorie du sujet*, ibid.

*15 Badiou, *Peut-on penser la politique?*, op. cit., p. 13.

*16 『存在と出来事』における〈一〉と〈多〉についての当初の熟考に加えて、全体性という範疇とのバディウの訣別を評価するための重要なテクストは、以下である。Alain Badiou, "Hegel and the Whole," in *Theoretical Writings*, eds. by Ray Brassier and Alberto Toscano, London: Continuum, 2004, pp. 221-32。脱全体化された存在論というバディウの枠組みのなかでも、彼の最近の著書『さまざまな世界のさまざまな論理』〔Alain Badiou, *Logiques des mondes. L'Être et l'Événement, 2*, Paris: Seuil, 2006〕における彼の「世界」概念、とくに資本主義を思考する可能性をめぐる議論については、Toscano, "From the State to the World," op. cit. 参照。

*17 バディウの合理主義については、Ray Brassier and Alberto Toscano, "Aleatory Rationalism," in *Theoretical Writings*, op. cit. 参照。

上学的」マルクス主義にバディウがその住処を突き止めたそうした政治的フィクションを「破壊」することは、政治的闘争の多元性を肯定する好機ではなく、むしろ（弁証法的全体性には還元不能なものである）特異性と（非‐支配あるいは平等のための闘争である）同一性を肯定的に論ずる賭けだった。この時代のバディウは、マルクス主義の「組み立て直し」を論ずる作品で、彼がマルクス主義的仮説の乗り越え不能な特徴と考えるものを根拠とする「マルクス主義政治」の庇護のもとに自分の作品をおくことで、国家には還元しえない非‐支配の政治の仮説を主張している。したがって僕たちは、疑似‐演繹的なやり方で、『政治は思考可能か』に、マルクス主義の内的な脱臼から、バディウのさらに知的生産を規定するであろう、出来事を「メタ政治的に」思考することへの移行を観測することができる。というのも、バディウは「政治の本質の規定、構造（諸集合の首尾一貫性の欠如、解き放ち）の内部にも、意味（歴史は一箇の〈全体〉を作らないということ）にも、保証をみいだすことができないそうした規定は、出来事以外には比較のための水準点をもたない」と書いているからである。[*18]

最小限のマルクス主義、あるいは平等という主張

こうしてバディウは、マルクス主義の内在的批判を資本主義と革命の科学として提起せず、マルクス主義的原理にとって核心をなすと彼がみなすものを非相似的な実践的で理論的な枠組みに、つまり政治と哲学が「縫合を解かれる」枠組みに、取り替えたのである。[*19] 彼の議論では移行期に位置するこの時期では、最小限のマルクス主義の保持を促進することにその目的が据えられていたが、この最小限のマルクス主義なるものの保持は、非‐支配という政治的仮説を、政治的実践を道具的で革命的ある

いは綱領的な枠組みに関わらせることなく、転覆の場《サイト》の合理的な特定と結合することを意味していた。こうしたマルクス主義政治における主体的な要素の強調は、ポスト－マルクス主義における主体の位置へのこだわりや同一性の覇権的《ヘゲモニック》な再配置とは著しく異なっている。（空虚な）社会的なことという反－本質主義的な言説的存在論は、バディウとはあいいれない。『倫理』といった彼のより最近の作品においても徹底的に一貫して明らかにされているように、彼の関心は同一性と差異との政治的な相互作用などにはない。むしろバディウの思想は、一方における現状が帯びる特徴である同一性－と－差異という事実、あるいは彼が知の百科事典と呼ぶものと、[20]他方における〈同じもの〉の生産[21]との連接において作用するものである。見かけは同調性を示しているように見えるが、それはラクラウとムフにおける差異的と等価的という二つの論理[22]と混同されてはならない。なぜか？　それは、ラクラウとムフでは、これら二つの論理が相互的な推移的状態にとどまって、政治的争論の超越論的地平に見取り図を与える仕組みになっているが、バディウの場合、政治的領野における同じものであることの生産——等価性 *equivalemce* というよりも、むしろ平等 *equality* の生産——が、言説の戦略的な再配置

＊18　Badiou, *Peut-on penser la politique?*, op. cit., p. 67.
＊19　アラン・バディウ『哲学宣言』黒田昭信・遠藤健太訳、藤原書房、二〇〇四年、第6章参照。
＊20　Alain Badiou, *Being and Event*, trans. Oliver Feltham, London: Continuum, 2006, pp. 327-43.
＊21　アラン・バディウ『倫理』長原豊・松本潤一郎訳、河出書房新社、二〇〇四年、四六頁以下。
＊22　訳注——Ernesto Laclau, *Emancipation(s)*, London: Verso, 1996, pp. 40ff なども参照。

と占拠（バディウはそれを「状況の言語（通約性の媒体‐媒辞）」と呼ぶだろう）[23]に関わるのではなく、世界についての僕たちの経験に構造と階層性を与えるその方法からの組織的な控除や分離を要請する、真理の現実《リアル》における生産だからである。

古めかしい革命政治の領域、つまり政治権力（の掌握）という領域から言説の領域へのシフトに代わってバディウが選びとった（理論）展開の特徴は、こうして、政治の集合的主体を統合・純化する試みである。確かにこれは、エレン・ウッドのような人びとを――階級を迂回するその程度に関わって――不確かな区分だとして驚かせたが、バディウにとっては、マルクス主義政治の核心に存在するのは、国家ではなく、「プロレタリアートの力能」であった。[24]階級闘争という問題をマルクス主義のいわゆる危機における決定的な結節環として描き、「新たなタイプの党」の可能性に思いを馳せながら、ポール・サンデヴァンス（シルヴァン・ラザルスの組織名）は、『ペロケ *Le Perroquet*』誌――一九八一年から一九九〇年にかけて発刊されていた、バディウのグループUCFMLの刊行物――で、「レーニンにとって大切なことは闘争ではなく、『政治的で社会的な既存秩序の総体に対する敵対関係』である」と書いた。レーニンの宣言は、したがって、党が国家に呑み込まれる論理に対する警告として理解され、他方「それ以外の道」は「政治過程を意識の観点から把握された大衆と国家との矛盾に」割り振ることに、関わっている。[25]これは、権力のための戦略、あるいは社会的なことに秩序を与える方法ではなく、思想（後年の作品では「真理の手続き」と呼ばれることになる）[26]の組織された実践とみなされ、バディウ自身の政治についての継続的主張の源の一つである。非‐支配、思想のための平等主義的《エガリタリアン》で組織された力能、そして国家との分離を結節する環は、したがって、彼のいわゆる

「マルクス主義政治」の重要な教義の一つとして現れることになる。

　こうした理解は、しかし、僕たちにある疑念を与えることになる。それは、ポスト‐毛沢東主義あるいはポスト‐レーニン主義という称号――『ペロケ』誌の寄稿者たちが好んだ名称だが――がなぜ[27]、ポスト‐マルクス主義よりも自分たちにふさわしいと考えているのか、という疑念である。マルクス主義政治が資本主義の批判的分析の帰結ではなく、むしろ資本主義的な諸条件のもとで行われるコミュニズムの生産のための手段である、とすでにきっちり明記されている以上、一九八〇年代にバ

＊23　訳注――« langue de la situation » あるいは « le médium de cette commensurabilité » については、Alain Badiou, *L'être et l'événement*, Paris: Seuil, 1988, p. 319 *et passim*.

＊24　訳注――「力能の仮説 hypothèse de capacité」については、Badiou, *Peut-on penser la politique?*, op. cit., p. 89 参照。なお、Bosteels, *Badiou and Politics*, op. cit. も参照。

＊25　Paul Sandevince, « Les forms de conscience (Octobre 1980) », *Le Perroquet* 42(5-6), 1984, p. 5. UCFMLは〈フランス共産主義者連合マルクス‐レーニン主義派形成のためのグループ Groupe pour la fondation d'une Union des communistes de France marxiste-léniniste〉の略称だが、一九八五年に解体され、〈政治組織二〇〇一 L'Organisation politique 2001〉に継承される。なおバディウの戦闘性についてのより詳細な説明については、Peter Hallward, *Badiou: A Subject to Truth*, Minneapolis: University of Minesota Press, 2003 およびBosteels, "Post-Maoism: Badiou and Politics," op. cit. 参照。

＊26　訳注――例えば、Alain Badiou, *Metapolitics*, trans. Jason Barker, London: Verso, 2005 などを参照。

＊27　この点については、とくにPaul Sandevince, « La politique sous condition », *Le Perroquet* 42(1-3), 1984 で論じられた。

ディウとその同志たちがとった方向性は、基本的には、マルクス主義的な政治的主体〔党〕の危機に起因しているのであって、「旧来の」ポスト－マルクス主義が言うように、資本主義の科学としてのマルクス主義の形而上学的な教義や社会学的な欠陥への批判から生まれ出たものではないことは明らかである。バディウの『主体の理論』が、あらゆる主体は政治的であり、主体は党に等しいと宣言していたのであれば、「新たなタイプの党」という選択肢と「党なき政治」[*28]という選択肢との間で揺らいでいたこの時期〔ほぼ一九八二年から一九八八年にかけての時期〕における懸案の問題とは、いったい何か？

フレドリック・ジェイムソンは、資本主義の科学としてのマルクス主義は組織的《システミック》な危機が起こるたびにポスト－マルクス主義をもたらす、と論じていたが[*29]、そうしたさまざまな危機と政治組織が採用するさまざまな形式とのつながりがどのようなものであれ、バディウにとっては、主体としての党こそ危機の焦点であり、生産様式の変遷に対処するマルクス主義の能力は関係なかったのである。実際バディウは、資本主義についてのマルクス主義的理解にはむしろ自信を示しており、マルクスをこの分野で本当に上回る者などいないと考えている節がある。いかなる審級においてであれ、バディウは、社会存在論あるいは経済分析の失敗がマルクス主義政治を弱体化させたという立場に屈することはない。彼は、行動を起こす前に行われるべきとされている「社会構成体」の適切な研究を待ちわびている連中、「『労働者の運動』がいつの日にか」自分たちに語るべき何ごとかを教えてくれるだろうなどと考えている輩、つまり「老いさらばえたマルクス主義者」を茶化す悪意に充ちたさまざまな文章で、そうした可能性を馬鹿にしていた[*30]。彼は次のように記している。

決してマルクスは社会的なことの構造《アーキテクチャー》から出発しない。（…）〔彼は〕社会的ヒステリー、蜂起そして労働者の党といった徴候の解釈‐切断 interprétation-coupure から出発する。（…）社会的なことをヒステリー化するこうした徴候を摑むには、しかも政治的なことのフィクションを、しかもそれをピン留めすることなく摑むには、プロレタリア的力能――真理についての急進的仮説とかつてのあらゆる政治的なことについての考え方とをフィクションに還元する力能――が

＊28 訳注――「党なき政治 une politique sans parti」については、ピーター・ホルワードのインタヴューが簡便である。Badiou, *Metapolitics*, op. cit. および Id., "Appendix: Politics and Philosophy," in Badiou, *Ethics*, op. cit., pp. 95ff.

＊29 Frederic Jameson, "Five Theses on Actually Existing Marxism," In *Defense of History: Marxism and the Postmodern Agenda*, ed. Ellen Meiksins Wood and John Bellamy Foster, New York: Monthly Review Press, 1997 参照。

＊30 Georges Peyrol (a.k.a Alain Badiou), « 30 moyens de reconnaître à coup sûr un vieux-marxiste », *Le Perroquet* 29-30 (5-6), 1983, p. 5. バディウは次のように論点を提示している。つまり、「コミュニズムの政治は賭けられねばならない。『資本論』からそれを演繹することなど決してできない」と（Badiou, *Peut-on penser la politique?*, op. cit., p. 87）。もちろん、中間停止を告げるどころか、この「長い賭け」（ibid., p. 90）がマルクス自身の思想の特長であり、そうしたキメラ的な「演繹」を決して提唱したことなどなかったと論ずることもできるだろう。Stathis Kouvélakis, « Marx et sa critique de la politique. Des révolutions de 1848 à la Coimmune de Paris, ou le travail de la rectification » (http://semi-marx.free.fr/article.php3?id_article=8).『資本論』批判から政治を「演繹すること」を促進するものとしてのマルクス主義という考え方は、ウッドが批難した「下らない《ストロー》〔吸い上げ〕マルクス主義」との合流を冒す危険性がある。Wood, *The Retreat from Class*, op. cit., p. 187 参照。

共同体主義的《コミュニタリアン》なことや社会的なことを経由するいかなるアプローチからも取り除かれねばならない。[*31]

自己－参照を超えるマルクス主義

バディウは、いまでは、出来事の哲学者として有名である。出来事、それは彼にとっては、現状との劇的な切断であり、新たな真理と新たな主体のための触媒として概念化されるべきものである。しかし、新奇なものと真理としての出来事だけでなく、閉鎖・失敗・飽和の出来事を語ることもまたできるのではないか？　バディウはマルクス主義の「破壊と組み立て直し」についての自分の議論を、彼が「準拠枠の終焉」と呼ぶ考え方のもとで展開しており、この考え方は、サンデヴァンスという筆名で『ペロケ』誌に寄稿された同名の論考でも、すでに論じられていた。[*32]

「マルクス主義だけが革命的な政治的教養として歴史的に追認されているわけではないにせよ（…）少なくとも歴史的には能動的なそうした教養として、みずからを提示する限り」で[*33]、マルクス主義はその具体的なあり方との調整を回避することができない。以下は、バディウが三つの基本的な準拠枠という観点から綜合した論点である。(1)国家主義的な準拠枠――これはマルクス主義にもとづくいくつかの国家が現実に存在していることに関わり、それはまたマルクス主義政治のありうべき勝利の、また「非－支配の支配」の、標《しるし》でもある。[*34] (2)国民解放戦争――これは、もう一つ別の実際に勝利したマルクス主義政治の標であり、政治と戦争を結ぶ新たな方法の発案における「国民原理と人民原理との融合」である。[*35] (3)労働者の運動――とくにこれは、「労働者階級党」という具体的なあり方でその実現をみるが、そのマルクス主義的な準拠枠は「はるか彼方におかれたd'un lointain de、革命的な理念《イデア》と対立的行動の近接性との混淆的融合という形象」をとっている。[*36]

＊31　Badiou, *Peut-on penser la politique?*, op. cit., p. 20〔訳注――なおこの部分は、トスカーノによる英訳ではなく、訳者が原文より訳した〕。またここで記しておかねばならないが、力能概念についてのこの再考は、「出来事としては」、一九七〇年代後期から八〇年代初頭にかけてのポーランドにおける労働運動と切っても切れない関係にある。『政治は思考可能か』に収められている「ポーランドにおける労働運動の普遍的意義」と題された章を参照。Ibid., pp. 45-8. また Renée Lebovici, « Shangaï et Gdansk », *Le Perroquet* 29-30 (1-3), 1983 も参照。

＊32　この論文や『ペロケ』誌に掲載された他の論考には「マルクスへの」政治的「回帰」、レーニン主義的経験を使用するマルクスの再開という意が込められていることが感じられる（Paul Sandevince, « La fin des références (May 1982) », *Le Perroquet* 42, 1984）。とくに、UCFML, « Le Marxisme comme politique », *Le Perroquet* 29-30 (1-3), 1983 参照。「ペロケ的マルクス」と題されたこの号はマルクス没後一〇〇年記念号だが、この号は総じて、そうしたマルクス回帰と独自な「ペロケ的マルクス」の構築に捧げられている。

＊33　Badiou, *Peut-on penser la politique?*, op. cit., p. 26.

＊34　Ibid., p. 27. ポスト－レーニン主義は、したがって、あらゆる形態の「国家理性」との訣別がその定義である。この訣別は、マルクス主義そのものがその始めから原動力としていた衝動からエネルギーを引き出している。つまり、「マルクス主義政治の普遍性の原理は、国家ではなく、むしろ階級闘争と革命の配備におけるコミュニズム的な過程である」という駆動力である。Sandevince, « La fin des références (May 1982) », op. cit., p. 10.

＊35　Badiou, *Peut-on penser la politique?*, op. cit., p. 28.

繰り返すが、もっとも重要なことはマルクス主義が資本主義の科学として有する批判力あるいは分析力ではない。マルクス主義の特殊具体性が革命的な思想と政治としては崩壊したことが歴史的にあらわになり、〔マルクス主義の特殊具体性が〕基本的には「自己参照的」だった〔ことがあらわになった〕のである。言い換えれば、その顕現のあり方〔危機〕が、程度の差こそあれ、その理論〔資本主義の科学としてのマルクス主義が訴える資本主義の崩壊〕と等質になったということである。バディウが彼のいわゆる「コミュニズムの永遠性」と手を切ることは決してないだろう[*37]。だがここでの懸案は、マルクス主義〔自体〕の歴史性〔存在被拘束性〕であり、マルクス主義が現在のアクチュアルな歴史からいかなる価値も引き出し続けることができないという問題である。バディウが言うように、「マルクス主義への信認は尽きてしまった」のである[*38]。

マルクス主義は、その歴史的な足がかりを失っただけでなく、もはや解放を目指す政治が帯びる萌芽形態のための内的な準拠枠としてさえ、役立たずである。これが、本章のタイトルであるマルクス主義の国外追放によって意味しようとすることにほかならない。バディウが危機の基本的な側面とみなしていることは、「破壊的に」踏査されねばならない。僕たちが思い起こさねばならないのは、『主体の理論』のバディウにとって、一箇の主体への生成、とくに一人のプロレタリア的主体への生成が、それ自身の破壊に密接につながっているということである。したがって、ここで注意が払われねばならないことは、その準拠枠の主体における徹底的な窮乏を潜り抜けてきたいま、マルクス主義にとって必要なことはみずからを真の意味で主体化することだという論点提示である。一九八三年の論考でバディウは、したがって次のように宣言している。

いまではマルクス主義政治の準拠枠はマルクス的ではない。マルクス主義の根本的な脱局地化 délocalisation である。かつてはある種の自己参照枠があった。というのも、マルクス主義がその一般的な信認を、自分がマルクス主義者と呼ばれる状態から引き出していたからだ。例えば、マルクス主義政党の指導の下で闘われた国民解放戦争であるとか、マルクス主義の影響のもとにあった労働組合主義によってその枠組みが規定されていた労働者運動であるとかいったように。しかし、こうした準拠枠をもたらす装置は消え去ってしまった。巨大な大衆的な歴史的脈動は、もはやマルクス主義などにはその準拠枠を求めない。少なくとも中国における文化大革命後では。またポーランドやイランを見ればよい。したがって、存在するのは国外追放の憂き目に遭ったマルクス主義〔だけ〕である。その歴史的領土性はもはや外在‐推移的《トランズィティフ》ではない。自己参照の時代は終わった。マルクス主義にはもはや歴史的な意味での家‐祖国はない。労働者や人民という〔特殊具体的な〕生〔活〕を授けられたあらゆる政治的参照枠は、マルクス主義に関して言えば、非典型的で〔場《トポイ》を失い atypique〕、その局地性を解除され、遍歴的《エラーント》である。今日のあらゆる正統派マルクス主義者は、ポーランドの運動が国民的であるとか宗教的であるとかいって抗議したり、

＊36 Ibid., p. 29.
＊37 Alain Badiou, "Philosophy and the 'Death of Communism'," in *Infinite Thought*, ed. Justin Clemens and Oliver Feltham, London: Continuum, 2003, p. 131.
＊38 Badiou, *Peut-on penser la politique?*, op. cit., p. 29.

イランの運動が宗教的で狂信的であり、そこにはマルクス主義にとって根本的に大切なことが何もないと言って、異議を申し立てるだろう。そして〔だが〕こうした正統派マルクス主義はマルクス主義の崩壊過程では空っぽの対象そのものとなってしまうだろう。[*39]

このように国外追放という主題を掲げることで、バディウは、やや厄介な次元においてとはいえ、まさにポスト‐マルクス主義にとっては儲けものの出来事に直面しながらも、非‐支配というコミュニズムの仮説だけでなく「労働者と人民の生（活）」という参照枠も維持することができている。

バディウは、マルクス主義政治の脱局地化と政治意識が帯びる新たな形態の仮説的な発案という観点から思考しているが、そうすることで一九八〇年代の政治情勢——歴史的に存在してきたコミュニズムが味わっていた塗炭の苦しみや叛乱の異質な運動のきらめき——を、解放のための政治を組み立て直すための好機へ、転回することができる。[*40]決定的なことだが、この転回は、選挙同盟の論理への回帰や労働者階級という参照枠を超える集団的要求の接合に関わって行われるのではなく、国家から距離をとった、プロレタリアの力能の非‐階級的で、非‐組織的《システミック》な、新たな労働者たちの政治の可能性という観点から、遂行される。バディウは、マルクス主義の動揺を、政治的多元性を言祝ぐ歌を唱和する機会として迎え入れるのではなく、解放のための政治のさらなる純化と強化のための好機として捕獲するために提起するのである。とすれば、ここで賭けられているのは、これらの大衆的な徴候に、つまり社会的なことのこれら「ヒステリア」に、反‐国家主義的な解放の新たな政治の特徴をみいだすことである。こうした議論を跡づけることは本章の課題を超えてしまうが、とまれ、非‐マルクス主義的な政治的シナリオにおける組織的発案と労働者の力能をめぐる諸契機を跡づけるために『ペロケ』誌で行われた試み――最終的には、ポーランドやイランにおける状況が呈した、宗教的で人民主義的な硬化症によって失望に終わるのだが――は、実り深いものと思われる。「新しい社会運動」が勃興するなか、普遍主義やコミュニズムの仮説を超えたラディカル・デモクラシーの多元主義を受け入れるポスト-マルクス主義とは反対に、バディウのポスト-レーニン主義は、一九八〇年代以来ずっと、コミュニズムの持続性を「コミュニズム」という名称が嫌悪の対象であるような政治的シナリオにおいても最低限の仮説、普遍化する仮説として思考するためのメタ政治的な枠組みとして

*39 Badiou, « La figure du (re)commencement », op. cit., p. 1. バディウはまた、マルクス主義がもはや「現実の歴史を構造化する力」ではない以上、つまり政治が「政治的な哲学素のマルクス化された marxisée 形態」から解放されたことを前提に、また労働運動の「マルクス化 Marxisation」の歴史からマルクス主義を分離するという観点からも、この論点に言及している。だからこそ、マルクス主義政治がかつて辿った道行きとの対比で根源的な中間停止-切断と再開が提起されるのである。Badiou, *Peut-on penser la politique?*, op. cit., pp. 5-9.

*40 もう一つ別の契機は、言うまでもなく、文化大革命で始まった軌跡が示した死を告げる鐘の響きに登記されねばならない。Bosteels, "Post-Maoism: Badiou and Politics," op. cit. およびバディウが『ルモンド』紙に寄稿した「四人組裁判」についての論考（Badiou, *Metapolitics*, op. cit.）を参照せよ。

*41 ラクラウとムフによれば、根源的で多元的な民主主義は「普遍的なものの言説の断念、限られた主体だけが到達できる『真理』への特権的な接近点という暗黙の仮定の断念なしには、存在しない」と書いている。前掲『ヘゲモニーと社会主義の戦略』三〇〇頁。

生産することに、関わっている。

自由主義者と背教者について——政治における近代と現代との狭間で

マルクス主義政治の破壊と組み立て直しが内的でなければならないという要請、その説明には欠陥があることによっても、外部からなされる道徳的あるいは歴史的な評価によっても、命じられたわけではないそうした要請を衝き動かす動機は、自由主義と議会制民主主義の効力の革命後における復古を支配する主体性の評価にある。[*42] バディウが『さまざまな世界のさまざまな論理』をめぐるシンポジウムで挑発的に示唆したように、彼の著作全体を解放の政治の裏切りとの対峙という旗の下に位置づけることが可能である。[*43] 一九七〇年代中期以降における、自分たちの失敗を口実に自由への回帰を表明した反動的(あるいは背教的)な主体にみられる特徴は、マルクス主義の危機という経験をある一つの客観的な事実——解放の不可能性という事実(新哲学派がその象徴的存在である)——の主体における発見だけにみいだすことに、求めることができる。この転回は、バディウの次のような典型的な発言に辛辣な姿をとって明確になっている。「われわれはやってみたが、大失敗だった」。「我失敗す、故に我あり」である。[*44] だがバディウにとって、そうした失敗と厄災が証してくれたことは、現存の社会に対する断固とした対立は「難」問であるという、それだけことである。ちょうど証明に失敗した数学者が、その失敗によって、証明が必要とされる問題〔そのもの〕が存在しない、と宣言できないように、政治の闘士はその失敗を必然性や利点に転嫁することはない。

というわけで、（われわれを全体主義的な幻影から解放する）道徳性と（事物の既存の状態の利点を理解する）現実主義が手を携えて進むあり方としてわれわれに提示されていることは、じつは、無能であることの告白にすぎない。背教の本質は無能にある。[*45]

ここでのバディウは、議会制民主主義の核心にある「否定的な自由」の防衛——後に彼はそれを資本主義的議会主義と呼ぶだろう——につなぎとめられている、自由主義の〈復古〉に潜む反‐マルクス主義的な哲学に、じかに介入している。彼は、マルクス‐レーニン主義的な筋書き、政治行動のその特殊具体的な配置の終焉あるいは涸渇という考え方を繰り返している。[*46] しかし彼は、現状に対する敵対関係がいかなる解放の政治の中心部にも依然として存在している、と断固主張する。彼はさらに、

＊42　過去二〇年を新たな革命後の「復古」として糾弾するバディウの議論は、以下にまとめられている。アラン・バディウ『世紀』長原豊・馬場智一・松本潤一郎訳、藤原書店、二〇〇八年。

＊43　非‐解放的あるいは反‐普遍的な主体性についてのバディウの理解については、Toscano, "From the State to the World," op. cit. 参照。

＊44　訳注——これはバディウの科白ではなく、アウグスティヌスの科白——Fallor Ergo Sum——に由来している。

＊45　Alain Badiou, « À bas la société existante! (1) », *Le Perroquet* 69(1-3), 1987, p. 2.『政治は思考可能か』に集録されている論考「現代における反‐マルクス主義の反動的意義」も参照（Badiou, *Peut-on penser la politique?*, op. cit., pp. 48-51）。

自由の啓蒙主義的主題系への回帰では不充分であるとも指摘し、その理由を、「政治問題の現行段階」を規定する平等という問題を回避することができない点に求めている。問題は、バディウがマルクス－レーニン主義的「合成」と名づけた事態に倣って言えば、非－専制的国家が与えるさまざまな条件のもとで、その公理が平等であるような政治をどのように打つのかという点にほかならない。（憲法にもとづき、そのもとで議会制的な自由民主主義が是認されている）権利・法の国家と暴政との近代における併置を超える現代政治をどのように打つかが問題なのだ、と。僕たちは、自由民主主義の単に「近代的で」反－専制的な政治のために、当初はシニフィアンとしての「労働者」の政治領域への囲い込みをその目印にしていた「現代」政治から逃げ出すわけにはゆかない。けれども、マルクス主義の「脱－社会化」というバディウの危険な賭けに追従することで、平等が「物質的（「経済的」）にという意味だが）立場」の平等から考えられてはならない。そうではなく、この立場は厳密に政治的な関係項から理解されねばならない。平等という原則は以下である――「その内部で非平等主義的な言明が不可能であるようなそうした世界は、どのような世界であるべきか」、これである。

　バディウは、ここでは一般的なラカン的区別を用いて、非－禁止がサン＝ジュスト以来とってきた形式としての象徴的象限において機能している自由の近代的政治と、その目的が非平等主義的な言明の現実における不可能性を生み出すことである平等の現代政治との、決定的な差異を描いている（この論点は、総称《ジェネリック》－一般的なことというバディウの概念の基本的な特徴として、後年に引き継がれてゆく）。ここで刮目すべきは、バディウが、その初期に示した破壊のコミュニズム的な弁証法へのこだわりという観点から、権力、戦争と国家という革命に関わる問題系から切り離された「平時における」平等の一般的問題という契約を伴う、自由の政治と平等の政治との相補性という考え方をことさらに持ち出していることである。この点に関わってバディウは、「非‐専制国家という一般的条件のもと、その包括的な哲学的範疇が平等であるような政治をどのように実践することができるのか」と尋ねている。[*47] 平等の政治は、この枠組みでは、現実的でありながらも、象徴的秩序が不可能性に追いやった平等を目的とする禁止の象徴政治の内部で、機能しているのである（バディウは、この立場を〈現実的なこと〉と不可能なこととのラカン的な結びつきとして、繰り返している）。

二つの問題含みの結論が、これらの考察から導かれる。第一は、元来、政治が政体そのものの改善に直接関心を示すことなどない、という結論である。というのも、「政治は、たとえこれら〔の施策〕が良きことであったり、優れたことであったりする場合があっても、〔それ自体〕国家と市民社会を超える結合された超過として思考可能であるとされねばならない」からである。[*48] 解放の政治は、権力の目論見（要するに、プロレタリア独裁）を無効にすれば、（「平時では」）ある種のリベラルな枠によって外から条件を課されるという暗黙の諒解が、第二の結論である。僕たちは、この段階で、後年

＊46　バディウは次のようにも述べている。いわく「〔マルクス主義的〕合成が枯れ果てていることは確かだ。もはや社会‐政治的な主体など存在しないし、革命というテーマからは主体が抜き取られてしまっている。歴史にはいかなる意味もない。突如として、二つの陣営の敵対関係が既存の社会にとっての包括的な敵意に対処するための正しい構想ではもはやなくなったのだ」と。Ibid., p. 3.

＊47　Ibid.

＊48　Badiou, *Peut-on penser la politique?*, op. cit., p. 20.

バディウが主張することになる「国家から遠ざかった政治 politiques à distance de l'État」という考え方がはらむ全面的両義性を示すことができる。[*49] この立場は、「既存の社会」に対する敵対関係とある程度の変革のための方法という問題を維持しながらも、この一見するに尖鋭な敵対関係を同一社会が与える象徴秩序の黙許と混ぜ合わせる、そうした立場である。彼は「われわれは、したがって、近代の自由（非‐禁止によって、象徴的とされる）を要求し続けるが、そのためにわれわれはその内部から現代の平等（不可能なことによって、現実的とされる）に向けて働きかける」と述べている。[*50]

ところでこれは、マルクス主義政治がリベラルな装いの内部で生き延びることができるだけだと言わんとしているのだろうか？ もし僕たちが、自由（国家における）と平等（政治における）との緊張という問題を――権力、権威、もっとも大切な問題である搾取という論点による両者の媒介とともに――解決することを一点の曇りもなく明快に提示し、また追求しなければ、「われわれの社会の後進的で極悪な特徴とその表象‐代議を綜合するという構想《ヴィジョン》を政治の内部から定式し直す」ことで、「既存の社会の変革」という「難」問に対処することができるだろうか？

政治的観念論の論駁に向けて

バディウが一九八〇年代に提唱したマルクス主義の「国外追放」、すでにそれはマルクス主義政治とマルクスの政治経済学批判との切り離しを前提とする提唱だったが、そうしたバディウの議論は、ときには、「マルクス主義」という言葉を手放さないでおくという可能性そのものに疑念を呈しながら、マルクス主義にもとづくプロジェクトの首尾一貫性を解体する試みであるかのようにも見えた。最終的にバディウは、『メタ政治』で、その政治的なスタンス——ラザルスの言い方を用いれば、その「〔政治の〕歴史的な諸様式」[*51]——には首尾一貫性などまったくなく、全体化することなど不可能であるという意味で、「マ、ル、ク、ス、主、義、は、存、在、し、な、い、」と[*52]、有無を言わせない語調で、宣言するのではなかったか？　それでもバディウは、『存在と出来事』が刊行される以前の一九八〇年代を通じて、「マルクス主義政治」という概念の臨界における妥当性を、少なくとも新たな解放の政治がマルクス主義政治を——その皮肉な「脱構築」ではなく——厳密に「破壊すること」によってのみ「組み立て直される」という意味で、保持している。こうしたマルクス主義という名称のバディウにおける、死に際の苦境における留保で問題となっていることとは、何か？　それどころか、いまや瀕死の状態にある英語圏のポスト‐マルクス主義の流行の原動力は、他の何よりもまず、プロレタリアートという着想を単なるヘゲモニーをめぐって諍い合う同一性にすぎない存在へと切り縮めてしまう、社会階級と革命政治との接合の拒否に存在していたはずだ。またしても、その表面上の類似性にもかかわらず、バディウやその仲間たちが展開した階級を超える運動は、政治的判断、つまり政治の——矛盾範疇や社会と政治の外在‐推移性によって支配される——「階級主義的」様式の有効性の喪失という考え方に

＊49　Alain Badiou, "The Triumphant Restoration," trans. Alberto Toscano, *positions*, op. cit., pp. 150-51.
＊50　Badiou, « À bas la société existante! (1) », op. cit., p. 3. および Alain Badiou, *Conditions*, Paris: Seuil, 1992, p. 248.
＊51　訳注——Syvain Lazarus, *Anthropologie du nom*, Paris: Seuil, 1996 参照。
＊52　Badiou, *Metapolitics*, op. cit., p. 58.

もとづいている。[*53] こうしてバディウは、反‐マルクス主義が夢想する以上の危機がマルクス主義には存在していると宣言するが、その主な理由は、反‐マルクス主義が、その基本的で主体的な側面を通じて思考することができないまま、客観的な危機を表明するにすぎないからである。[*54] さらに、バディウが、とてもあけすけに、一箇の社会‐政治的階級としての労働者階級の失効（社会階級そのものの終焉を当然の権利として主張することがない階級）を表明していながら、彼は、同様程度に、どのような解放を目指す政治も労働者を避けて通ることができない、とも主張している。

　こうした最低限のマルクス主義の申し立ては次の二つの階梯《ステップ》を踏んでいることが観察できる。第一の階梯は、カントの『純粋理性批判』へ明示的に立ち戻ったうえでの、バディウのいわゆる「観念論の論駁」に関わっている。マルクス主義政治が「紐帯の場 *le lieu des liens*」としての社会的なことから切り離されてしまえば、何が観念論的多元主義を防ぐのか？　というのも、この観念論的多元主義によれば、秩序化され存在論的に根拠をもつ社会構造を伴う外在‐推移性の要請から解き放たれたいかなる場《サイト》といかなる主体も、解放の場《ローカス》あるいは担い手となることができる、と主張する類の観念論だからである。バディウは、社会的潜在性と政治的主体化の弁証法を放棄した以上、労働者の政治的特権を「実体的なものとして前提すること」に頼ることができなくなったことは、よく理解していた。そのうえ彼は、自分の政治的公理を最大限に改釈すれば、政治的主体の登場が社会的領域のいかなる点においても可能で、しかもそれがもっともポスト‐マルクス主義的な諸理論にある多元主義的な「観念論」として出現しかねないということも、またよくわかっていた。[*55] こうした見方に対処するために、バディウは、彼のいわゆる「前‐政治的な状況 situation-pré-politique」において出来した出来事についての平等主義的な賭け金－介入を最低限記述することを提案している。政治と社会的なこととのこの最低限かつ予期的な〔権力の〕空白期間によって、政治的主体性の先制的な構築（例えば、労働者の党など）が不可能となる一方、カントとの類似性で言えば、どんな主体もどこでも出現できるといった、政治的偶然性の最大限の要求の単なる否定的な背理法が可能になるのである。

　みずからに社会存在論へのいかなる実質的なもたれかかりも禁止するバディウは、それでもなお、「労働者の特異性」を政治的主体の形成過程において回避することは、解放の政治が被支配者によって禁止された場や地点のいかなるものもその軌跡に含むことなくみずからを配備することを想定することに等しい、と論じたがっている。こうして、以下の「定理」が導き出される。

> 現行の条件における政治的介入は（…）戦略的には、その場が労働者あるいは人民である出来事に忠実であることを避けることができない。次のように想定してみよう。この政治は被支配者の大衆（その数はどうでもよい）が（…）物〔経済〕的に存在しているさまざまな場――例えば工場

*53　Sylvain Lazarus, « Dans quel temps de la politique sommes nous? (éditorial) », *Le Journal Politique* 2, 2005 (http://www.orgapoli.net/article.php3?id_article-57).

*54　Badiou, *Peut-on penser la politique?*, op. cit., p. 51.

*55　バディウは「労働者と人民的な特異性の集合的関与が感じられ、また〈一者〉の体制の失敗が感得されるような、さまざまな事実と言明の複合体を前－政治的な状況と呼ぶ」と書いている（Ibid., p. 76）。

や郊外《バンリュー》にある団地、移民たちが住む家や単調なＩＴの反復仕事が行われている事務所など――をその直接的な領域に決して含み込むことなく、みずからを配備することができるという結論が導かれるし、それは可能だ、と。とくにわれわれが工場のケースを考える場合、その例外性は根源的だろう。というのも、工場が市民社会やその社会的諸関係を維持する有和的な法律から切り離されていることを証明するのは簡単だからである。この前提に従えば、被支配者自身にとって非－支配の政治が存在するのは代議的形態だけになってしまう。というのも、介入をもたらすいかなる出来事も、その場という観点から言って、被支配者を含まないからである。[56]

問題は、解放政治が下層階層やハグレ者、また被抑圧者をその内部に含まねばならないといった単純なことではない。問題は、登場しつつある政治的主体によって、彼らとその「場《サイト》」が直接的に巻き込まれねばならない、言い換えれば「提示され」ねばならないということである。そうでなければ、僕たちは国家による代議制のレヴェルにとどまったままになってしまう。というわけで、この観念論の論駁は、解放がどこでも、いつでも、誰によってでも惹き起こされると主張する、「新たな社会運動」のイデオロギーへの単なる攻撃（あるいは文字通りの背理－不条理への還元）ではない。観念論の論駁はまた、被支配者が政治行動それ自体と苦楽をともにすることなく政治的綱領において代議－表象されるといった議論を根底から覆すことにもなる。前－政治的な「場」というこの考え方からの動き出し、また観念論的多元主義とあらゆる類の「思弁的左翼主義[57]」の両者をなんとかともに回避すること、それこそが、当時のバディウが『存在と出来事』におけるマルクス主義政治に関わるこれらの問題にメタ存在論的な解決策を提供する方法だったのであり、それは、彼の主要な作品がマルクス－レーニン主義からの脱却を目指した時期に目論まれたさまざまな概念と志向性に深く繋留されながら行われた作業であった。

生産の隠れ家から出来事的場としての「工場」へ

バディウは、反－労働者的な政治的観念論の論駁から出発して、当初は、〈出来事－の－場〉理論――成熟期の哲学の重要な構成要素――を、工場と労働者を政治の主体像として捉えるという視点から、展開している。そしてこれが、みずからの形而上学的困窮を生き抜くことができるマルクス主義政治のための議論における、いわば第二の階梯《ステップ》である。僕たちは、一九八七年に『ペロケ』誌に掲載されたテクスト「〈出来事的場〉としての〈工場〉」、当初は『存在と出来事』に組み込まれる予定であったこの論考で、バディウの全般的教義となるべき説得力に充ちた結晶とマルクス主義政治という考え方を擁護する最後の明示的な試みを目撃することになる。[*58] ここまでの僕の議論は、出来事的場についてのこの議論につながる理論的で政治的な内的必然性を証明することを試み、そうすることでバディウのマルクス主義との直接的な対峙が、『存在と出来事』や、より近年のその続編『さまざまな

＊56　Badiou, *Peut-on penser la politique?*, op. cit., pp. 81-2.
＊57　Bruno Bosteels, "The Speculative Left," *South Atlantic Quarterly* 194(4) 参照。
＊58　Alain Badiou, « L'usine comme site événementiel », *Le Perroquet* 62-3, 1986.

世界のさまざまな論理』に結晶化されたプロジェクトのまさに基礎――だが、消失した基礎、というのも彼は最終的にはこの「事例」を自分の主要な作品から排除するという選択をしたからである――にどのように存在しているかを明らかにしようとしてきた。

『ペロケ』誌に掲載された他の論考のいかなるものにもまして、『存在と出来事』から削除されたこの断片は、ポスト-レーニン主義という点を除けば、マルクス（とエンゲルス）への回帰を目指している。バディウは、自分のメタ存在論的でメタ政治的な探求を労働者政治についての――マルクス主義政治を「組み立て直し」、一つに縒り合わせることを目指す――マルクス主義的思考における二つの概念的遺産のもとで考えようとしている。これら二つの遺産の一つめは、マルクス主義的装置ではプロレタリアートの主体の特殊具体性に結びつけられている空（販売するものが自分の労働力しかないがゆえに、プロレタリアートは総称-一般的な力能の担い手である）であり、またその二つめは、バディウが、それに従って搾取が組織されたり反撃されたりする局地化された諸状況についてのエンゲルスの探求に結びつける、場である。簡潔な宣言でバディウは、自分の哲学的な営為を、まさにこれら二つの言葉の一つの異なった接合、異なった弁証法という観点から、定義している。それは正統派マルクス主義の「フィクション」を乗り越えて進むことを目指すものである。

> 労働者という参照項の必然性についての客観主義的解釈の核心で二つの言葉に出会う。空《ヴォイド》と場《サイト》である。それは、後にみるように、われわれがこれら二つの言葉から政治の主体的構想《ヴィジョン》に向けてその中心性を剥奪することでのみ、それ自身の充溢した意味を獲得する。*59

出来事的場としての工場を考慮に入れて初めて、政治的出来事が起こる――このように主張することでバディウは、ある種の最低限の対象性――つまり、観念論の別なる論駁――を、政治と政治的な主体化の介入を社会‐経済的なダイナミズムへ推移するものとすることなく、提供しようとしている。彼は次のように書いている。

> 私が護ろうとしている逆説に充ちた言明は、最終的には、工場は社会‐歴史的な展開に（…）属しているが（それはその内部で一として数えられる）、労働者は、工場に属している限りで、労働者に属していない、ということである。したがって、工場――労働者がいる場所としての――は社会に含まれてはおらず、また（工場）労働者は国家の数え上げに利用可能な妥当な「部分」を形成しない。[*60]

これが、工場が再領有可能で脱疎外可能な生産の隠れ家ではなく、「空《ヴォイド》の際《きわ》にある」（支配が開示されないという事実の際《きわ》にある）前‐政治的な場であるという意味であり、この空《ヴォイド》の際《きわ》という場に政治が介入可能となるというわけである。この考え方の相関物は、（プロレタリアートの）空《ヴォイド》そのものが（脱）疎外の表出的論理から切り離され、〈同じもの〉の生産、コミュニズムの生産がもはや生産のコミュ

＊59 Ibid.
＊60 Ibid.

ニズムには拘束されないという考え方に、ふたたび結びつけられるということである。[*61]「〈出来事的場〉としての〈工場〉」という論考に配置された思弁的な軌跡によって初めて、バディウは、マルクス主義への彼の〔捩れて異端的かつ遍歴する〕忠誠をふたたび強く、主張することができる。

マルクス主義は、その骨子に還元されることで、以下の二つが結びついたものとして、非-支配の政治の仮説となる。つまり、〔第一に〕数え上げることの国家主義的な数え上げから控除された政治であり、〔第二に〕近代におけるもっとも意義深い出来事の場の表示、その特異性が最大であるような人びと、つまり労働者という場である。この二つ折りの挙措から、仮説の介入的で組織された実験が絶え間なくこれらの場の統合のためにみずからを準備せねばならないということが導き出される。また労働者という参照項は政治の特徴であり、それがなければ人びとは国家の数え上げからみずからを控除することをすでに諦めていたことになるということも導き出される。だからこそ、政治が可能だと主張する限り、自分をマルクス主義者と呼ぶことが正統であり続けているのである。[*62]

その後のバディウの著作は、多かれ少なかれ全体としては、この一九八七年の論考に明らかにされた研究計画に一致している。その意味でしたがって、僕たちは思いきって、これを「その骨子に還元された」マルクス主義を思考する試みとして、読んでみようと思う。

結論的に言えば、僕は、バディウの思考のこの局面においてとくに鋭く、また彼のより最近の仕事のいくつかと共鳴しているかにも見える、二つの問題に触れておくことにしよう。最初の問題は、バディウがプロレタリア的主体性とその政治的変遷についてのある種のマルクス主義的な直観にいまだ忠実であるそのあり方に関わっている。結局バディウは、マルクスの遺産とマルクス主義の彼自身による組み立て直しとの〈分離-における-連続性〉を、「われわれはプロレタリア的な政治的力量という仮説に定式を与え直す」ことと、定義している。[*63] けれども、観念論の論駁や他のテクストで主張されている「労働者という参照項」の維持は、労働者そのものに献呈されたいかなる前-政治的な主体的特権からも撤退することを要求しているように思われる（政治は労働者の場に触れねばならないが、彼らは労働者としては潜在的な政治的主体ではない）。だが、状況の空《ヴォイド》を政治的力能に等しいものとみなすことは可能だろうか？　またこの力能がポスト-出来事的な介入の遡行的な効果に限られるとすれば（工場の政治化が公理的に「労働者は考える」という指示を出すとすれば）、「力能」という言葉は、この言葉が配置《ディスポジション》-傾向という概念、潜在能力という概念、そして（脱）疎外の理論に結びつくほかないことを考えれば、本当に実行性をもつのだろうか？　僕は次のように示唆したいのである。すなわち、バディウが『存在と出来事』で展開した総称《ジェネリック》-一般的なことの哲学的概念化は、空《ヴォイド》、平等、そして主

*61　社会と政治的なことを結ぶ推移-外在性の問題、また生産のコミュニズムと同じことであることの生産（コミュニズムの生産）との区別という問題については、Toscano, "Communism as Separation," op. cit. 参照。
*62　Badiou, « À bas la société existante! (1) », op. cit.
*63　Badiou, « La figure du (re)commencement », op. cit., p. 8.

体という三つの概念のつながりを明らかにすると同時に、いかなる潜在性もなしですますことによって、彼のかつての「マルクス主義政治」における緊張を乗り越えようとする試みとして理解することも可能だろう、と。[*64]

第二の問題は、解放政治の背後に潜む推進力である。バディウが平等概念を純化・政治化し、単なる物質的基準への単純な依拠を切断することを願っていることは明らかである。しかし彼は、正統派マルクス主義における社会化というフィクションへのアレルギーから、排除・支配・代議‐表象といった政治哲学的概念という観点から見たマルクス主義政治の自分自身の構想全体を枠にはめることによって、政治の現代的な基準から単なる近代的な基準へと後退しているように見える。バディウは、「〈出来事的場〉としての〈工場〉」論文における「場の存在論」という節でもっとも明らかになるであろうやり方で、搾取概念があらゆる現代政治にあって誰も免れることのできない根本であるという可能性を否定しているように見える。他の論考ですでに述べたが、国家から遠ざかる政治と資本に対抗する政治との違いは、後者が、一方では代議制度にもたれかかりながらも、他方ではまた特異性そのものに、排除、不可視性あるいは支配という観点からその配置図が簡単に描くことができないようなやり方で、「直接」働きかけてもいるという限りで、代議という問題によっては包摂されえないという点にある。[*65]

これこそまさに、政治経済学批判における価値概念、僕が考えるに、再‐現前‐表象の論理によっては簡単に制御できない概念であり、その主体性や敵対関係への結びつきが無視できないような概念において問題となっている論点にほかならない。その結果、編み出された（あるいはむしろ、空恐ろしい）挑戦が、マルクス自身の作品を特徴づける搾取の直接的政治化を、[*66]「〈出来事的場〉としての〈工場〉」といったテクストによって提供されるメタ存在論的でメタ政治的なガイドラインに、結びつけることであった。搾取の論理と政治的主体性についての僕たちの思考へのその効果とを踏査することによっても、はるか昔に「社会問題」の悲惨な侵害に抵抗して政治の自律性を共和主義的で評議会主義的な姿勢をもって表明したハンナ・アーレントを髣髴とさせるようなやり方で、[*67]「貴族主義的」解決の可能性を遠ざけることができる。これは当然にも、バディウによるマルクス主義の「国外追放」が提起したもっとも際立った諸問題のなかの一つであり、僕たちが真正面に据えて対峙せねばならない問題である。この問題とは、現代政治（肯定的平等の政治）が近代的で国家主義的な政治（否定的自

＊64　同時に僕は、バディウが政治的人類学と訣別したことがいささか性急だったとも考えている。この問題についての当初の言及については、"Nina Power and Alberto Toscano, "Think, Pig!: An Introduction to Badiou's Beckett," in Alain Badiou, *On Beckett*, ed. Nina Power and Alberto Toscano, Manchester: Clinamen Press, 2003 および Nina Power, "What Is Generic Humanity? Badiou and Feuerbach," *Subject Matter* 2(1), 2005 参照。

＊65　Toscano, "From the State to the World," op. cit. 参照。この論考はまた、バディウによる資本主義の概念化と彼のそれとすぐにわかる政治経済学批判への無関心さとの緊張と矛盾を掘り下げるために書かれた。

＊66　Kouvélakis, « Marx et sa critique de la politique: Des révolutions de 1848 à la Commune de Paris, ou le travail de la rectification », op. cit. および Massimiliano Tomba, "Differentials of Surplus-Value In The Contemporary Forms of Exploitation," *The Commoner* 12 Summer, 2007 参照。

＊67　ハンナ・アーレント『革命について』（志水速雄訳、ちくま学芸文庫版、一九九五年）第六章を参照。

由の政治）の継続と両立可能なのか、という問題である。あるいは、それは「反-近代的」であるというリスクを冒し、国家からの単なる遠ざかりではなく、国家に対する抵抗としての平等に取り組まねばならないのではないか？

　これは、しかし、必ずしも以下のことを意味しない。すなわち、マルクスは、政治的オデュッセウスと同様、すぐさま国外追放されるだろうし、わがポスト-マルクス主義の求婚者たちを遠ざける貞節なペネロペである僕たちは、最終的には、見慣れぬ身なりのマルクスを理解することができるといったことを言わんとしているわけでもない。もっと優しく言えば、マルクス主義の国外追放とマルクス主義政治の再開の空《ヴォイド》と場《サイト》の庇護のもとでの結合というバディウの試みは、骨董趣味の「老いさらばえたマルクス主義者」と不誠実なリベラルとの諍いに対する敬意を払うべき有益な対案であり、またそこからマルクスの政治を再考するための唯一無二の哲学的綱領であることを示唆したい。

第5章

暴力は思考可能か

バディウと（マルクス主義）政治の可能性[*1]

暴力について考えることとバディウの著作における政治について考えることには、どのような関係があるのか？　毛沢東主義あるいはマルクス‐レーニン主義にもとづく一連の政治闘争に終止符を打ったとされる時期のバディウがマルクス主義政治の「破壊」と「組み立て直し」を提起した作品には、『政治は思考可能か』という表題が付された。[*2]この小冊子のまさに冒頭で、『政治は思考可能か』の出発点となったセミネールの煽動者たち――ジャン＝リュック・ナンシーとフィリップ＝ラクー・ラバルト（一九八三～八四年、彼らが《政治についての哲学的研究センター *Centre d'etude philosophique du politique*》にバディウを招き、後に書籍『政治は思考可能か』としてまとめられることになる議論を報告させた）――に、友好な雰囲気とはいえ、断固とした論戦を仕掛けたバディウは、いくつかの政治‐哲学的な設定《セッティング》でさまざまな形で起きていた語彙にまつわる論争に介入し、頑固なまでに、自分のこだわりは政治*politics*（*la politique*）にあるのであって、政治的なこと*the political*（*le politique*）にはない、と主張した。「政治的なこと」とは、彼の規定によれば、一箇のフィクション、社会的紐帯とその手段（あるいは計測）との結びつきをめぐるフィクションとして、その現状に固定されねばならないものであった。言い換えれば、政治的なことなるもの（*The* political）は、〔バディウにとっては〕関係性の超越論的幻影、共同体的な結びつきと社会的なことに対する主権的権威の超越論的幻影にも似た何ごとかでなければならなかった。この点で、「政治的なこと（から）の退潮」[*3]の短命な流行は、政治的なことの消え失せた本質あるいは空っぽの場所をめぐる止めどもない憂鬱が押し寄せる好機－出来事として理解されるそれではなく、むしろ政治*politics*について思考する独立した力と決定性を回復する好機として歓迎され、またそのようなものとして担われねばならないものであった。ところでここでの思考するとは、バディウがマキャヴェッリとレーニンとの狭間においた思考であり、その哲学的捕獲を彼は、パスカル、ルソー、マラルメ、そしてラカンという彼のいわゆる「フランスの四大弁証家」が後世に伝えてきた資源によって組織化することを提起したのである。[*4]『政治は思考可能か』が着手した哲学的でメタ政治的なプロジェクトの性質に立ち入ることをしなければ、[*5]バディウによる自分自身の初期の立場についての内在的批判――彼の簡潔な言い方を使えば「ポスト－レーニン主義」、ポスティールスの素晴らしい研究を思い起こして言えば「ポスト－毛沢東主義」[*6]――が自律あるいは政治的なことからの政治の分離の宣言という形式をとることの意味を明らかにすることができないだろう。バディウの宣言にあるように、「政治的なことは、政治が出来事という孔《パンク》によって破裂させたフィクション以外であった試しはない」のである。[*7]

では、バディウにおける暴力をテーマとするのはなぜか？　それは、二重の意味で、テーマとなる。第一は、いま僕が進めているバディウのマルクス主義との捩れた関係についての研究を、ゲバルト

---

*1　この論考の初期のヴァージョンは、二〇〇五年一一月に開催された《史的唯物論 *Historical Materialism*》の年次大会（全体のタイトルは「灰を撒き散らす――バディウのマルクス主義における真理と暴力」）におけるセッション「政治的なことを思考する」で、マッシミリアーノ・トンバとともに、報告された。マッシミリアーノとパネル参加者が与えてくれた疑問と見解に感謝する。

*2　Badiou, *Peut-on penser la politique?*, op. cit.

*3　Philippe Lacoue-Labarthe and Jean-Luc Nancy, *Retreating the Political*, ed. Simon Sparkes, London: Routledge, 1997.

*4　Badiou, *Peut-on penser la politique?*, op. cit. および Alain Badiou, « Les 4 dialecticiens français. Pascal, Rousseau, Mallarmé, Lacan », *Le Perroquet* 22(1), 1983 参照。バディウにおける政治について思考すること、あるいはむしろ、政治がそれ自体一箇の思想であるという考え方は、とくにアーレントの思想の継承者たちによって定式化された政治哲学の実践とイデオロギーに端的に対蹠的な立場である。Alain Badiou, "Against 'Political Philosophy'," in Badiou, *Metapolitics*, op. cit. 参照。

*5　『政治は思考可能か』では、首尾一貫しない多数性の存在論と出来事に拘束される存在としての主体の理論という――一九八八年に公刊される彼の代表的大作『存在と出来事』で定式を与えられ、練り上げられることになる――〔二つの〕重要な座標軸がすでに素描を与えられている。

*6　Bosteels, "Post-Maoism: Badiou and Politics," op. cit. 参照。

*7　Badiou, *Peut-on penser la politique?*, op. cit., p. 12.

Gewalt 概念に内在する史的唯物論的な座標軸とアポリアについてのバリバールの最近の労作が誘い出した論争に、[*8] 共鳴させてみたいという点である。実際、後に結論として示唆するように、単なる暴力 *violence* というよりも、むしろゲバルトという観点から思考することによって初めて、バディウが切り結んでいるマルクス主義や政治の自律という彼の提案との非常に混み入った関係性がはらむ可能性を拡張することができるかもしれないのである。また第二に、暴力という論点が、先進・後退の如何を問わず、マルクス主義政治の存続力と可能性を評価するためのさまざまな試みにおいて重要な役割を果たしていたのも、闘争、組織、抗争と〔国家〕権力の広い意味でのレーニン主義的な政治的経験の内在的批判――それだけでなく、その〔しばしば寄生的でもあった〕反動的糾弾――を介しているからである。

バディウの作品の近年における受容を背景とするそうした考察の役割に関わって、最後に第三の論点が要請されるだろう。要するに、バディウの政治思想への英語圏における注目――彼の行動や見解がかつてこうむっていた悪意ある噂のレヴェルを乗り越えて浮上してきたのは、ごく最近のことにすぎない――は、とくにピーター・ホルワードの先駆的な仕事でその端緒を開かれ、それによって、彼の「成熟期」の作品があらわにしたであろうその断固とした独特な「公理的」平等主義といわば「決断主義」が焦点に据えられ、しかもその際、政治行動と革新の非 - 社会的、さらには反 - 社会的な処理がはらむその新しさにある特殊具体的な意味が着目されることで、始まったのである。彼の作品についてのさらなる全面的考究は、マルクス主義、そしてもちろん、彼が毛沢東主義と切り結ぶ関係についての持続的考察をもたらしている。またこれによって、〔バディウの〕より「連続主義的な〔解釈」」という立場が可能になっている。この立場は、ボスティールスがいくつかの論考で説得的に推進している立場だが、彼の論考では、バディウがフランスの毛沢東主義者の小集団UCFMLの指導者の一人として執筆した文化大革命や戦闘的な理論的テクストに残されたその痕跡が掘り起こされ、バディウの「ポスト - 毛沢東主義」理解についての研ぎ澄まされた議論が展開されている。[*9] 僕はこうした論争にいくつかの論考と報告によって貢献することを試みてきたが、その中心的論考は「分離としてのコミュニズム」と題されている。僕が一九八五年前後──『政治は思考可能か』の刊行年である──におけるある種の「メタ政治的な切断」をあまりに強烈に主張したことに対して、ボスティールスが（僕の偏った見方からすればだけれども）決定的とは言えないにせよ説得力ある批判を寄せることになるが、この論考「分離としてのコミュニズム」で僕は、バディウとコミュニズムとの関連という観点から、バディウの思想についてのある種の時代区分を提起したのである。正しく評価されてはいないが、バディウ自身、他の誰よりも優れた時代区分の理論家である。[*10] 彼に倣って僕は、時代区分

＊8　Étienne Balibar, "Gewalt" in *Historisch-Kritisches Wörterbuch des Marxismus*, Herausgegeben von Wolfgang Fritz Haug, Band 5: Gegenöffentlichkeit bis Hegemonialapparat, Hamburg: Argument Verlag, 2001; Id., "Reflections on Gewalt," *Historical Materialism* 17(1), 2009.

＊9　バディウの政治参加の詳細とその根拠や影響の理論的分析については、Bosteels, "Post-Maoism," op. cit. 参照。ボスティールスの連続主義仮説がバディウ自身に影響を与えたことは記しておくに値する。バディウは自分の作品を唯物論的弁証法の旗の下にふたたびおき直しているからである。Alain Badiou, "Democratic materialism and the materialist dialectic," *Radical Philosophy* 130, 2005 参照。

を時間と思想を区分けする単純作業であるどころか、むしろ回帰は言うに及ばず（少なくとも、『存在と出来事』の巨大な続編としてバディウが二〇〇六年に公表した『さまざまな世界のさまざまな論理』で示された、近年の唯物論的弁証法への回帰）、あらゆる種類の力強い先取り、撤回と反転という条件を課された「螺旋的」運動と考えたい。さきに示した論考で僕が提起した時代区分における日付を若干改訂しながら、バディウが経巡ってきた局面に次のような素描を与えてみようと思う。

一九六八年以前　サルトルの「徒弟」であった時期に続く、グレゴリー・エリオットが「昂揚」期と呼んだ時期のアルチュセール学派に——やや距離をとりながらも——参加した時期である。[11] この局面に続くバディウの自己批判を念頭に、僕たちはこの段階を理論的コミュニズムの局面と呼ぶことができるだろう。

一九六八〜一九七七年　彼にとっての「ダマスカスへの道」（転機）という契機であり、[12]「統一社会党」における反対派から〈UCFML〉の指導者への移行とその後におけるバディウとその同志たちによる、彼のいわゆる生産のコミュニズムを定式化した時期である。[13]

一九七七〜一九八二年　毛沢東主義という筋道との絡み合いのなかで、バディウは、生産過程と生産的諸階級としての大衆の役割へのいかなる参照からも距離をとり、『矛盾の理論』にその概観が与えられた力《フォース》と破壊の理論を要約し直す作業を行っている。[14] 主体（つまり党）が力強く圧倒的な弁証法的構築において中心的役割を担うとされ、それは僕が破壊のコミュニズムと呼ぶことにした理念を軸に展開されている。この時期に行われた一連のセミネールを要約し直し拡張して

＊10 マルクスとレーニンのパリ・コミューンについての異なった評価に関しては、Badiou, *Théorie du sujet*, op. cit., pp. 62-65を参照。バディウ自身の政治的戦闘性や（メタ）政治理論にとっての遷移するコンテクストの時代区分については、Badiou, "Preface to the English Edition," in *Metapolitics*, op. cit., pp. xxxiv-xxxv参照。

＊11 この局面における主要な作品は以下である。Alain Badiou, « L'autonomie du processus esthétique », *Cahiers Marxistes-Léniniste* 12-13, pp. 77-89, 1966; Id., « Le (re)commencement du matérialisme dialectique », *Critique* 240, pp. 438-46, 1967; Id., *Le Concept de modèle. Introduction à une épistemologie materialiste des mathématiques*, Paris: Maspéro, 1969. なお、論考« Le (re)commencement du matérialisme dialectique »は、アルチュセール『マルクスのために』〔訳注——西川長夫・田村俶・河野健二訳、平凡社ライブラリー版、一九九四年〕、アルチュセールほか『資本論を読む』〔訳注——上・中・下、今村仁司訳、ちくま学芸文庫、一九九六〜九七年〕、そしてアルチュセールが弁証法について説いたパンフレットへの書評論文だが、そこにはすでに、サルトルとアルチュセールの綜合のための根本原理が配置され、歴史的舞台装置の理論に関わるその結論的示唆という観点から、バディウの数学への偏愛がその姿をあらわしている。政治と数学との関係性についてのサルトルとバディウとの思いもよらない結びつきについては、Stathis Kouvélakis, « Sérialité, actualité, événement. Notes sur la Critique de la raison dialectique », in Eustache Kouvélakis et Vincent Charbonnier, *Sartre, Lukács, Althusser: des marxistes en philosophie*, Paris: PUF, 2005参照。またバディウとサルトルの関係については、Alain Badiou, *Jean-Paul Sartre*, Paris: Potemkine, 1980およびId., « Saisissement, dessisie, fidélite », *Les Temps Modernes*, n° 531, Vol.1, 1990を参照。

＊12 バディウの〈六八年〉の経験をめぐる考え方については、バディウ前掲『世紀』二三一頁参照。またBruno Bosteels, "Can Change Be Thought?: A Dialogue with Alain Badiou," in *Alain Badiou: Philosophy and its Conditions*, ed. Gabriel Riera, Albany: SUNY, 2005, pp. 237-8も参照。

＊13 Toscano, "Communism as Separation," op. cit.

＊14 Badiou, *Théorie de la contradiction*, op. cit.

単著とした『主体の理論』は、[15] この「破壊的」パラダイムにとって重要なテクストである。

一九八二年〜現在　バディウは歴史におけるコミュニズムの大きな三つの参照項の終焉を宣言する。三つの参照とは以下である。第一は「国家主義的」な参照項——すなわち、勝利というテーマを担うことができるコミュニズムというプロジェクトが政治的現働化として存在する。次いで第二は、戦争的参照項——すなわち、「近代的な諸政党の指導の下で農村に根を下ろし、農民を組織し、みずからを延長された方法、段階に配備する、新たな戦争形態、非対称的な戦争の発案」の場となる、国民解放戦争である。[16] また第三は、主体的あるいは階級的な参照項——すなわち、労働者の運動そのものの主体的現前である。いわゆる「マルクス主義の危機」はこうした参照項体系の前進的崩壊とみなされている。バディウは、一方で真の政治だけが根源的に平等主義的であり、ある意味においてコミュニズムの政治たりうると主張しながらも——まただからこそ彼は、コミュニズムの永遠性を「平等であることの永遠性」として記すことになるのだが[17]——、他方では存在論的確信のもとでコミュニズムの脱‐歴史主義化と脱‐統計化を遂行する。ここでの存在論的確信とは、社会的紐帯と政治的紐帯というフィクションの足元には、解き放ち unbinding の、国家だけがフィクションとして数え上げまた代議的に表象する首尾一貫性の欠如と多数性の、現実あるいはむしろ〈現実的なこと〉が存在しているという確信である。〔一方における〕政治の主体と〔他方における〕この主体が立ち上がる〔稀少性と非連続性が巨大になる〕状況とのいかなる推移‐外在性も宙吊りにすることで、バディウは、総称《ジェネリック》‐一般的なことという範疇を媒介に、非‐マルクス主義的コミュニズムとみなされる可能性があることの基準を提起する。これは、

〈同一であること〉の局地的で非連続的な生産という観点から思考されるが、この段階の特徴を僕は、コミュニズムの生産という観点との対比で、「分離としてのコミュニズム」に措定している。[*18] もちろん、バディウの最近の「唯物論的弁証法」への展開によって、再犯的な毛沢東主義的

*15　Badiou, *Théorie du sujet*, op. cit.

*16　Badiou, *Peut-on penser la politique?*, op. cit., p. 28.

*17　Badiou, *D'un désastre obscur*, op. cit., p. 15.

*18　こうしたバディウ評価はボスティールス——Bruno Bosteels, "The Speculative Left," *The South Atlantic Quarterly*, special issue "Thinking Politically," ed. A. Moreiras, 104(4), 2005, pp. 751-67——から強い反撃をくらった。ボスティールスは、バディウの弁証法的切断のための政治的で哲学的な展開に一貫する、右派の構造主義的教条主義や左派の自然発生主義的決断主義に対する断固とした反対についてのその説得力ある叙述（このテーマはボスティールスの論考"Post-Maoism," op. cit. でも拡張されて、論じられている）にもかかわらず、バディウが思考領域から政治経済学批判を問題含みにも抹消していることを議論し損ねており、マルクス主義がそうした参照項なしでも存続しうると提案しているように見える。思うに、左翼主義への厳しい嫌悪——こうした考え方は現在のバディウの仕事に明らかであり、それについてはボスティールスが鮮やかに描写している——だけでマルクス主義への参照を失っていないとするには充分だと論ずるのは、誤っている。とはいえ、確かにバディウは、『存在と出来事』から最終的には削除された章で「出来事的場としての工場」という概念を軸に明確にされたある種の最小限のマルクス主義 *minimal Marxism* を提起しているかのようにも見える。これが、彼の最近の（メタ）政治的思考を考察するための実りある通路かどうかについては、さらなる評価が必要である。Badiou, « L'usine comme site événement », op. cit. 参照。

精神が、螺旋的だが別の異なったひねりを与えないのかどうかを思案してみてもよい。

しかし、この時代区分とマルクス主義の理論的位相論の内部でバディウがたどった特異な軌跡は、暴力の問題、またさらにゲバルトの問題と、どのように関わっているのか？　図式的に言えば、僕の考え方は次のようなものである。毛沢東主義的戦闘性への急転回によって、バディウは、マルクス主義的弁証法の基本的に暴力的な特徴についての、ブレない、もっとも明快で従来の議論を揺り動かす、説明を作り出した。この説明はまた、レーニン主義的で毛沢東主義的な政治思想と実践という濾過装置を通じて生み出された。より精確に言えば、バディウは、そのマルクス－レーニン主義的な関心を真理、正義、そして破壊的な敵対関係の内在的要請にとって新たなものに、結びつけたのである。またこれは、毛沢東主義のスローガンにおいて彼がもっともこだわりをもって念入りに練り上げた解釈である「反動派に対して造反することには理がある」[*19]、いわゆる造反有理として配置されている。革命的な新しさの可能性は、ここでは、反動的敵対者の組織され、体系的で、さらにもっとも重要なことだが、非平等主義的な破壊に、結びつけられている。この破壊の弁証法からの離脱（それは哲学的には『主体の理論』で頂点を極めたが、だがおそらく政治的には、その数年前には涸渇していたものと思われる）は、敵対関係というテーマを自立《インデペンデント》した政治的力能と平等主義的な集合的主体の「意識諸形態」というテーマのもとで論ずるという姿をとっている。[*20] 実際、その著書『世紀』によって構成された間接的な自己分析の回想が示唆するように、[*21] バディウが行った再考は、敵対関係概念そのものの破壊的な異形《ヴァリアント》と彼のいわゆる控除的な異形《ヴァリアント》との分裂によって機能し、この分割は毛沢東の敵対（主要）矛盾と人民内部の矛盾との区別を彷彿とさせるものである。この移行――これについては結論で立ち戻るが――は、とくに最近のテクストでは、マルクス－レーニン主義といったその「形而上学的な」姿態のもとであらわとなる解放思想の組織的な薄弱さと形而上学的な腐敗との標《サイン》として政治的暴力を暗に批判するという形をとっている。*22 言い換えれば、破壊は、平等主義的な新奇さの内在的条件というよりも、むしろ基本的な解き放ち unbinding / *déliaison* を支配しようとする誤った試みであり、また国家、国民、党そして／あるいは階級が真の平等の担い手（その唯一の標《サイン》が古いものの破壊においてのみ与えられうる）として提供する、紐帯という致命的なフィクションを支配しようとすることは、誤っているとみなされているのである。この破壊の中心性は、おそらくは、バディウ自身の毛沢東時

---

*19 Alain Badiou, "An Essential Philosophical Thesis: 'It is Right to Rebel Against the Reactionaries'," *positions: east asia cultures critique* 13(3), pp. 669-77. これはバディウ『矛盾の理論』からの抜粋である〔訳注――これは一九六六年八月一日付の「紅衛兵への手紙（給清華附属中学紅衛兵的一封信）」（竹内良雄訳、竹内実編『文化大革命』平凡社、一九七三年、五六頁）の一節。当該文献については、慶應義塾大学教授の長堀祐造さんに教えていただいた。感謝する〕。

*20 Sandevince, « Les formes de conscience », op. cit., pp. 5-6.

*21 前掲『世紀』参照。

*22 バディウは、ある種のハイデガー的諧謔《スケルツォ》を駆使して、これは「マルクス－レーニン主義の時代であれ、スターリンの時代であれ、全時代を通じた極端な政治的ひ弱さであり、政治の存在を発見するために要請されることに関わって、この失われた存在論の厳密に形而上学的な時代に等しかったかのように出現する」と書いている。Badiou, *Metapolitics*, op. cit., pp. 69-70.

代の思弁の中心に置かれていたものと思われる。
一九七五年、奥付にマスペロ社とあるUCFMLの「延安」叢書（シルヴァン・ラザルスとの共同編集で刊行された叢書）でバディウは、弁証法的唯物論についての一連のパンフレットを構成する予定で書かれた文書の一巻目を刊行した。それが『矛盾の理論』である。次いで翌年、『イデオロギーについて』が刊行された。[*23]これらのテクストでバディウは、精緻を極める詳細さをもって、造反《レヴォルト》（あるいは叛乱《レベリオン》）のマルクス‐レーニン主義的理論のための哲学的基礎を書き留めている。
造反の最重要性――つまり、実践の最重要性――は、事実、七〇年代のバディウの著作の戦闘的なライトモチーフであった。これはとくに、毛沢東の公式声明《ディクタム》――「反動派に対してつねに叛乱することには理がある」[*24]――に淡々と思弁的な評注を加えた『矛盾の理論』に際立っている。『矛盾の理論』に僕たちは次のような一文を読むことができる――「叛乱は有理であることを待ちわびたりはしない。叛乱は、いかなるありうべき理であろうが、つねにすでにそこにある。マルクス主義はただ次のように言う。叛乱は理であり、造反は主体である、と。マルクス主義は造反の智恵の要約‐発生反復」である。[*25]政治的実践と敵対関係とのこの等値にもとづいてバディウは、「現実的なことは結集‐結合ではなく、分離である。出来事とは分離である」と語るのである。[*26]
ここに僕たちは唯物論のテーゼ、造反の事実――あるいはより最近のバディウの言説で言えば、出来事の大発生あるいは超越論的体制の機能不全――がまず到来し、主体化がそれに続くという主張を聴かねばならない。さらに、配置《プレースメント》 esplace をめぐるいかなる構造も、また表象‐代議されたいかなる状況も、ある意味では、その無理強いされた脱臼‐位置のずらしからの主体による後退あるいはその回復である限りにおいて、バディウに言わせれば、抵抗は支配の秘められた提要である。バディウが造反（あるいは叛乱）の理が一箇の不変項であり、両者は「深く不可分離である」と言明するとき、つまり、完全な理解《マスタリー》――権威の支配《マスタリー》と知の習熟《マスタリー》として――の拒否がマルクス主義といかなる因果的あるいは構造的な分析――政治経済学批判が提供できるであろう――にも先立って主体的与件を構成すると主張するとき、彼は――異端派的なポスト－毛沢東主義者で「新哲学派」のジャンベやギィ・ラルドローが『天使』で公言して憚らなかったような＊27――政治的なことの二元論的基盤《マトリクス》に最接近している。これは、造反の存在論的先行性、歴史貫通的な不変項のように作用する平等主義的な対立の自律的な力を示唆している。

＊23　Badiou, *Théorie de la contradiction*, op. cit. および Alain Badiou et François Balmès, *De l'idéologie*, Paris: F. Maspéro, 1976. ボスティールスがさきの論文（"Post-Maoism"）で記しているように (ibid., p. 596)、毛沢東理論のこの教科書的なテクスト群の三巻目は、『敵対関係と反－敵対関係――矛盾のさまざまに異なる型』とされていたが、刊行されなかった。

＊24　おそらくこの金言は林彪の発言――「修正主義の本質は死への恐怖である」――によって補われねばならないだろう。それは最近、ピーター・ホルワードが批判的論考を集録した著作に寄稿した論考で、バディウが引用している発言である。Alain Badiou, "Some Replies to a Demanding Friend," in *Think Again*, op. cit., p. 237.

＊25　Badiou, "An Essential Philosophical Thesis: 'It is Right to Rebel Against the Reactionaries'," op. cit., p. 673.

＊26　訳注――原文は〈Le réel n'est pas ce qui rassemble, mais ce qui sépare. Ce qui advient est ce qui disjoint.〉である（Badiou, *Théorie de la contradiction*, op. cit. [B. Second principe: tout processus est un ensemble de contradictions]）。

分離こそ弁証法の精髄であるという毛沢東主義のテーゼ――「一は二に分かれる」――に従うバディウの矛盾の理論は、一方における浄化‐純粋化する力と他方におけるさまざまな場所の体系という、矛盾を構成する二項の非対称性にもとづいている。しかし、そしてここに重要な論点が存在するのだが、いかなる天使のような純粋性も決してあらかじめ与えられていないばかりか、僕たちは古きものの廃墟から自動的に出現する単純な露呈《エピファニー》に希望を託すこともできないということである。ボスティールスが説得力ある筆致で主張するように、「思弁的左翼主義」はバディウにとっての強敵のひとつとして残り続けている（強敵は、ひとたびいかなる単純な体系的推移‐外在性からも切り離されてしまえば、彼の主体についての思想に内密な可能性である以上、なおいっそう敵意に充ちた攻撃を受けることになる、と論ずることもできるだろう）。バディウは、『主体の理論』で、「力は、いかなる矛盾においても、みずからの不純をその純化の偶発的な過程を通じて顕現する」と書いている。[*28]『矛盾の理論』でバディウは、叛乱の正しさ《ライトネス》（あるいは新たなものの正義《ジャスティス》）というテーゼを意識と真理の全面的に党派的《パルチザン》な理論に結びつけ、そうした結合によって、社会構成体の科学としてのマルクス主義と造反の客観的で歴史的な現実性の両者が、組織と指令のもとにおける造反という任務、要するにある党における任務を自覚的に担うことによって二重化され、またそうした任務にその理をみいだすともされている。バディウは、マルクス主義の真理は「叛乱が敵を殲滅するためのみずからの理をみいだすところに存在する」と明言している。また彼は、もっとも最近の仕事からは消失してしまっているかに思われるトーンで、マルクス主義の真理は、真理以前の平等を全面的に拒否している、とも宣言している。[*29]

七〇年代のバディウの著作では、とはいえ彼のもっとも最近の仕事でも依然としてそうだが、「主体」は、所与の状況では不可能なことがそれを介して可能性へと無理やり転換される点を名づけるものにほかならない。彼は「主体とは不可能を可能へと転換する点である。主体の基本的な作動は、ある種の不可能なことが可能性へ転回される点に存在することである」と書いている。[*30] 重要な問題は、バディウにおける暴力の役割についての哲学的考察に取り組む場合、この転回点が破壊的敵対関係をその前提として要請するのか否か、あるいは最近の彼の著作のいくつかが示唆しているように、破壊そしてテロルでさえもが、政治的主体の存在と効果を独立して肯定するには、出来事に拘束される力能の（偶然的）帰結である可能性があるのかどうか、である。

---

*27 Guy Lardreau and Christian Jambet, *L'Ange*, Paris: Grasset, 1975. 造反と支配についてのジャンベとラルドローの作品とバディウの思想との関係についてのより踏み込んだ考察については、〈conjunctual.blogspot.com〉で読むことができる。また Bosteels, "Post-Maoism," op. cit., pp. 612-17 も参照。

*28 訳注 —— Badiou, *Théorie de sujet*, op. cit., p. 56.

*29 ここには党《パルチザン》的真理の理論の残響が残っている。Badiou, "Against 'Political Philosophy'," in *Metapolitics*, op. cit., p. 23 参照。というのも、彼は、合意《コンセンサス》概念に事寄せて、「出来事は決して共有されない。たとえわれわれがその出来事からかき集めた真理が普遍的であったとしても、そうである。というのも、それを出来事として認識することはただひたすらに政治的決断を伴うことだからである」と書いているからである。

*30 Alain Badiou, *Théorie axiomatique du sujet* (unpublished manuscript, 8)〔訳注 —— 原文は、Un Sujet ets un point de conversion de l'impossible en possible. L'opération fondamentale d'un sujet se trouve au point où de l'impossible se convertit en possibilités. II (13 novembre 1996)〕。なお、Badiou, « Livre I: Théorie formelle du sujet (méta-physique) », in *Logiques des mondes*, op. cit. も参照。

バディウ『矛盾の理論』では、造反を存在の肯定として考えるという見方が叛乱主体の力、急進的な破壊の可能性、つまり廃棄の可能性——語源的により精確に言えば、表象‐代議と支配の構造の内部におけるある種の場所と位置の力による根‐絶——に本質的に拘束されているという事実が語られていることとは、誰が見てもすぐにわかることであろう。[*31] あるいは、バディウのもっと抒情的な文章の一つから引けば、「『太陽に晒された無』に、造反の思想がつねに新しい叛乱の赤い太陽を立ち向かわせる。その象徴のもと、叛乱を生み出す者たちの汲み尽くしえない肯定の希望が切断を生み出すのだ」と。[*32]「太陽に晒された無」をしのぐことが全般的な死の可能性をもたらし、これは止揚 *Aufhebung* なき死であり、喪の作業なき死である。そうしたことは、例えば——バディウのもっとも適切な事例では——永遠の忘却の連帯保証人[*33]である植民地主義がどのように潰《つい》えねばならないかにも現れている。これは否認あるいは抑圧といった貧相な意味で理解されてはならない。これはむしろ、植民地支配のあらゆる痕跡の実効的破壊として理解されるべきなのだ。〈文化革命〉は、その意味で、反‐記憶として肯定される。バディウが公然と引き受けた逆説、そして僕はそこに僕のいわゆる分離のコミュニズムが要約されていると考えるのだが、この逆説とは、不平等の破壊、支配の完全破壊がみずからの条件として二元論的な非対称性をはらんでいるということである。

ここでの政治的難問は、したがって、支配者がいない状態への道筋を支配し（制御し、直接的かつ暴力的に指導する）必然性‐必要性がはらむ難問、非‐支配が浮上するために支配を支配する必然性という難問である。これはレーニン主義の歴史ではプロレタリア独裁という名称を授けられた難問である。しかし、とすれば、部分的にはバディウその人を標的にしたジャンベの醒めた観測に対しては、

次のように尋ねることもできるだろう。すなわち、誰もが知っているカンボジアのキリング・フィー

*31 『矛盾の理論』におけるこの論点にふさわしい部分を以下にいくつか引用しておこう。「急進的な新しさが存在するのは、いかなる審判のトランペットも鳴り響かない死屍がそこにうずたかく積み上がっているからである（Il y a des nouveauté radicales parce qu'il y a des cadavres qu'aucune trompette du Jugement ne viendra jamais réveiller.）」や、さらに「解決することは拒否することである。歴史がもっともうまく働くのは、歴史の屑籠がより良く満杯になるときである（Résoudre, c'est rejeter. L'histoire a d'autant mieux travaillé que ses poubelles sont mieux remplies.）」。加えて以下の文章も――「マルクス主義的な知はつねに廃墟のうえに積み上がっている。あらゆる真理は本質的に破壊である」や、さらに「新たなものの認識をことごとくその不可避の敵対物に転換する思想を除いて他に正真正銘の革命的な思想など存在しない。古きものは死なねばならない。ただ単なる死ではなく、遺灰の散種が（Il n'est de pensée révolutionnaire véritable que celle qui mène la reconnaissance du nouveau jusqu'à son incontournable envers: de l'ancien doit mourir.）」とも書かれている。以上は『矛盾の理論』（フランス語版）からの引用であり、特段に指示しない限り以下におけるバディウからの引用は『矛盾の理論』からである〔訳注――原文を入れておいたが、また以下でもそうするが、訳者が使用しているバディウ『矛盾の理論』には頁が付されていない。また訳は、トスカーノの英訳からではなく、原文より行った〕。

*32 訳注――原文は、〈Au « rien de nouveau sous le soleil », il oppose le soleil rouge insurgé toujours nouveau, sous l'emblèm de quoi l'espoir affirmatif illimité des producteurs rebelles engendre les ruptures.〉である。ここにサルトルを感じない者はいるだろうか！

*33 訳注――この表現（consigned to eternal forgetting）は、オランダのヘヴィメタ・バンド「エピカ Epica」のアルバム、《Consigned To Oblivion/The Score – A Epic Journey (2005-2007)》に由来するものと思われる。

ルドに結びつけられる〈カンボジア・ゼロ年 *chhnam saun*〉が提起した反‐記憶というテーマが依拠している〈支配〉のもっとも根源的な本質とはなにか。告白というもっとも無意味で途方もない実践とおそらくは避けることができないほど強固に一体化している、労働と匿名性への服従という無自覚な指令の計り知れない秘密に、プノンペンのS‐21監獄の破壊的残忍性がそれを証しているそうした秘密に、還元される言説とはなにか。[*34] そうしたジャンベからの異論に対しては、バディウの重要なテーゼの一つを思い起こせばよいのである。すなわち、彼の毛沢東読解から現れたテーゼでは、新たなものは、搾取者と被搾取者という主要矛盾からではなく、むしろ「副次的」矛盾から、主要矛盾そのものの陣営内部における分離あるいは分割から出現するとされている。例えば、新たなものは、状態あるいは状況によって、〔または〕その支配的な代議‐表象と支配する代議‐表象によって否定されるある一箇の現実的なことをフィルターを通して除去する（あるいは控除する）ためにみずからを分離する、分派の党的《パルチザン》真理から出現するという、バディウの毛沢東〔『矛盾論』〕読解を思い起こすことができるだろう。この副次的矛盾の主要矛盾への変換が、造反行為に本来的な形式化を構成するのである。言い換えれば、分割と分離――単なる純粋な破壊的敵対関係ではなく――が、総称‐一般的な平等の発生を可能にする条件なのである。

初期の作品でバディウは、主体性の現前が暴力そのものの性質を変化させると論じていたと見られることがある。「国家、つまりあらゆる支配現象がとる集中された形態は、もはや同じ名前すらもたない」といったように[*35]、現実における造反が質的新しさをある状況に導入する限りで、造反の弁証法は死そのものを、一方における新たな法のもとに組み込まれその姿態を変更されたもの（あるいはラカン的な枠組みを使いたければ、象徴的にふたたび記載されたもの〉と他方におけるただ単に廃止されたものに、分割する。新しさを欠いている純粋に構造的な現象、問題となるのが場所の量的なシフトだけであるようなそうした構造的現象では、それが植民地主義であろうが、第一次世界大戦であろうが、保全と連続を駆動する衝動は、バディウにとっては、途方もない暴力を伴っているのである。彼の「何ごとも変わらなければ、死ぬのは人間である」という直截な表現を見ればよい。[*36] 戦場にみずからを配備するのは、まさに非対称性の欠如、巨大な敵対性の究極的に非-敵対的な基盤にほかならなず、それはそうした「『構造的な』敵対関係が純粋で量的な勝利に左右されることを、またしたがって、累積的で、非-創造的、際限がなく、血まみれで不毛である」ことを意味している。[*37] 要するにバディ

＊34 ジャンベとラルドローの『世界』のなかでジャンベが執筆した章を参照（Christian Jambet et Guy Lardreau, *Le Monde*, Paris: Grasset, 1978）。クメール・ルージュの純化-粛清の偏執症的な政治の現実は、最近、次のドキュメンタリーで明らかにされた。リティ・パニュ監督『S21 クメール・ルージュの虐殺者たち』二〇〇二年。

＊35 訳注——原文は〈L'Etat, c'est-à-dire la forme concetrée de tous les phénomènes de domination, n'a pas non plus le même nom.〉である。

＊36 訳注——原文は〈[q]uand rien ne change, ce sont les hommes qui meurent.〉である。

＊37 訳注——原文は、〈... cependant le non-antagonisme qui lui est intérieur commande sa forme d'existence, cumulative et non créatrice, interminable, sanglante, et prodigieusement stérile.〉となっているので、トスカーノの引用部分（前段）は不明。

ウは、抵抗と権力との〔二項〕対立に反対し、それに〔唯物論的〕構造と〔主体的な〕傾向との弁証法を対置しているのである。変革の主体的な傾向あるいは力という状況への「暴力の」刻み込みは不可欠であり、それ自体が内的な分割あるいは分離の所産であるそうした暴力の打刻がなければ、構造的暴力の物言わぬ野蛮とともに独り取り残されてしまうだろう。

本章のようなこうした簡潔な考察では、バディウが行った破壊的な主題系の脱臼やその数学に基礎づけられた矛盾〔首尾一貫性の欠如〕の新たな弁証法への移行——その結果、全体性概念をその土台から崩し、マルクス主義的あるいは史的唯物論的な伝統への基本的な参照項の多くから遠ざかってしまうことになった移行——のための政治的で哲学的な理由を跡づけることはできない。しかし、バディウによる暴力の主題化や彼のテロルに対する政治的批判——フランソワ・フュレのような人びとに僕たちがみいだすであろう、資本‐議会主義的で反全体主義的なテロル批判とバディウがみなすものに対して猛烈な勢いで差し向けられた対抗言説——から浮上してくるさまざまな問題は、その非在を訴えるバディウを別にすれば[*38]、それによってマルクス主義とバディウとの複雑で非完結的な関係性を再評価するという問題でもある。予備的結論あるいは単なる直観だが、ゲバルトという主題、権力と暴力との緊張と弁証法という主題——そしてこれらの意味相互の連帯をことごとく打ち砕く、解放的な試みという主題——が、バディウの思想におけるある種の視角を構成しているのではないかと思われるのである。結論の前に、またこれからの研究の手がかりを示しておくために、バディウの思想における暴力というテーマをさらに進めるのに必要なあらゆる探求がその考察を必要とするであろう、以下の重要な五点を列挙しておく。

1　マルクス主義、レーニン主義、そして軍国主義

ポスト-レーニン主義的な「党なき政治」に定式を与えようとするバディウの数多くの試みは、平等主義的な政治が、ある種の歴史的惰性を通じた軍事的あるいは治安的な参照項によって、その根本から腐敗しているというテーゼに、その根拠が求められている。ここで記しておくことが重要な論点は、毛沢東の軍事論に従ってバディウが、弁証法的思考の不均等で混淆的な展開への毛沢東の貢献の特殊具体性と毛沢東がレーニン-スターリン的なモデルに反対して提起した軍事的革新という観点から、そのためらいがちな時代区分を当初は擁護し称讃したということである。また、ポーランドの連帯《ソリダルノシチ》運動、イラン革命、フランスにおける〈サン・パピエ〉の運動、そしてより最近では、メキシコにおけるサパティスタといった、脱軍事化されたポスト-レーニン主義的な政治に向けて思考するバディウにとって大きな位置を占める、疑似-参照項の異質で両義的かつ不確実な位置についても、指摘しておくに値する。

＊38　「問題を大胆に提起すれば、マルクス主義は存在しない *le marxisme n'existe pas*、と私は考えている。(…)『マルクス主義』は、ひとたび政治的特異性の歴史にまで立ち戻れば、またそうせねばならないのだが、まったくもって首尾一貫しない一つの集合に付けられた（無の）名前である」(Badiou, *Metapolitics*, op. cit., p. 58)。

2　国家からの距離

これは、バディウがゲバルトの弁証法を回避し、暴力の破壊あるいは支配の破壊のために不可避で教訓的な要請への彼の忠誠を曖昧に言い繕っている点であると、論ずることができるだろう。国家に対して主体性の力の捕獲または取り込みという診断を下すか、あるいは危険をはらむ猜疑の螺旋への墜落という診断を（ヘーゲル『精神の現象学』における恐怖についての古典的分析にあからさまに依拠したうえで）下し、平等主義的な思想と実践の自律的な力能にとって致命的なその主体なきメカニズムの感染と判定する、国家から距離をとった政治――要求あるいは攻撃というよりも、むしろ処方‐指示の政治――というテーゼは、バディウの定式で中心的位置を占めるようになっている。政治的主体の側にゲバルトを担わせることを回避するというこの考え方ですら、そうした状況を超え出るある状況の権力‐集合（国家）が生み出す計算不能な過剰という決定的で直感的に魅力的なテーゼの観点からゲバルト問題を数学的に定式化することに、その根拠がなおも求められている。言い換えれば、表示‐存在を超過する再表示‐代議、帰属を超える包含が、問題とされているのである。[*39] この要点は、バディウにとっての政治の核心が国家のこの過剰を計測し停止するその力能に存在しているという点にあるが、それはしかし、法的、官僚的あるいは軍事的な権力には移し替えることがない、政治的で組織的な力能を通じた、外における位置を起源とする力能である。

3　主体の力

ゲバルトの意味論的な領域の内部にとどまるために、バディウの唯物論的弁証法の繋留点が、僕が

「生産のコミュニズム」と「破壊のコミュニズム」と呼んだ時代では力の概念であり、それに続く（数学者ポール・コーエンに倣って執筆された）『存在と出来事』の時代では、強制法の概念であるということに、注意せねばならない。両方の場合とも、（政治的）主体と新しさ、平等そして正義の創造との関係——実際は、バディウの後年の哲学の中心的範疇を借りて言えば、真理——を規定するゲバルト概念に共鳴する概念が存在している。第一の力は破壊概念に結びついており、第二の強制法は控除の一つに結びついている。両者はともに、支配システム——バディウが執拗に配置・同一性・数え上げのシステムとして描き出そうとしているシステム——の機能不全を誘い出すか、それに併走するために、特殊具体的な点である状況に介入する主体の力能を軸に旋回している。[*40] これら二つの語に内在する機能と可能性との比較考量から僕たちはまた、バディウの思考におけるもう一つ別の定数項の再考、つまりジジェクの共感溢れる議論で強調されてきてもいる党的真理 *partisan truth* の概念の再考を始めることができる。[*41]

＊39　Badiou, *Being and Event*, op,cit., pp. 93-111.

＊40　以下の点に注意を喚起しておきたい。すなわち、この権力概念と支配概念は現代で強制がとる諸形態の本性についての他の評価と繰り返し衝突している。例えば、ドゥルーズの「管理社会」についての有名な註釈や帝国主権の計測不能な特徴に関わるハートとネグリの問題含みの見解との衝突がある。

＊41　訳注 —— Rex Butler ed., "Truth," *The Žižek Dictionary*, New York: Routledge, 2014 が簡便。

4　テロルとテロリズム

最近の議論でバディウは、〈テロル〉概念を、根本的とまでは言わないが、政治的主体化における必要な契機として要約しようとしているが、[42] テロリズム的衝動への批判は彼の「ポスト - 毛沢東主義的」作品における支柱である。[43] けれども、またこれはあらゆるタイプの修正主義者、道徳主義者《モラリスト》と罪の意識を撒き散らす者たちからバディウを根本的に切り離すものでもあるが、その根底に流れる議論には、政治の破壊的革新からの内在的で限定的な控除だけが、つまり解放の側からのテロルの批判だけが、国家から距離をとった政治についての新しい思考を先駆け的に告知できるという考えがある。バディウはまた、明快に、二〇世紀の暴力の邪悪さを、植民地における大虐殺《ヘカトゥーム》の暗黒部だけでなく、あらゆる暴力を終わらせる暴力、あらゆる戦争に対する戦争という「解放的」――多くの点から、第一次世界大戦の野蛮な悪夢から出現したと言ってよい――理念に、結びつけている（これは毛沢東にも現れているテーマである）。七〇年代後期から八〇年代初頭というより、直近の情勢へ目を移せば、バディウは「赤い」テロリズムの出現を政治的ひ弱さという視点から見ているだけでなく、さらには、運動、組織と国家との誤った関係という視点からも考えている。[44]『ペロケ』誌に掲載されたテクスト、UCFMLやその後継組織である〈政治組織二〇〇一 L'Organisation politique 2001〉が発行したパンフレットなどで、バディウは、「民主的運動」と軍事的陰謀――短期間とはいえ元〈プロレタリア左翼 *Gauche Prolétarienne*〉に影響を与え、後に〈赤い旅団 *Brigade Rosse*〉や〈ドイツ赤軍 *Rote Armee Fraktion*〉、また〈直接行動 *Action Direct*〉といった無力な崩壊に沈没した類の潮流など――との（工場における組織政治の不在の下での）惨憺たる混淆に熟考を加えている。ジョルジュ・ペイロルという偽名で書かれた論考でバディウは、次のように書いている。[*45]

テロリズム的衝動、テロリズム的退却の清算は、編み出されねばならない政治的基準である。そうした基準によって、政治が敵対関係に対して優越性をもつようになる。言うまでもなく、革命は、弾圧と分裂からなるある敵対的な現実の変更に、必ず帰着する。しかし、そこから革命が進行し、また意識形態に結びつく統一の諸価値は、即自かつ対自的な価値をもっており、単なる暴力の手段ではない。

統一の要素として他者への憎しみや怖れを操作することは、サルトルが「同胞愛－恐怖」と呼んだ致命的な現象だが、[*46]その解毒剤が次のように示されている。

＊42 Badiou, *Logiques des mondes*, op. cit., pp, 96-8. とくにピエール・ブーレーズに関わって。

＊43 とくに前掲『倫理』（一三一～一三二頁）参照。この議論では、テロルは、しかし、ジャコバン的なテロルと明示的に区別され、バディウが真理の軌跡と分離可能とみなしている急進－根源的な非連続性の一方的な肯定である。

＊44 主体的な政治的ひ弱さの所産としてのテロリズムという分析に収束するものとしては、Roberto Massari, *Il terrorismo. Storia, concetti, metodi*, 3rd ed. Bolsena: Massari, 1998 参照。

＊45 以下すべての引用は、Georges Peyrol (a.k.a. Alain Badiou), « Brèves notes sur le terrorisme », *Le Perroquet* 10, pp. 6-7.

われわれは人民内部に、その参照項が敵対者というよりも変革されねばならない現実的なことに措定されている、政治的統一の原則を打ち立てねばならない。テロリズムにとっては現実だけが敵である。政治が始まるのは、おそらく敵対者のイメージを、その敵対者が妨害することを望んでいる現実の変革に従わせるときだろう。テロリズムの対象は現実的なことへの障がいであって、現実的なことそれ自体ではない。

ここで僕たちは、連帯《ソリダルノシチ》運動の政治についてのバディウの異端的な読解の影響を見ることになる。とくに敵対関係よりも人民の統一を重視するというバディウの立脚点とそれに結びつく政治の本質が戦争ではないというテーゼである。ここでバディウは後年のドゥボールの作品『スペクタクルの社会についての注解』――〈赤い旅団〉や類似のグループの出現といった現象にも関心を寄せるテクスト――に賛意を表しているが、とまれテロリズムは、象徴やメディアの権力、つまりスペクタクルへの降伏文書にすぎないのである。テロリズムも国家も、政治の不在、権力の奸策やその暴力形態に呑み込まれることを簡単にはみずからに許さない、明確で独立した政治的力能の不在を糧に生き続けている。そしてここから、以下のテーゼが現れることになる。

すべては、国家に関連して過剰である政治が存在していることに、あるいはそうした政治が存在するという単純なプロジェクトに、依拠している。言い換えれば、それは、国家の捕獲、あるいはその破壊によってすら、みずからを規定しない。

テロル（あるいは少なくともテロリズム）を回避することができる平等主義的政治はバディウのポスト－毛沢東主義の地平を構成しているが、しかし要点はふたたび、解放の自律的政治という展望から、そしていかなる国家理性も基礎としないという展望からこそ、そうした政治の誤りを精査せねばならないということである。[*47] バディウのメタ政治が、その内部に反－反－全体主義としてメタ政治が出現した情勢という観点から、定義可能となるであろう意味が、これである。[*48]

5　敵対関係

弁証法と政治的実践が脱軍事化され、国家から奪回され、その歴史的参照項を剝ぎ取られれば、敵対関係の役割として残っているのは、あるいはプラトン的筋道でバディウがしばしば〈二〉と呼ぶものに残っている役割とは何か？　別の言い方をすれば、敵対的あるいは劇的に論争的な矛盾との予備的な対峙が存在しない人民内部の矛盾は、存在可能だろうか？　『世紀』でバディウは、二〇世紀の政治的実験の核心に位置する「反－弁証法的な〈二〉」について、また「われら」と友愛とその外部と

＊46　訳注——〈同胞愛－恐怖 fratenité-terreur〉については、サルトル『弁証法的理性批判』Ⅱ、平井啓之・森本和夫訳、人文書院、一九六二年を参照。

＊47　Alain Badiou, «Robespierre, significations (à propos du livre de Jean-Phillipe Domecq *Robespierre derniers temps*)», *Le Perroquet* 47(1), pp. 10-11 参照。

＊48　Alberto Toscano, "Anti-anti-totalitarianism, Review: Michael Scott Christofferson, *French Intellectuals Against the Left: The Antitotalitarian Moment of the 1970s*," *Radical Philosophy* 138, Jul/Aug 2006.

の対峙を配置する二つの方法について書いている。

多数の形式をもつ不定形のもの、組織化されていない現実を見るか、あるいはもう一つ別なる「われら」、外の、それゆえ敵対する、主体を見るかという、二つの方法がそれである。[*49]

第一の審級における任務は、バディウの重要なシニフィアンを用いて言えば、「形式化」であり、われらではないものがわれらに結集するであろうその形態を生産するための要諦である。形式化は戦闘的主体の外部であるものが帯びる明らかな他者性をその自律的な力量へ、『さまざまな世界のさまざまな論理』でバディウが「身体‐主体 *corps-sujet*」と呼んだものへ、組み入れることに関わっている。[*50] 形式化が弱いか、不在の場合、僕たちが目撃することになるのは、真正面からぶつかり合う敵対関係の概念の浮上であり、実体をもち、あらかじめ構成されている二つの主体の間での正真正銘の対決《フェイス・オフ》である。〈われら〉と〈われら‐ではない‐もの〉との関係についてのこの第二の概念は、生得的に暴力的であり、その暴力は単なる形式主義的な「転回‐転向」の暴力ではなく、むしろ正面衝突する闘争の暴力であって、その目的は「他者の破壊」である。「非‐弁証法の弁証法」、対峙における二つの様式の衝突という文脈のもとで、バディウは、挑発的に、メタ政治的な発想の変わることのない源泉に回帰することになる。バディウは、次のように書いている。

毛沢東の本質的な指針は、決して「人民内部の矛盾」を敵対的方法によって処理しないということ、したがって形式化と破壊との抗争を形式化をもって調整することである。これはおそらく、世紀がわれわれに残したもっとも深淵な、だがまたもっとも困難な、教訓の一つであろう。[*51]

バディウの政治思想の展開——マルクス主義思想の内部、外部、そしてマルクス主義思想あるいは「マルクス主義」政治の非両立的な特異性から距離をとった展開——はまた、とくに二〇世紀についての彼の省察という流れでは、政治と暴力の一見するにはるか昔のことのように思われるような困難な状況との密やかな対峙としても、理解することができる。僕が他の論文で、[*52]破壊のコミュニズムから分離のコミュニズムへの移行をバディウの作品に識別的に発見しようとした運動はまた、力や敵対関係そしてテロルについての前記のいくつかの指摘が示唆するように、政治的主体性の構成に生得的なものとしての暴力という考え方から、[*53]おそらくはある明確に規定された状況における政治的戦闘性の不可避な帰結であろうが、決して政治的主体の構成要素として理解されてはならない要素にほかならない暴力という構想《ヴィジョン》への、〔移行〕運動でもある。こうした流れのもとで初めて、われわれはボルシェヴィキ政治が内戦期にみせた暴力の腐敗効果についてのバディウの最近のコメントを理解するこ

---

*49 以下、前掲『世紀』二〇〇～二〇一頁〔訳注——強調は英訳にのみある〕。
*50 Badiou, *Logiques des mondes*, op. cit., pp. 471-525.
*51 前掲『世紀』二〇二頁。
*52 Toscano, "Communism as Separation," op. cit.

とができる。

暴力が一箇の必要‐必然性である場合もあります。誰もが知っています。これが問題なのではないことを。問題は、暴力がまた主体に腐敗をもたらすことにあります。これが最大の政治的問題なのです。いつも暴力を使っていると、これが主体に腐敗をもたらし、その結果、暴力を計測せねばならなくなるのです。まるで可能な限りの暴力の節制化のように。きっと、規則はこんな感じですね。問題を暴力抜きで解決できるときは、そのほうがよい、というもの。[*54]

この一見するに当たり障りないように見える見解の背後に、僕たちは、次の事実、つまり、バディウの「分離のコミュニズム」の背後に潜む動機の多くが、〔また〕国家から距離をとる彼の政治が、この構成的な暴力の腐敗的脅威を政治的主体から遠ざけておくことから組み立てられているという事実を感じ取ることができる。バディウにおける陰影を帯びた唯物論的弁証法からの剝離とその改訂はまた、バリバールが「暴力の正義への神学的で哲学的な転回図式」として言及したことに応接するという観点からも把握でき、[*55]それはまた実り深い試みでもある。転向の「担い手」を出来事と弁証法的破壊によっては定義できない自律する主体的力能の構成とへ外部化することは、暴力を急進的で平等主義的な変革の政治であり続けるものにおける副次的な役割へ追いやるための手段として、現れている。それでもしかし、バリバールの素晴らしい調査——それはドイツ語の〈*Gewalt*〉という語に生得的な両義性《あいまい》から手がかりを得ているのだが——に即して言えば、超‐権力あるいは国家〔さらに問題提起的に言えば、〈資本〉[*56]の過剰に関わる計測あるいは「処方－指示」[*57]をとことん追求するものとして政治的主体を打ち立てるにあたって、バディウが、政治と暴力との悲劇的な内的なつながりとしてバリバールが規定したことを回避していないかどうかに、僕たちは疑義をもってしまうだろう。言い換え

*53　この点に関わってジジェクが、急進－根源的な主体的行為の理論を定式化するにあたって、暴力の必要性（物理的であれ、象徴的であれ、あるいはもっともありうることだが、その両者であれ）について決して楽観的ではないことを記しておくことは意味がある。例えば彼が「布置の基本的な座標を現実に変革する暴力的行為」について書いている場合がそうである（スラヴォイ・ジジェク『パララックス・ヴュー』山本耕一訳、作品社、二〇一〇年、六七七頁）。バディウとジジェクにおける暴力についてのそれぞれの考え方を、一方における真理の手続きにおける主体と、他方における行為についてのラカン的考え方との、違いという観点から比較することもできるだろう。

*54　"Interview with Alain Badiou," The Asheville Global Report, April 20, 2005 (http://www. Lacan.com/badash.htm).

*55　Balibar, "Gewalt," op. cit.〔訳注 —— Étienne Balibar, "Reflections on *Gewalt*," *Historical Materialism* 17(1), 2009, p. 99〕

*56　Toscano, "From the State ro the World," op. cit. 参照。

*57　バディウは「国家との関係において処方－指示を管理するといったように、政治的手続きが存在する場合、またそうした場合に限って、同じものの論理、あるいは解放のあらゆる政治に本来的な平等主義的金言が確立可能となる。（…）状況のありよう《ステイト》によって変化する権力が単純に平等主義的政治を禁止するのではない。それはこの権力が包摂されている分かりづらさと非計測性である。もし政治的出来事がこの権力の解明、固定、発動をあらかじめ見越していれば、この平等主義的金言は少なくとも局所的に実践可能となる」と書いている。Badiou. *Metapolitics*, op. cit., pp. 148-150.

れば、政治的暴力の不定型な影響――それが、構造的なそれであれ、不透明なそれであれ、純化的なそれであれ――から政治的力能を控除するために支払われねばならない対価は、主体に内在する暴力を思考するための手段をもたないという対価ではないのか？　もっと精確には、また「権力を奪取することなく世界を変革する」といった思いつきとして蔓延している問題を全面的に探求することなく問えば[*58]、暴力から距離をとった政治の形成が国家ゲバルトという問題を（平等主義的）政治そのものにとっては単純に外的であるにすぎないある種の構造的不変項へ、権力と暴力が政治的主体の構成の内部でどのように機能するのかを――破壊的なパラダイムを超えて――思考する手段を僕たちから奪いながら、凍りつかせてしまわないのかどうか、である。

　バディウが『さまざまな世界のさまざまな論理』で示唆しているように思われるが、テロルというテーマを直接的対峙の必然的――限定的としても――契機というテーマとして導入することでは、いまだ不充分である。というのも、それは依然として権力の問題を、主体的手続きそのものを特徴づけるであろう何ごとかとして、迂回しているからである。構成的暴力というパラダイムを超克するというバディウの願いは賞賛に値するし、追求に値する。しかし、いまだ明らかではないことがある。それは、曖昧な超‐権力を計測し停止させることを追求する処方‐指示の政治、バディウがいわゆるある状況の国家と呼ぶものの計測不能な過剰が、そうした権力のあるものとそうした暴力のあるものをそれ自身の変革的軌跡へ取り込んでしまうという「悲劇的な」任務なしですますにはどうすればよいのか[*59]、という点である。

　おそらく僕たちは、次のような点を将来の研究のために暫定的な指示として与えることができるだろう。つまり、ある状況を真に変革したいという衝動に駆られるいかなる政治的主体も、暴力の腐敗というリスクを免れない。ゲバルトの誘惑と必要‐必然性から政治的力能を浄め続けることなど、不可能だ（それは、結局のところ、その権力を語る別のやり口でしかない）。そうは言っても、あらゆる政治的主体が築き上げねばならないことは、暴力からのある種の内的な距離、暴力をみずからの創始的な教義あるいは公理の潜在的な帰結として、しかもそれをその同一性の構成要素（さらに悪い場合は、〈現実的なこと〉として造り上げるか、あるいはそのなかに実際世界を変えてしまったこじつけられた証拠をみいだすことなく、思考し「計測する」方法である。

＊58　訳注――ジョン・ホロウェイ『権力を取らずに世界を変える』大窪一志・四茂野修訳、同時代社、二〇〇九年参照。

＊59　「処方‐命令」の政治というバディウの理念は以下の論文で見事に展開されている。Peter Hallward, "The Politics of Prescription," *The South Atlantic Quarterly*, special issue "Thinking Politically," op. cit.

第6章

ブルジョワとイスラム主義者、あるいは政治の他なる主体

非真理の主体たち

政治的主体性の解放理論が近年盛り上がっているが、そのあまり芳しくない副産物の一つに、主体をもっぱらその戦闘性、あるいは少なくとも「先進性」だけから描くという傾向がある。社会階級の諸矛盾、あるいはイデオロギーの病理学は括弧に入れられ、政治主体は普遍主義の揺るがない信念をいわば上から授けられているようにも見える。有害な政治的「担い手」や理念の増殖という現状では、たとえ最低限のものであったにせよ、真っ当さという点では魅力的に映るかもしれない「主体」という言葉を、僕たちの行く先を有害な方向へずらしてしまうかもしれない集合的平等主義のような形象のためだけに取っておくことには、現在に介入することを可能にする手段を僕たちから奪ってしまう

怖れがある。政治的地平に不気味に立ちはだかる反動的あるいは少なくとも両義的な形象を、構造的には、はかない現象、そう長くは続かない亡霊あるいは愚かな傾向といった類のものとして追いやってしまえば、僕たちは奥行きのない希望的観測あるいは自己満足に充ちた宗派主義とほとんど変わらない政治理論を生み出す危険を冒していることになる。簡単な呼び名で「マルチチュード理論」と僕たちが呼んでいる、総じて楽観的な政治‐哲学的パラダイムのなかでも、政治的主体性の現代的形態がはらむ深刻な両義性を前面に打ちだす議論も出始めた。[*1] しかし、バディウの断定的で公然とした「プロメテウス的な」主体の理論に、そうした両義性、つまり「偽りの‐非真理の」主体の現前を考慮に入れる余地はあるだろうか？

政治的主体性への数十年にもわたるバディウのこだわりが近年示している特徴は、主体を稀少であると当時に社会的媒介の変遷に対して超然としたものとして論ずるという、苛烈なまでの「精神主義的な」傾向に拍車がかかっているという点である。さらに言えば、バディウは、ある例外（的出来事）の新奇さと、つねに世界内に存在しながらも、しかし、さまざまなあり方で世界の一部ではない（あるいはむしろ、みずからを無理やり世界に含ませることによって、世界が今後も決して同じではないことを担保する）一箇の真理がたどった険しい軌跡から「主体」を切り離さないようにしていると言ってもよい。彼は、主体がただ一箇の効果‐帰結、偶然に充ちた軌跡あるいは帰着点として出現するが、けれどもそれは既存の源泉としてではなく出現するものとしてのみ形象化される、主体の「ポスト‐

＊1　前掲『マルチチュードの文法』参照。

デカルト的な」思考を精力的に推進することで、こうした作業を遂行している。

マルクスとフロイト後、主体は出発点ではなく、「発見され」ねばならなくなった。[*2] あらゆる徴候が、主体における個別の執着、暴力的で侵犯的な衝動、抑圧的な欲望などのいかなる分析にとっても、ひどく扱いづらい立場に向かっている。主体をイデオロギー論によって論ずることをしないバディウの決断、バディウの基礎をなすラカンへの忠誠にもかかわらず、フロイト的無意識に立ち入らないというこうした決断はまた、いかがわしく病理学的な側面を忌避する、純化されよそよそしい主体の理論に有利に働くことになった。それでもバディウは、以下で論ずるように、前社会的、非-イデオロギー的、非妥協的に普遍主義的な主体の理論という制約をみずからに課しながらも、他なる主体――真理の担い手ではなく、真理の敵あるいは真理をうやむやにしてしまう者――の存在を思考し、それに形態を与える多くの方法を提起している。

ブルジョワジーの両義性

バディウの革命理論における出自を考えた場合、マルクス主義における反-普遍主義的あるいは半-普遍主義的な主体性の理論化――マルクスとエンゲルスが『共産党宣言』でブルジョワジーによる破壊を讃えたことから始まり、トロツキーなどのような革命家たちの著作に現れたファシズム政治の勃興との格闘など――への彼の大いなる貢献におけるいくつかの変遷を予期しないわけにはゆかない。例えば、バディウの作品には反動-反応 *reaction* がとる形象との格闘がつねに存在することは明らかである。しかし、「偽りの-非真理の」主体についてのバディウの理論への参入点としてより興味深いものの一つに、ブルジョワジーの地位についての議論があるだろう。まず始めにバディウは、プロレタリアートとブルジョワジーとの正面きっての対決、つまり階級闘争の位置を転換しようとする。というのも、一箇の力――一九七〇年代、バディウの弁証法的著作における決定的概念である――としてのプロレタリアートは、もう一つの力であるブルジョワジーとの〔正面きっての〕対峙を担う位置を与えられていないように思われるからである。著作としての『主体の理論』を構成することになる初期のセミネールでは、ブルジョワジーは、プロレタリアートがバディウのいわゆる「捩れ」――それによって、含まれながらも抑圧されている要素が限界に達し、自分がその一部として属している全体性を破壊するに到る――によってその破壊を目指す一箇の〈全体〉であるさまざまな場所の体系の単なる担い手としてのみ、描かれている〔にすぎない〕。

〔プロレタリアートの真の逆 le vrai contraire はブルジョワジーではない。それはブルジョワ世界であり、帝国主義的世界である。そして、注意させていただくが、その世界‐社会においてプロレタリアートは、主要な生産力と敵対的な政治的一極として、一箇の悪名高き要素である。ブルジョワジーとプロレタリ

＊2　Badiou, *Théorie du sujet*, op. cit., p. 295 / p. 279.〔訳注――以下、トスカーノは引用にあたってみずからの訳を用いているが、ここでは厳密を期すために、フランス語版原文から訳す。またその際、引用されなかった前後の部分も〔　〕に入れて引用する場合がある。なお Alain Badiou, *Theory of the Subject*, trans. Bruono Bosteels, New York: Continuum, 2009 も参照し、英訳の頁数も、フランス版の頁数のあとに、付記する〕

アートという有名な矛盾は、主体としてのプロレタリアートがその力をなぞる〈全体〉の捩れを見失う限定的な構造的図式である。〕プロレタリアートとブルジョワジーと〔の正面きっての対立と〕いうことは、いまだヘーゲル的な奸計に囚われたままである。それはつまり、あるものとあるもの以外のものという奸計である。なぜか？ プロレタリアートの目論見、その内的な存在は、ブルジョワジーと矛盾を来したり、あるいはその両の足を切り払ったりするようなものではないからである。その企図はコミュニズムであり、そうでなければ無以外の何ものでもない。つまりプロレタリアートの目論見とは、プロレタリアートがその位置につく空間すら廃棄してしまうことである。〔それは、歴史的な何ごとかにとって、階級を指さすあらゆる指標の喪失である。〕[*3]

いわんや、ブルジョワジー類似の存在をおいてをや！ ということになる。この意味で、ブルジョワジーとの対峙は歴史の「原動力」だとはいえ、プロレタリアートの目標は本当の社会的〈全体〉、つまり「帝国主義的社会」だとされるのである。

しかし、『主体の理論』というバディウの最初の主要な理論的作品を構成する一連のセミネールではさらに、〈六八年〉五月の主体における弱点を論じた分析において、ブルジョワジーを主体と力として描く分析が登場することになる。実際バディウは、革命家たちが自分たちを「唯一の主体と考え」るという過ちを犯し、またその「敵対階級といえば、暴利を貪る一握りの連中が指導する客観的なメカニズムを思い浮かべてしまっている」が、じつは事態は正反対であることを強調している。[*4] 中国の〈文化大革命〉の教訓の一つは、バディウによれば、ブルジョワジーは政治にあまりに深く関与しているが、これは単なる搾取あるいは強制をその手段とはしていないという点をめぐるものであった。[*5] この政治はどこで起きているのか〔この政治の場はどこか〕と自問したバディウは、珍しくグラムシ的含みをもたせて、次のように自答している。すなわち「まさにプロレタリアートもそこに立ち会っている。人民の内部、労働者階級も含まれる人民の内部でである。そして私は次のようにすら言いたいのである。われわれが新たな国家官僚主義的ブルジョワジーと対面している以上、とくに労働者階級も〔その場に〕含まれている」と。[*6]「敵対者の主体的力」をこのように際立たせる理由は、その唯一の敵が〔人びとに人身御供を求める〕モレク神のような国家とされる、心が折れた客観主義的な「反抑圧的語漏症〔際限なき多弁〕」に、対抗するためである。無政府主義的な「左翼主義」に反対するこのバディウが提起するのは、以下の主張である。

ブルジョワ的帝国主義者たちは一握りだ。言うまでもない。だが、奴らの力の主体的効果は分割された人民の内部で働いている。ただ単に〈資本〉の法則が、あるいは警官が、あるだけだとは言えない。この点を見失うと、配置の空間 ***esplace***、その首尾一貫性のまとまりが見えなくなって

＊3 Ibid., p. 25 / p. 7.
＊4 訳注—— Ibid., p. 60 / p. 42.
＊5 訳注—— Ibid.
＊6 訳注—— 強調はトスカーノによる。英訳者ボスティールスもイタリックにしている。

しまう[*7]。

ここでの示唆は以下の点にある。すなわち、プロレタリアートの潜在的な力が捕獲され、配置され、道具化される社会空間は、純粋に構造的な方法によっては、一箇の非人称的な所与として思い描くことができない。それは、人民の前-主体的な大衆へみずからの目論見を持ち込む反革命的あるいは反動的な主体性という観点から、理解されねばならないということである。あるいはバディウは、ヘーゲル的な文体模写《パスティーシュ》を用いて、次のように要約している。

われわれは帝国主義社会を、実体としてだけでなく、主体としても、理解せねばならない[*8]。

少なくともこれが「一九七五年四月一五日」のセミネールて提起されたことであり、プロレタリアートを唯一の政治的かつ主体的な力と理解していた初期の立場をただすために、これは行われたように思われるのである。

「一九七七年二月一四日」のセミネールでバディウは、プロレタリアートとブルジョワジーという問題に位相論的な視点から接近している。もし僕たちが、マルクス『資本論』を具体的な（政治）情勢の具体的（戦略的）分析から切り離してしまう経済主義的な伝統に従えば、ブルジョワジーとプロレタリアートは位相論的には互いに相手を外部としてしまうだろう。つまり、生産手段の所有という観点からまず定義し、次いで両者からの分離（疎外）という観点から（重層-）定義するというやり方である。こうした純粋に外部的な位相論は、逆説的にも、プロレタリアートを機能主義的にブルジョワジーの内部にある存在、あるいはブルジョワジーに内在する存在にしてしまう結果を生んでしまう。プロレタリアートは、疎外された労働力に切り縮められ、その同一性はまったく他律的で、資本の諸法則に指示される搾取装置における一部品にすぎないものとされてしまう。要するに「資本はプロレタリアートの場である le capital est le lieu du prolétariat」ことになってしまうのである。[*9] バディウはこうした点をソヴィエトの国家資本主義がはらんでいた可能性から導き出している、というのも、ソヴィエト体制を考えた場合、「資本の法則を全面的に維持しながら、資本家を排除する〔資本家なしですます〕こと」も完全に可能だからである。[*10] バディウは、反復強迫と経済主義的枠組みを特徴づける新奇さへの反感から出発するために、僕たちに「労働者階級の内面-内部性に貼りついているブルジョワジー l'intériorité de la bourgeoise à la classe ouvrière」を考えるよう、強く説いている。[*11]

バディウは、一八世紀における一連の蜂起（バディウが用いるラカン的表現で言えば、「社会的ヒステリー」）についてのマルクスの分析に言及し、プロレタリア的形象の出現を資本機械における機能的

＊7 訳注——Badiou, *Théorie du sujet*, op. cit., p. 60 / *Theory of the Subject*, p. 42.
＊8 Ibid., p. 60 / p. 42.
＊9 訳注——Ibid., p. 147 / p. 129.
＊10 訳注——Ibid.
＊11 Ibid., p. 147 / p. 130.〔訳注——原文および英訳はイタリック〕

な歯車ではなく、内的「捩れ」、民主的なブルジョワ運動の政治的軌跡の内部における「例外的な無秩序」と捉えている。[*12] プロレタリア的主体は、そのブルジョワ的不純、他律的な資本主義的秩序に索引のように括りつけられている状態から生まれ出たものであり、「プロレタリア的主体の到来をまず構成する（…）内的な感染‐影響の放逐、浄化‐純化‐精製」によってのみ到来する。プロレタリアートは、したがって、やや不安定な医学的隠喩を用いて言えば、ブルジョワジーという病からの治癒を永続的に経過する過程におかれ続けている状態として、描かれている。位相論的な語彙を用いてバディウが強調するのは、「プロレタリアートの政治はブルジョワ政治に対する、つまりその対象に対する、内的な排除という状況のもとにある」という点である。[*13] プロレタリアートは、したがって、ブルジョワジーの決定との親密な関係性をつねに「浄化‐粛清し」ながら、ブルジョワジーの内部にあると同時に、ブルジョワジーに敵対もしているのである。その「破壊の位相論」は、プロレタリア的主体がその存在の場《サイト》を脱臼させ、究極的には破壊するための努力に、不断に従事していることを意味している（この破壊がなければ、バディウがソヴィエト連邦が該当するとしたように、プロレタリア的主体は単なるブルジョワジーの仮面あるいは奸計にすぎないことになってしまうだろう）。しかし、そのようにできるのは、その始めから、ある不純があるからであり、プロレタリア的主体を内的に排除するブルジョワジーとの弁証法的な闘争がある場合だけである。この位相論的構想が、バディウの主体の理論におけるブルジョワジーの立ち位置をふたたび変更させることになる。

ブルジョワジーは主体を作る〔主体化する〕だろうか？（La bourgeoisie fait-elle sujet?）　私はまさに

この場で、今日一九七五年四月に、これを肯定する。自分自身を論駁してみよう。それは存在による〔見かけ‐仮象による *par-être*〕策略にすぎない、[*14] と。ブルジョワジーは、長い間、主体を作ったことがなかった。彼らは場を作った〔だけである〕。所与の歴史化のもとでは、ただ一つの政治的主体が存在するだけである。これはとても重要な見解である。それを無視すれば、主体的な決闘である政治の構想によって混乱させられてしまうことになる。だがこれは決闘ではない。一つの場があり、一つの主体がある。非対称性は構造に属している。[*15]

階級闘争——もちろん、この表現が依然として適用可能だとすればだが——は、したがって、二つの分離された力に、つまり資本の装置の内部における異なった場に索引のように括りつけられている二つの主体の狭間に、引き裂かれている。これが、みずからをブルジョワジーの政治から放逐し、そうすることで組織された破壊の過程そのものを通じてその存在を獲得する、プロレタリアートの効果‐帰結である。破壊としての主体化の理論は、こうして、「主体」という言葉の単一性、またブルジョ

*12 訳注——Ibid., p. 148 / p. 130.

*13 訳注——Ibid.

*14 〈*par-être*〉という翻訳不能な概念は、〈あらわれる paraître〉とかけた言葉遊びで、一九七〇年代のラカンのセミネールからバディウがとったものである。

*15 Badiou, *Théorie du sujet*, op. cit., p. 148 / *Theory of the Subject*, p. 130.

ワジー、そしてプロレタリアート以外のあらゆる主体の、変幻自在な構造的見かけへの、降格を要請するように思われる。

ブルジョワジーの評価におけるこうした揺れ動き、またそれを動機づける弁証法的論議は、他者の存在、非‐解放的な主体がバディウに課した厄介な問題の存在をも、意味している。厄介な問題とは以下である。つまり、ブルジョワジーが一箇の主体ではないとすれば、プロレタリアートの理論は、非人称的な国家あるいは〈資本〉をその唯一の敵として選んでしまう「左翼主義的」解決策という危険を冒してしまうことになる。だがもしブルジョワジーが一箇の主体だとしたら、敵対関係はバディウの〈捩れ‐破壊〉理論を呑み込み、政治の歴史性は普遍性の多様な形態を状況に導入することの両義性という定めを受け取ってしまうように思われる。後にみるように、他なる主体というこの二律背反は、バディウの議論に取りついて離れない。

正義と恐怖《テロル》——虚無主義と背教

『主体の理論』がはらむ豊富な射程にあって変わることのない論点を、僕たちは、まったく異なった姿態のもととはいえ、倫理に定式を与えるバディウの試みで出現した「他なる主体」という問題の回帰として、目撃することになる。場所という隠喩と『主体の理論』における弁証法の再構成を支配する位相論的な武器庫を携えたバディウが提起するのは、「場論‐論題《トピカ》」という観点から倫理という問題を再考することである。[*16] バディウは次のように書いている。

〈プロレタリアートはどこにいるのか?〉この問いが原動力とならない重要なマルクス主義的テクストなどない。だからこそ政治はある場《トポイ》（現状）とある倫理（われわれの任務 tâche）という〔二つの〕逆〔の場〕の統一なのである。[*17]

しかし、この場論《トピ》‐論題《カ》はまた、（破壊的な「主体化」と復興的な「主体化の諸過程」との不安定な混淆と解釈されている）主体が横断する情動的な形象にその参照を求めることで、より精確な意味を獲得している。この倫理は、したがって何よりもまず、一箇の主体の生成変化に内在する。とすれば、この見方によって僕たちは、他なる、非‐解放的な主体についての僕たちの探求をどのように深化させることができるだろうか?

バディウの探求にとって根源的な新奇さの重要性、また社会的ヒステリーという機会を捉えて腐りきったブルジョワジーの胎内から生まれ出たプロレタリアートに関わってバディウがすでに指摘していたことを前提すれば、主体性の倫理に向かうための端緒を秩序の壊乱‐無秩序に求めることができる。ところで、みずからを世界に持ち込むことでこの無秩序から新奇さを取り出そうと試みる主体によって、どのような情動が生まれ出るのだろうか? まず始めに、方法論的な但し書きが要請される。

＊16 〈Topics〉の哲学的概念は〈トポイ〉に関わっており、それは言説のさまざまな場あるいは場所であって、アリストテレスが名づけ親である。

＊17 Badiou, *Théorie du sujet*, op. cit., p. 297 / *Theory of the Subject*, p. 281.

主体の理論と同様、バディウの情動の理論もまた、ポスト－デカルト的である。すなわち、彼の情動の理論は主体を一箇の形式化と偶然的な軌跡として捉えている。それは、「情動」が経験、力能、精神的あるいは心的な性格にはその参照項をもたない、ということを意味している。原理的には、目の前で破壊されつつある世界の法則に対して主体がとる立場に関わっているこの情動の倫理は、不安・超自我・勇気・正義という四つの概念を介して流通－循環している。彼は次のように書いている。

> これらは効果－主体 l'effet-sujet に属している範疇である。それによってわれわれが知ることができるのは一箇の特殊具体的な領域であり、それはまたこの領域を支えるものの全面的な破壊の土台（原理）である。[*18]

これら四つの概念が主体によってどのように相互に接合されているかが、状況や、革新という任務にとってのその適性に関わって、それぞれの性格を決定する。

不安－苦悩は、所与の秩序を死と捉える。これは新たな法をめぐる象徴的なことの分割や再－構成を予知しないが、現実的なことによる象徴的なことの単なる「殺害」は予知する。破壊を混沌と麻痺、意味－方向性の廃止とするこの非－弁証法的な捉え方がもたらす帰結は、「つねに分割されていない、法は、それがもはや支配しないものと隔たりをもって輝いて」いるというものである。[*19] 法を溢出する過剰は、その死の過剰の他にはなにも象徴をもたず、ある種のヒステリックな意味－方向性を示しながら、「応答なき設問」にとどまり続けるのである。[*20]

超自我の介入は、したがって、不安－苦悩がもたらすおぞましい麻痺への応答として描かれている。

〔超自我という型がたどる過程とは何か?〕超自我は、首尾一貫性が帯びる形象として、利用可能な場所に応じてあらゆる場所に超自我を配分することで、過剰を出自に差し戻し、〔無秩序を〕元通りにする。超自我は過剰の構造的側面である。位相的なことの代数化が、まるで主体化する不安に充たされているかのようにもたらされるが、場は、配置の怖るべき処方－命令のなかで、みずからをみずからの上に再構成した。(…)超自我は恐怖の主体化過程である。[*21]

ここでのモデルは、主体性の暗部についてのバディウの議論、つまりヘーゲルの〈恐怖〉についての診断を重要な論拠の一つとして、[*22] 展開されている。不安が法なき世界の混沌を告げるところで、超自我は過剰(と死)の固定を決定するのである。新たな法の力ずくの導入によって状況の情け容赦ない統制が始まるが、それは、ヘーゲルが示したように、純粋に否定的で迫害的な普遍性という姿態を

＊18 訳注―― Ibid., p. 307 / p. 291.
＊19 Ibid., p. 307 / p. 291.
＊20 訳注―― Ibid., p. 308 / p. 292.
＊21 Ibid., p. 308 / p. 292.
＊22 訳注――ヘーゲル『精神の現象学』下巻、金子武蔵訳、岩波書店、一九七九年、八九七頁以下参照。

とってあらわれる。しかし、二〇世紀についてのより最近の教訓で用いられることになるヘーゲルからの引用に先駆けるかのように、バディウにとっての超自我‐〈恐怖《テロル》〉は、「主体の現象に属しており、国家の現象に属してはいない。(…)恐怖《テロル》は政治の一様態であって、近代国家の機械的所産ではない」とされるのである。[*23]

恐怖《テロル》を主体に内的なものと考えることに込められた、その意味とは何か？　バディウにとってそれは、恐怖《テロル》がもたらした犯罪的破壊（例えば、強制収容所《グーラク》）が反‐国家主義的な道徳的批判の対象にはなりえず、超自我を内的で弁証法的かつ「復興的な」形象として理解する（マルクス主義）政治の内部から再考されねばならないことを意味している。もし恐怖《テロル》が主体的なものだとすれば、さまざまな主体がたどった倫理的軌跡を——内部から——理解することによってのみ、恐怖《テロル》の攻撃はかわされ、限定的なものになるだろう。主体的要素を切除あるいは無視する外部的批判は、恐怖《テロル》の回帰あるいは反復を準備するにすぎない。

第三の倫理的形象である勇気は、不安‐苦悩がもたらす破壊に対する防御策である恐怖《テロル》の主体にとって、重要な代替を提示している。つまり、不安‐苦悩が「応答なき設問」だとすれば、勇気は「設問なき応答」として提示されるのである。[*24]一箇の情動として、勇気は、法の即時的な復興を要求することなく無秩序とその結果出来する混沌に向き合うことができる類の主体の条件となる。さらに言えば、勇気は行動の力能、不安‐苦悩がもたらす混沌を踏査する力能をその内部から張り詰めさせる。不安‐苦悩に苛まれるとき、バディウの助言が言うのだが、勇気をもって行動することは君が不可能だと考えるまさにそのことを行うこと、あるいは君が不安に駆られて尻込みする前に行うことである。あるいは彼の金言に即して言えば、それは「好機が諸君に強いる〝不作法−はしたなさ〟を探し出せ」ということである。[*25]

正義、それはこの「場論−論題《トピカ》」で提起された倫理的概念のなかでももっとも興味深いものであろう。この概念は、法とのその関係において基本的には恐怖《テロル》の対極として提示されている。その恐怖に充ちた履行が自己正当化的である限りは、超自我が法を絶対化する他方で、正義がそれを相対化し、より〈現実的なこと〉であればあるほどより法的ではなくなり、より良くなるという基準に即して、働くことになる。しかし、まさにこれが理由で、正義は一箇の深刻に不安定な情動であり、正義が無秩序に対処するための規則の有効性に疑義が投げかけられるにつれて、かつてないほどの大きな不安を生み出してしまうのである。弁証法的なアプローチをもって主張すれば、であればこそ、正義の制定的−型にはまった特徴は、決して超自我の復興的手続きから切り離すことができず、また〔その結果〕正義はその自律を否定する二つの立場を生み出すことになるのである。二つの立場、それは、勇

＊23 Badiou, *Théorie du sujet*, op. cit., p. 309 / *Theory of the Subject*, pp. 293-94. またバディウ前掲『世紀』、とくに第5章参照。ここではヘーゲルが二〇世紀の融解した核心に応接するための基本的な哲学的参照項になるという重要な部分を担っている。

＊24 Badiou, *Théorie du sujet*, op. cit., p. 310 / *Theory of the Subject*, pp. 294-5. 〔訳注——むしろ、Ibid., p. 308 / p. 292 参照〕

＊25 Ibid., pp. 310-11. 〔訳注——ここでの〈不作法−はしたなさ indécence〉をバディウは〈in-dé-sens〉つまり「意味−方向性なき状態」で捉えている〕

気に対する超自我の無限定な優位性を要求する独断論と、正義の非‐法が新たな法の制定に向けた可能性を開かず、法の非決定性——言い換えれば、不安——を補完する代役にすぎない懐疑主義である。

正義、それはさまざまな場所のぼかし、したがって、正しい場の対極である。[*26]

他なる主体について考えるためのこの四分割図式がもたらす結果とは、何か？ 以下の二点に、焦点を絞ろう。第一のそれは主体のイデオロギー化に関わり、第二のそれは倫理的言説の類型論に関わっている。

ヘーゲルの恐怖《テロル》論がどのように機能しているのかについての精神分析論的手がかりについてはしばらくおくが、超自我はまた、バディウが主体化を生み出す産みの苦しみ《トラヴァイユ》〔労働〕からイデオロギーの内在的生産を説明する場合にも、採用されている。主体に構造の標《しるし》をじかに課すことなく主体の変遷を追跡するという原理である一般的な方法論的原理に従って、ここでのバディウは、イデオロギーを主体そのものの内部における倫理的失敗にも似た何ごとかの所産として、理解することを提起している。「真の」主体化は象徴的なものに本当の意味での孔を穿ち、さまざまな場が形づくるシステムを破壊した後に新たな秩序を組み上げ直すというきわどい努力に関わっているが、イデオロギーは想像的なことの問題である。バディウは、みずからの主体の倫理を組織する弁証法的な要求——忠実な主体性は、類型論的には、その他者に執着せねばならないという要求——にこだわることで、主体化とイデオロギーを同一過程の複数の側面とみなしている。彼はこれを、すでにイデオロギーをめぐる初期の〔バルメとの〕共著で触れていた、一五二五年のドイツ農民戦争という出来事をその事例に描き出している。[*27]

トマス・ミュンツァーがドイツ農村を平等主義的なコミュニズムという目的をもって燃え上がらせたとき、彼は〔みずからの〕死を背に、勇気をもって、主体化し、正義を求めた。彼は、キリストがこの目論見の実現を望んでいるという絶対的確信にもとづいて、自分の勇気に名を与えたが、そのとき彼は、その寓意が「神の王国」である超自我にもとづく大胆不敵な叛乱を想像的に解明したのだ。[*28]

同じ教えは〈文化革命〉からも引き出すことができる。それは、紅衛兵たちが勇気と正義をもって自分たちの平等主義的な綱領を維持することができなかったことが、毛沢東という超自我的カルトが提供した倫理的な間に合わせである想像的でイデオロギー的な担保を要請したというものである。平等主義的無秩序が作り出す不安と苦悩は、したがって、きっちりと規定されていたとはいえ、新たな法（毛沢東思想）の偶像崇拝を通じてではなく、ヘーゲルに従えば、不安-苦悩がもたらす迫害を通じて

＊26　Ibid., p. 312 / p. 296.
＊27　Alain Badiou et François Balmès, *De l'idéologie*, op. cit. 参照。
＊28　Badiou, *Théorie du sujet*, op. cit., p. 314 / *Theory of the Subject*, p. 298.

鎮められるのである。それは、革命家たちや敵によって、一点の曇りもなく、占拠されることだけが可能な「場を飽和する」超自我のやり方である。想像的次元は、こうして、勇気の不確定な規律と正義の決定不能な手段を維持することができない不安に充ちた主体を慰撫する方法として出現する。

超自我がもたらす恐怖《テロル》は、したがって、主体のひ弱さを表現している。しかしこれは、倫理の内容を論じ尽くしてはいない。もし倫理が「遅延されえないもの、あるいは待ちえないものの言説を作る」のだとすれば、もし倫理が「所与としてそこにあるもので間に合わせる」のだとしたら、[29] バディウがラカンから明示的に引いて言うように、[30]「世界は断念する衝動だけを提示する」、あるいは「善への奉仕において不在である」という衝動を提示することに終始してしまうのである。[31] したがって、「マルクス主義の倫理」が対面する必要があるのは、主体化という労苦、破壊の労苦にもとづいて断念するというこの衝動がみずからをあらわにする、その多様な方法である。もし「主体化」が、それによって主体が場所を過剰に服属させる破壊的な過程に与えられた名であり、他方「主体化過程」がその対極である保守的傾向を規定するとすれば、敗北主義の特徴、あるいはさらに反動の特徴は、それ以前の古い主体化過程のために主体化に見切りをつけることに関わっていることになる。このための源泉は、「自信」（「マルクス主義の倫理の基本的概念」）の機能停止において、[32] 主体そのものに内的なままにとどまっている。倫理的主体が端的に党そのものと同一視されてしまえば、倫理的な強敵《ネメシス》は背教者、粛清――これによって僕たちは、超自我‐〈恐怖《テロル》〉に引き戻されるのだ――されるべき裏切り者にほかならない。しかし、もし僕たちがこの配置の怖るべき形態を抑え込むとすれば、倫理はどのような光を他なる主体の存在に照射するのだろうか？

バディウはブルジョワジーという謎との格闘過程で多元的な主体という考え方を捨て去った。だがこの問題は、彼が倫理は「主体を言説形態において歴史的に喚起‐実現されたものとして名づけること」でなければならないと宣言したからには、[*33]ふたたび回帰しているように思われる。というのも、バディウにとっては、主体の言説がただ一つではなく、四つ存在しているからであり、またしたがって、四つの分離した主体ではないにせよ、複雑で問題含みな意味で、主体化と主体化過程には少なくとも四つの傾向が存在しているからである。これら四つの言説とは、称讃の言説、断念の言説、不和の言説、[*34]そして「プロメテウス的」言説である。[*35]その基本的な情動的調性は、信、運命論、虚無主義、そして自信である。[*36]ここでは、これら四つの立場がさきに見た超自我・不安・勇気・正義の区別から

＊29 Ibid., p. 326 / p. 310.
＊30 訳注――ジャック・ラカン『精神分析の倫理』下、小出浩之ほか訳、岩波書店、二〇〇二年、二〇五頁以下参照。
＊31 Badiou, *Théorie du sujet*, op. cit., pp. 326, 334, 327 / *Theory of the Subject*, pp. 310, 318, 311.
＊32 訳注――Ibid., p. 327 / p. 311.
＊33 訳注――Ibid., p. 336 / p. 326.
＊34 訳注――ここでは「不和」と訳した〈discordance〉は言うまでもなくラカン由来の言葉である。前掲『精神分析の倫理』上、小出浩之ほか訳、岩波書店、二〇〇二年、九五頁以下参照。
＊35 訳注――Ibid., pp. 335-6 / p. 320.
＊36 訳注――Ibid., pp. 339ff / pp. 324ff.

どのように導き出されるのかについての詳細に立ち入ることはしない。だが次の点を指摘しておくことは重要である。つまり、これらの言説に索引的に整理され、それに従って括りつけられている倫理的主体は、本質的に、関係的であるということである。言い換えれば、これら四つの言説が存在するのは、その他者たちとその言説を指示的に命名する場合だけである。

称讃の言説とプロメテウス的言説は、ある意味で、不安－苦悩を超えた言説である。しかし、両者は〈全体〉（あるいは配置 esplace の空間）と新奇さの力（あるいは場の外部＝非－場 horlieu）との関係ではまったく対蹠的な関係にある。これは信（あるいは配置の空間への自信）と自信（あるいは場－の－外にあることへの信）との対立という事柄〔構造〕に関わっている。一方で信が、救済の可能性と配置の最終的に実現された空間における主体の潜在的な永遠性（欠如がないとはいえ、法によって規定される）という可能性を開くのに対して、自信は、これとは異なり、革新的な決断（勇気）への忠実と法（正義）にはあまり開かれていない現実的なことのより多孔的な組み立て直しへの忠実によって、機能している。称讃の主体は、ここでは、システムそのものの主体、その正しさを信じ擁護する者、真の意味で保守的な主体といったものの観点から、組み立て直すことができる。しかし、破壊と組み立て直しのプロメテウス的主体、普遍主義（プロレタリア）的主体には、不安－苦悩について異なった形態にはまりこんでいる二つの他なる相対物《カウンターパート》が存在している。それは運命論者と虚無主義者である。諦め切った運命論者は、そのほとんどが、許しがたいとまでは言わないけれども、ある意味で受動的な虚無主義者や後の《アフター》－主体《サブジェクト》にも似た何かである、善への奉仕に屈する者である。本当の意味での虚無主義者は、それとは異なり、不安－苦悩に充ちた世界の不一致に、懐疑主義を知るという安全を欠いたままで、飛び込む者のことであり、それこそプロメテウス的言説が捕獲し説得することを望む主体である。というのも、虚無主義者は、じつは、ある種の形態を帯びた勇気——行為、過剰への情熱——に充たされているが、正義、現実的なことと法との関係性を正しく計測することができない者だからである。彼は、組織と普遍的な形象の下に唯一おかれた勇気と正義という苦難をしのぎきることを可能にしてくれる、自信を欠いている。

　こうしてバディウは、ブルジョワ的主体の可能性を論じたときとはまったく反対の議論とはいえ、『主体の理論』の段階で、必ずしもそのすべてが新奇と普遍性の倫理的な担い手ではないような、異なる主体の配置を思考する必要性をすでに理解していた。彼が最近公にした倫理についての作品では、倫理的な「場論《トピ》-論題《カ》」への初期における関心に比べてより広範な議論が展開されているとはいえ、むしろ僕たちは、出来事の理論の導入によって引き金が引かれた理論的中断とそのメタ存在論的で集合論的な骨組みとを架橋する、いくつかの明白な連続性を特定することができる。

　まず第一に、主体は、他なる主体と、その自信あるいは忠実さによって創造された空間の内部において関係するようなやり方で、倫理的に定義される、という考えである。つまり「あらゆる真の出来事への忠実さは、その存在への固執とは正反対のもの〔敵対者〕にも名称を与えている」のである。[*37] 主体化のこの困難な次元は、明らかに、倫理的言説についての理論が有する関係的特徴に関わっている〔例えば、「みずからの主体のあり方についての」虚無主義を伴わないプロメテウス的主体など存在しない、

＊37　前掲『倫理』一二八頁。

といったように)。

第二に、ある者がある主体に編入することを無効にすることができるのは裏切りだけである、という考えである。裏切りについてのこの理論は、ある点から言えば、『主体の理論』における諦念の言説に似ている。裏切りの(元-)主体は、実際、深い懐疑主義に陥っていた以前の勇気を奮って、僕たちはいかなる真理の手続きによって課されたリスクも避けねばならないといった命令に拝跪することで、ある一箇の真理に捕らわれたことがあることを否定する。

第三に重要な信条がある。それは、主体性の病理学——より個別的に言えば、真理の擬態《シミュラークル》(例えば、ナチズム)を下取りに出す「偽りの」主体の出現や、あらゆる場に対して真理の完全なる主権をふるう恐怖《テロル》である——が理解可能になるのは、真理の主体が直面するありうべき難局の外部からだけである。

最後は、うまい表現がないので「非-普遍的」主体と呼んでもよいであろうことについてのバディウの議論の根底にある、一貫した確信である。言い換えれば、他なる主体形成の可能性を支える偶然的な諸条件として機能する、真理の主体の大発生である。例えばナチズムの場合、「その可能性の条件は本当に出来事的なさまざまな政治革命にも存在しており、したがって普遍的に、すなわち万人に差し向けられている」のである。だからこそ、普遍的な宛先——その擬態《シミュラークル》を操作する真理のさまざまな過程——の出来事への忠実さという立場だけが、これら他なる、非-普遍的あるいは反-普遍的な主体を理解可能にしてくれるのである。[*38] あるいは、バディウのもっと古典的な表現で言えば、なぜ〈悪〉は〈善〉という立場からだけ理解可能なのだろうか? ということである。

主体的空間に対する闘争

これまでの議論が示唆しているのは、他なる主体という問題——認識論的というよりも、むしろ倫理‐政治的な意味で——が、七〇年代中期以降のバディウの思考にとって、変わることのないこだわりの対象であり、厄介な問題であり続けてきたということである。この点から言えば、『存在と出来事』における主体の理論についての議論は、真理の主体という問題に全面的に関わっており、それはまた『主体の理論』で僕たちがすでに出会っていたバディウの理論的傾向の一つに似ているようにも思われる。つまり、所与の状況（あるいは配置の空間）と所与の歴史的筋道にとってあるのは、ただ一つの主体である、という主張である。ブルジョワ概念に関わって見たように、バディウの作品におけるこの揺れ動きには、何か構造的なものが存在する。一つの主体があるのか、あるいは複数の主体があるのか？　以下で考察するが、最近刊行された『さまざまな世界のさまざまな論理』に先立って、ピーター・ホルワードが、一九九六年から九七年にかけて行われたバディウの〈主体の公理的理論〉についての講義を不可欠かつ明晰な要約で、すでに指摘しているが、バディウは自分の主体についての説明に少量の媒介[*39]と多元性を導入する必要性をわかっていたのである。ホルワードは「バディウは

*38　同前、一三一頁。

*39　ホルワードは「出来事に提示的次元をもたせることは、すでに、その肯定の過程をある種の論理的媒介に、純粋な任命‐命名の直接性とは異なるものとして、服属させることである」と記している。Peter Hallward, *Badiou: A Subject to Truth*, Minneapolis: University of Minnesota Press, 2003, p. 145.

ある出来事が一定の幅《レンジ》がある主体的な応答を喚起することを理解している。(…)いまや彼は、真理のそれぞれの効果-帰結を、対抗的な効果-帰結の可能性を増大させ、主体化過程にとっては外部的にすぎないとしても、主体的空間そのものにとっては内部的なものと考えている」と書いている。[*40]

　しかしすでに示唆したが、この理解はバディウの思考に突如として出現した革新とされてはならない。これは一九七〇年代の彼のセミネール以降あたためられてきた、彼の主体の理論に生得的な問題の復興と考えられねばならない。ヘーゲルの恐怖《テロル》の現象学の教訓への変わることのないこだわりと主体における裏切りについての理論を具体化するという試みをしばらくおけば、バディウは変革的普遍性のための闘争から方向を転じ、そうした闘争に反応あるいは閉じ込める主体が存在しうることに変わることのない関心を寄せてきた。この点では、虚無主義者・運命論者・信ずる者といった考え方からなる彼のマルクス主義の倫理に提示されている場論《トピカ》-論題は、一九九〇年代の彼の講義で素描された主体的空間の理論の明確な先駆けであり、それにいくつかの修正が施され、二〇〇六年の『さまざまな世界のさまざまな論理』における主体の「メタ-物理学(形而上学)」に導入されるのである。[*41]言い換えれば、思うにそれは、とくにバディウの思考によって探求された主体的な可能性の全領域を調べ上げ、バディウが「主体的な領域を一箇の空間——いかなる形象も完全には占拠し規定することができないもの、〔したがって〕あらゆる主体が〔そのつど〕踏査せねばならないもの[*42]——」と考えるようになったのは過去数年のことではないことを理解するためには、有益である。

　主体的空間の理論についての初期および未完の素描についてホルワードが展開した詳細な議論を前提に、僕は、主体的空間というこの考え方が『さまざまな世界のさまざまな論理』の第一部で帯びる具体像にのみ焦点を絞ることにする。

まず始めに、主体の形式理論について最近のバディウが鮮やかに処理した媒介変数を簡単に概観しておく必要がある。主体性の、解釈学的、道徳的、そしてイデオロギー的なモデルに対抗するためには、バディウの理論が主体性の経験ではなく、ただその形式に関心を寄せていることを繰り返し強調することが大切である。またバディウは、言明の源泉としての主体、「私」あるいは「われら」と言うことができる発話の主体に特段の関心を寄せているわけでもない。むしろバディウは、主体を「諸身体‐諸言語」の正規的な配列《ディスポジション》‐分布と知を超え出るものとして描いている。これにもとづいてバディウの最近のイデオロギー上の敵を定義することができる専一的焦点は、彼のいわゆる「民主的な唯物論」である。[*43] 主体の理論は、全体として、真理の手続きを支える「主体‐諸身体」（政治的党派、科学者のコミュニティ、芸術家の配置など）と格闘しているが、形式理論そのものは主体の「身体」の

---

*40 Ibid., pp. 144-5.

*41 これら二つの立場の違いのなかでも、『さまざまな世界のさまざまな論理』に「忠実な主体」として現れるものは、ホルワードが概観したバディウの講義では、二つの形象に引き裂かれている。ヒステリー的な形象と主の形象である。

*42 Hallward, *Badiou*, op. cit., p. 145.

*43 Alain Badiou, "Democratic Materialism and the Materialist Dialectic," trans. Alberto Toscano, *Radical Philosophy*, vol. 130, 2005, pp. 20-24. これは『さまざまな世界のさまざまな論理』の序文からの抜粋を翻訳したものである。

さまざまな効果ｰ帰結の多様な形式化にみずからを限定している。『さまざまな世界のさまざまな論理』の第一部で提示された理論は身体を括弧に入れており（だからこそバディウは「メタｰ物理学（形而上学）」という造語を用いたのである）、またそこでは、主体が、みずからが出来したさまざまな状況をどのように超出するのかを思考する、一般的な媒介変数を提供している。主体概念とは、したがって、「一箇の統一された志向性の読みやすさを諸身体の多数性に課すもの」である。[*44] これは、主体がまた、主体化過程の特殊具体的な歴史性、ある主体の身体が状況のいくつかの要素を取り込み、他の要素を排除することで構成されるその方法の考察を宙吊りにすることを意味している。主体は、したがって、「真理生産の能動的で特定可能な形式」とみなされている。ここで強調されているのは、言うまでもなく、「形式」である。[*45]

しかしこれによって僕たちは、僕たちの理論的注目を惹くに値する主体だけが、真理の主体、いかなる所与の状況にも影響を及ぼし、その位置を置き換えるであろう、一つの真理の主体である、といった結論を導き出すことができるだろうか？　バディウの定義の特殊な屈曲が僕たちに語っていることは、そうではなく、次のようなことだった。すなわち、「『主体』と言ったり、『真理に関する主体』と言ったりすることは、冗長で不要ある。というのも、主体があるのは、ある一箇の真理の主体としてだけであり、この真理に尽くしたり、その否定に身を捧げたり、その掩蔽に奮進する主体としてだけだから」である。[*46] すでにこの「に関して au regard de」が、ホルワードが指摘するように、出来事の勃発とそれに引き続いて起こるであろうさまざまな真理に対して主体がとる立ち位置《スタンス》によって規定される、異なった主体的な位置あるいは構成要素が、実際には存在している、ということを意味している。バディウ自身、自分の初期の作品——彼はとくに『主体の理論』を想起している——が新たなことと古いこととのあまりに確固とした劇的な対立をその規定として要求していたことを論じながら、一箇の自己批判の類として、この理論を提示している。この新たな形式論でバディウは、初期の理論に代えて彼が、何よりもまして「反動的な新たなもの」と呼ぶものの存在に対峙しようとしている。[*47] 新たなものに抵抗するためには、〔また〕それを否定するためには、議論と主体形式が依然として必要とされている。言い換えれば、主体の理論は、主体化がとる反動的形式が存在するという事実を黙許せねばならないのである。そしてこの反動的形式が、歴史修正主義者（フランソワ・フュレ）や〈六八年〉五月後に生まれてきた解放的革新への新哲学派（アンドレ・グリュックスマン）といった変節漢からの巻き返しに拍車をかけた反共的な反全体主義という姿を取って出現したことは、バディウにとっては、何らの不思議もなかった。

すでに示唆したように、『主体の理論』が反動的な新奇の可能性をあらかじめ閉め出していたと考えるのはまったく誤っている、これは明らかである。ブルジョワ的主体の可能性についての簡単な探

＊44　Badiou, *Logiques des mondes*, op. cit., p. 54.〔訳注 —— Alain Badiou, *Logics of Worlds*, trans. Alberto Toscano, London: Bloomsbery, 2009, pp. 46-7. なお以下では英語版の頁数も付す〕

＊45　訳注 —— Ibid., p. 58 / p. 50.

＊46　Ibid.

＊47　Ibid., pp. 62-7 / pp. 54-8.

求（フランスにおける「新ブルジョワジー」ではなく、ソヴィエトの官僚主義カースト）は、おぞましいものであれ、腐敗に充ちたものであれ、ある種の新奇さを発生させるその能力に左右されることは明らかである。同様に、「マルクス主義の倫理」という初期のバディウの考え方で探求された、裏切りと諦めの主体性、あるいはさらに能動的虚無主義という主体性は、そうしたものが勇気ある主体性や革命的プロレタリアートの実践《プラクシス》そのものを回避したり抑圧したりする固有の方法に依拠している。こうした反動的な主体性は、そうした主体的形象の攪乱的勃発に対してどのように応答（あるいはむしろ、反動）するのかに関わるその力‐方法において、あまりにも新しいのである。この主体の形式論は、バディウが出来事的主体性の理論――一九八五年の『政治は思考可能か』でまず論じられた――を形成した後に出現するが、この事実は、非‐普遍的あるいは反‐普遍的な「他なる」主体の説明に決定的な違いをもたらしている。一例として、すでに『倫理』についての議論でほのめかしておいたが、出来事に左右される主体化によって、バディウは「他なる」主体がなぜ真理の主体によってその根底から左右されるのかについての哲学的議論を提起できるようになっていた。というのも、彼は次のように書いているからである――「主体という観点から言えば、反動があるから革命が起こるのではなく、革命が起こるから反動が生まれる」のである[48]。造反の優位性というこの毛沢東主義的テーゼ、バディウが早くとも一九七五年『矛盾の理論』の頃にはすでに定式化していたこのテーゼは、いまや、バディウの主体の理論の重要な「時間的」範疇、つまり現在という範疇という観点から解明されることになっている。ある員数外‐余計 surnuméraire で違法な出来事の痕跡に応答するなかで、またこの出来事の含意を所与の世界に持ち込むことができるその身体を構築するなかで、一箇の忠実な主体は、この現在の生産に関与することになる。実際、バディウの体系で構想された唯一の主体的時間性、つまり唯一の歴史性は、そうした総称《ジェネリック》‐一般的な普遍性の現状への突発的な侵入に由来している。

しかし、もし現在が、新奇さのある種の厳密で連続的な配列‐筋書き（永続革命などのように）として、真理の主体に属するのであれば、「他なる主体」はこの現在にどのように属することができるのだろうか？　他なる主体は、厳密に派生的で寄生的な――だが決して受動的ではない――やり方で参加できる。これがバディウの見解である。彼が言うように、主体の「命運‐行き先はある種の秩序‐順番（すなわち、生産→否定→掩蔽）に即して進行するが、その根拠は形式主義が完全に明らかにする。現在の否定はその生産を想定し、その掩蔽は否定という決まり文句を想定するのである」と。[*49]

ある真理の険しいながらも継続される生産を前に、反動的主体は、それを現実のものとする出来事を否定し、この出来事の真理を担うものとされている身体の廃止を追い求める。こうした理由から、バディウによれば、反動がもう一つ別の「消滅させられた」現在の生産にとりかかる。反動が奉じるテーゼは、その根底において、真理の手続き――例えば、フランス革命における政治的平等――の

*48　Badiou, *Logiques des mondes*, op. cit., p. 71 / *Logics of Worlds*, p. 62. ついでに言っておけば、これは、バディウが、自分たちの造反概念の根拠を抑圧というそれ以前の現実に求め、またしたがって政治的主体がそれ自体として被抑圧者と考える、一般的な意味で「左翼主義的」立場を表明する人びとへの不寛容を繰り返していることを意味している。

*49　Ibid., p. 71 / pp. 62-3.

「諸結果」のすべてが、忠実な主体におけるテロリズム的傾向や根源的に新たな出来事の肯定を伴うことなく、獲得可能であるということである。バディウが理解していたように、これは、反動的言明の創造、実際には、反動的な反‐身体とでも呼んでよいようなものの創造を要求する、真理の能動的な否定を構成している。例えば、CIAやその類の連中が美学的急進主義の革新のいくつかを、コミュニズムの政治との連携を否定するために、その敵から多くの形式的特徴や言説的配置を相も変わらず借用しながら組み込むという、その念入りに用意された文化組織的な戦略を考えてみればよい。[*50] あるいはそれは、今日「戦争を支持する左翼」と呼ばれてもいる連中のなかにもあらわになっている、反動的主体性の出現についても同じことが言える。そうした主体性の弾性的復元力は、説得力ある筆致でゲオルグ・ジンメルが「背教者」を描きあげる際に、提示されている。その転向において経験された酷い暴力が原因で、ジンメルによれば、ある意味で背教者は、理由はともかく、同様程度の意識的決意をもって自分の陣営を信奉しなかったであろう闘士や支持者に比べるとはるかに忠実で忠誠深い主体である。ジンメルは以下のように書いている。

> 背教者が示す格段の忠誠心は、私には、次のような事実にその根拠があるように思われる。つまり、彼が新たな関係性に入った環境は、それ以前の関係を断ち切ることなく、いわば、成長するにつれて漫然とその一員になった場合に比べると、より長期的で永続的であるという事実である。（…）それはまるで、彼が古い関係によって追い払われ、新しい関係に繰り返し押し込まれるようなものである。背教者の忠誠心がとても強いのは、忠誠心が、一般的に、関係性を支える動機

の意識的な連続性といったものを不要にすることをそのうちに含んでいるからである。[*51]

反動派——そしてその亜種である背教者——は、出来事が作り出した現在を、その新奇さを否定しながら、その特徴の多くを吸収することで、宙吊り状態においたり薄めたりするが、「不忠な」主体がとる第二類型の形式——バディウはこれを曖昧な主体 sujet *obscur* と呼んでいる[*52]——は、忠実な主体が惹き起こした新たな現在とははるかに厳しい関係を切り結んでいる。つまり、この曖昧な主体は、その新奇さを否定するというよりも、むしろこの新たな現在の経験そのものを現実において無効にすることをその焦点として活動するのである。曖昧な主体は、新奇さを掩蔽するために、「一箇の超越的〈身体〉の加護に組織的にもたれかかる。この〈身体〉は充実身体で純粋身体とも言うべき、一箇の前-歴史的あるいは反-出来事的な身体（〈都市〉、〈神〉、〈人種〉など）であり、このことから、その痕跡-出自が否定され（ここでは、反動的主体の働きが曖昧な主体にとって有益になる）、その結果、本当の身体、分割された身体もまた削除される」ことになる。[*53] この曖昧な「反-身体」は、したがって、反動的身体とはまったく異なっている。反動的身体は抑圧的だが、これはまた、「大したことじゃな

＊50 Frances Stonor Saunders, *Who Paid the Piper? The CIA and the Cultural Cold War*, London: Granta, 2000 参照。
＊51 Georg Simmel, "Faithfulness and Gratitude," in *The Sociology of Georg Simmel*, ed. Kurt H. Worlf, New York: The Free Press, 1964, pp. 385, 386.
＊52 訳注 —— Alain Badiou, *Théorie axiomatique du sujet* (1996-1997), inédit 参照。

い」とか、「どうでもいい現在」に身を投げ出してしまい、衰退しながらも安全な見返りを享受せよと、忠実さを保つ身体を説得することをその目的にしている。この曖昧な主体に呼び出された超越的身体はある種の「非時間的で永遠の物神」であるとバディウは書いているが、[*54] その重圧のもと、新奇さは完全に粉砕され、黙らされてしまうのである。

　バディウは、『主体の理論』と『倫理』における悪の理論をともに貫く場論‐論題《トピカ》を支配するこの確信を押し通すことで、忠実な主体、出来事の世俗的帰結を引き出すことで新たな現在を生産する主体が、その忠実さによって押し広げられた新たな主体的空間に棲まう他なる人びととの差異化された関係性を、悦んで堪え忍ばねばならない、と示唆している。『主体の理論』における運命論者と虚無主義者の取り扱いに比べて、『さまざまな世界のさまざまな論理』のバディウは、より強い警告を送っている。ここでは、反動的な人びとと曖昧な立場をとる人びと‐蒙昧主義者という二つの人物類型を比較するバディウから、やや長めに引用しておこう。というのも、バディウが文字通りの直感的閃きをもって、こうした類型の形式性に具体性を与えているからである。

> 反動的形式主義と曖昧な形式主義との懸隔を計測することが大切だ。たとえ暴力的であろうと、反動は忠実な主体という形式をその分節された無意識としてそのうちに保全している。反動は現在の廃棄を提起したりはしない。反動は、忠実な切断（反動が「暴力」とか「テロリズム」と呼んでいるもの）が生温い現在、つまり消去された現在（反動が「近代」と呼ぶもの）を生み出すには不要であることを示すだけである。さらに、主体のこの審級は、それ自体、諸身体の残骸によっ

て送り届けられる。恐怖におののき離脱した奴隷、革命集団の裏切り者たち、アカデミズムで再利用される前衛芸術家、いまや自分たちの科学の運動に盲目となり老いぼれた科学者たち、婚姻の習わしによって窒息させられた恋人たちである。

〔他方〕曖昧な主体の形式主義にとっては事情は異なる。というのも、〔現在を〕忠実の形式的な情報‐所与というあらわれ方のもとでバラバラにしながら、そうした無意識的、そうした致命的な〔現在の〕攪乱こそ、まさに現在にほかならないからである。この形式主義が擬制する物の怪的な充実〈身体〉は、廃棄された現在の非時間的で永遠の充塡物である。したがって、この身体を担うものは、この曖昧な主体の生成変化もこの過去を粉砕するとはいえ、過去にじかに結びつけられている。〔例えば〕失われた戦争の復員兵、成功できなかった芸術家、苦渋に堕落した知識人、干からびた中年女、筋肉隆々の若者、〈資本〉に打ちのめされた商店主、自暴自棄の失業者、嫌な臭いを発するカップル、独身のタレコミ屋、詩人に交じる大学のセンセイ、憂鬱な大学教授、あらゆる潮流にいるガイジン嫌い、勲章を欲しがるマフィア、邪悪な坊主と不貞を働く夫。こうした普通の人びとのごた混ぜに、曖昧な主体は、ある一箇の絶対身体という、不可解だが、

---

*53 Badiou, *Logiques des mondes*, op. cit., p. 68 / *Logics of Worlds*, pp. 59-60. バディウはこの「曖昧な」ファシズムの理論を「想像上の巨視的な諸実体（…）の産出」と「主体化を担う受動的な身体‐部隊」に結びつけている。前掲『世紀』一九一頁。

*54 Badiou, *Logiques des mondes*, op. cit., p. 69 / *Logics of Worlds*, p. 60.

救済をもたらすという旗印のもと、新たな運命というチャンスを提供する。その唯一の要求は、あらゆる生ける思想、あらゆる透明な言語とあらゆる不確かな生成変化、そうしたものへの憎悪をどこでもいつでもかき立てることによって、〔物の怪的な充実〈身体〉に〕奉仕することである[*55]。

受動的《リアクティヴ》あるいは反動的《リアクショナリー》な主体は忠実であることがまとう形式を組み入れるが、曖昧な主体は、新たなものの生産と超越的で一枚岩的、そしてもっとも古い過去から本質的には識別不能な、新奇さの発生を荒廃させる二つ折りの運動によって、定義されるように思われる。復活といった第四の主体的人物への忠実さの回帰はしばらくおくが[*56]、この主体的空間理論が非‐普遍主義的主体の初期における理論化にどのような変化をもたらし、形式分析にとって、どのような展望が込められているのだろうか？

もっとも重要なことは、この主体的空間の理論が、初期の議論ではブルジョワジーのあり方におけるもっとも喫緊の問題であった他なる主体をめぐる謎を解決するという意図をもって登場しているように思われる点である。新たな形式理論によってバディウは、主体の配列についての彼の説明における造反の優位性、言い換えれば、普遍主義的主体の優位性を墨守しながらも、ある意味で、非‐普遍主義的あるいは反‐普遍主義的な主体の相対的自律性を肯定することに成功している、と言ってよい。新たな理論は、こうして、異なった形式主義の助けを借り、つまり、『主体の理論』が提供した「場論‐論題《トピカ》」的理論の助け——僕たちに提示されたより明確に区別可能な主体〔忠実な主体、反動‐受動的な主体、曖昧な主体、復活された主体〕を伴う主体的な情動の非連続的な領野に変更されているとはいえ――を借りた、回帰と理解することができる。これらの形象の相互的な外部性はまた破壊的‐弁証法的な図式、つまり、『主体の理論』でプロレタリアートをブルジョワ的空間の内在的な純化であり、その目的が帝国主義的資本主義によって構成されている配置の空間を破壊することであるような主体における捩れとして描いていた破壊的‐弁証法的な図式を見限ることで、説明されている。

現状における曖昧な主体

現代の政治的主体を特定するための検討にとって、こうした形式理論はどのような価値があるのだろうか？ 例えば、二〇〇一年九月一一日という事実についての哲学的考察でバディウは、ブッシュの神を煩わす「資本主義的議会主義」体制の「永遠の正義」とビン・ラーディンの花火屋のような神学的恐怖《テロル》との鏡合わせのような関係性を把握するために、「虚無主義」という考え方を選んでいる。現状は、こうして、「二つの虚無主義の離接的綜合」という枠組みのなかにある。[*57] これらの虚無主義は、『主体の理論』でバディウがご機嫌を伺った若者たちの不満に充ちた虚無主義とは異なり、主体的に

*55 Ibid., pp. 69-70 / p. 61.

*56 復活の人物像とバディウの思想における新奇性と反復との複雑な結びつきについての興味深いコメントについては、Slavoj Žižek, "Badiou: Notes from an Ongoing Debate," *International Journal of Žižek Studies*, vol. 2, no. 1, 2007 (http://ics.leeds.ac.uk/zizek/article.cfm?id=21&issue=3)。

*57 Alain Badiou, "Philosophy and the 'war against terrorism'," in *Infinite Thought*, ed. and trans. Justin Clemens and Oliver Feltman. London: Continuum, 2004, p. 143.

は回復不能であることは明らかである。さらには、これらの虚無主義が、忠実な政治的主体とどのような関係――もしあるとすればだが――を享受できるかについても、不鮮明である。というわけで、ふたたび『さまざまな世界のさまざまな論理』に戻って、いくつかの点を明らかにしてみよう。『存在と出来事』の続編であるこの作品の――僕たちの目的にとって――もっとも衝撃的な特徴の一つは、そこで配備された主体のメタ‐物理学（形而上学）が、その形式性にもかかわらず、きわめて具体的ないくつかの事例を提示することができているということである。これらの事例のなかでもっとも衝撃的な事例が、「イスラム主義 Islamism」を現時点における曖昧な主体の化身として論じている部分である。

〔例えば〕前代未聞の犯罪的手段を用いて石油カルテルの果実をめぐって西洋人と競い合う、現代の政治的イスラム主義、とくにその超‐反動的な変種を発生論的に解明しようとするのは、徒労である。この政治的イスラム主義は宗教の新たな操作――この操作からはいかなる自然の〈あるいは「合理的」な〉継承性も導き出すことはできない――である。政治的イスラム主義の目的は、ポスト社会主義的な現在を掩蔽し、あらゆる〈伝統〉や〈法〉を弄し、それを通じて解放をふたたび発案しようという断片的な試みに対抗することである。こうした見方からすれば、政治的イスラム主義は、〔一方において〕政治的実験の現在を生産する忠実な主体とその名に値する人間性とを発案するために切断が必要であることを拒否することに現を抜かしているという意味で、また〔他方において〕既存の秩序を連続的な解放の奇跡的な担い手として誇示する反動的主体をもっているという二つの意味で、完全に現代的である。政治的イスラム主義は今日の蒙昧主義の主体化された名にほかならない[*58]。

バディウは、造反の優位性（あるいは普遍的なことの優位性）という基本的テーゼに従って、実際イスラム主義的主体が存在するとすれば、この主体は忠実な主体の（掩蔽を介した）派生物であると論ずるほかない。イスラム主義は、過去の逆流というよりも、むしろ解放の政治の現代なのである（だからこそ、「発生論的な」説明が無意味とされるのである）。もっとも重要でありながら、それがゆえに議論の余地があるであろう論点は、この議論における、現代イスラム主義の目的――意識的・無意識的の別を問わず――が「ポスト社会主義的現在の掩蔽」であるとされる側面である。ウサーマ・ビン・ラーディンの聖戦主義的敬神はまさに邪悪な物神の類として描かれている。バディウは「陰謀を企てる神の唯一の機能は、人民のただなかで、人民の言明とその戦闘的な身体との一体性を混乱させることで、解放の合理的政治の現前を掩蔽することである」と書いているからである[*59]。以下で僕は、解放の政治とイスラム主義が結ぶ関係の性質をめぐる論争のいくつかを簡単に紹介するが、ここではバディウのもっとも問題含みな側面の一つを指摘しておきたい。それは最近行われたいくつかの激しくも騒々しい論争への彼の直接的介入だった。すなわち、イスラム主義とファシズムを同一視する考え

＊58　Badiou, *Logiques des mondes*, op. cit., p. 67-8 / *Logics of Worlds*, p. 59.
＊59　Ibid., p. 69 / p. 60.

方に関わる論争である。

ツイン・タワーとペンタゴンへの攻撃に対してバディウは、すでにこれらの行動が「ファシスト的行動概念を喚起」し、「形式においてファシスト的」であるというレッテルを貼りつけていた。[*60] さらには、宗教のイスラム主義的利用は三〇年代の人民主義的《ポピュリスト》ファシズムによる「反‐資本主義」の利用に似ており、ビン・ラーディンの場合、それは石油と政治的優位性への渇望を覆い隠す単なるデマゴーグの口舌にすぎないと断じていた。二〇〇一年の攻撃の根底にあるのは、「死の世俗化――犠牲者への完全な無関心、自分自身や他者の道具への転換」と類型づけることができる、「ファシスト的虚無主義というタイプ」の「イスラム」という道具的体裁のもとでの現前を告げている、と。[*61]『さまざまな世界のさまざまな論理』では、この判定の裏づけとして、イスラム主義の曖昧な主体性という規定――これは定義における「ファシスト」を意味する――への組み込みが提示されている。こうして、バディウの定義によれば、「曖昧な主体は身体の破壊を画策し、これに適切な言葉は三〇年代に比べてより広義の意味合いにおけるファシズムである。かつてはそれを通じて（配列の）現在の構築を伝えるものとしてあった組織された身体の破壊を描き出すために、総称‐一般的な意味でのファシズムが語られるだろう」。[*62]

多くの評論家たちがビン・ラーディンを「政治的イスラム」そのものの後に出現しながらも、「政治的イスラム」とはあいいれない一箇の現象とみなしていたときに、バディウは、あまりにも性急に、ビン・ラーディンをイスラム主義と同一視しただけではない。これはまた、バディウのこの形式論がアメリカのネオコンと転向左翼との融合――すなわち、「イスラム的ファシズム」あるいは「イスラモ・ファシズム」といった類のものの存在を今日の民主主義者や進歩主義者の最大の敵とみなす立場であり、この考え方は、最近、クリストファー・ヒッチェンズが提唱しているし、またつい最近公刊された著作に集録されている首尾一貫しない演説のなかで、ブッシュ自身もそうした立場を表明している――を是認する最近のテーゼとの予期できなかった融合をも示している。そうした犯罪同盟についての与太話は放っておいて、こうした一致について興味深いと思われる論点は、その前提にほかならない。

「総称－一般的なファシズム generic fascism」（あるいは原－ファシズム Ur-fascism）という考え方[*63]と反

*60 Badiou, "Philosophy and the 'war against terrorism'," op. cit., p. 143.
*61 Ibid., p. 160.
*62 Badiou, *Logiques des mondes*, op. cit., p. 81 / *Logics of Worlds*, p. 72.
*63 「総称－一般的ファシズム」をめぐる学術的論争についての最近の議論（あるいは介入）については、Robert Griffin, "The Palingenetic Core of Generic Fascist Ideology," in *Che cos'è il fascismo?*, ed. Alessandro Campi, Rome: Ideazione, 2003, pp. 97-122 (http://www.libraryofsocialsicence.com)およびId., *The Nature of Fascism*, London: Routledge, 1993 参照。また「原－ファシズム」あるいは「永続ファシズム」については、Umberto Eco, "Ur-Fascism," *The New York Review of Books*, vol. 42, no. 11, 1995, pp. 12-15 参照。以下の点は指摘に値する。すなわち、総称－一般的なファシズム概念を推奨する人びとがファシズムの近代的あるいは近代化作用をもつその特徴を強調する一方で、エーコは「近代主義の拒否」をファシズムの特徴とみなしている点である。バディウの「総称－一般的なファシズム」についての形式理論は、グリフィンあるいはエーコのそれよりもはるかに実り深いように思われる。

ファシズム政治の特殊具体的な歴史との短絡こそ、いわゆる左派的な人びとが、まるで国際旅団に参加するように、「テロに対する戦争」という宣伝の一翼に馳せ参じる原因となったことは否定できない。この点に関わって記しておくことが重要な論点は、ファシズムについての歴史的で社会学的な論争が、歴史的であれ、地理的であれ、その特殊具体性や拡がりに関わる論争に支配されていることである。バディウを次のように理解するほうがむしろ独特である。すなわち、バディウは、特殊具体的な政治的配列の主体における特異性（例えば、『世紀』におけるナチズム）がこのテーゼ、つまり「総称－一般的なファシズム」論に同意していると頑固に考えるあまり、その形式性においてそうした特異性そのものを探究することが阻止されている、と。それとは対照的に、いわば「ファシストを額面通りに受け取る」という方法論的命法から出発するファシズムについての近年のより包括的な研究の一つが「イスラム的ファシズム」概念[*64]と微妙なやり方で手を切っていることをその結論としていることに、注意せねばならない。

しかし、すでに詳細にみたように、曖昧な主体を総称－一般的な意味でファシストであるとするバディウの見解の核心には、ファシズム政治にとって必要な諸要素の政治的分類学ではなく、主体性のこの型が、その定義において、主体的空間——解放の普遍的主体、忠実な主体——を開くとされている主体とどのように連関しているのかについての形式的な評価が存在しているのである。曖昧な主体についてのバディウ理論がその実例をイスラム主義にみいだすには、何らかの意味において、イスラム主義的な蒙昧政策と解放政治との関係が、前者の目的が後者を、主体的身体と復古的な未来の生産を通じて、完全に否定することである、と論ずることができなければならない。ビン・ラーディンの場合、シニカルな石油マニアという描き方がさまざまな精査に堪えることができるかどうかについては論争があるだろうが、ソヴィエトの悪魔に対する闘争のなかでイデオロギー的に築き上げられ、彼

＊64　加熱は避けられないものの月並みな議論が横行しているこの問題についての有益な参照文献としては、ウィキペディアの「イスラム的ファシズム」を参照されたい。マイケル・マンは、政治的イスラムの、本質的に異なりながら、しばしばあいいれない、審級のなかのいかなるものにも、「完全なファシズム要件」がみいだせず、むしろ「『イスラム的ファシズム』という表現は、じつは、自分たちの敵を名指すための濫用である『ファシスト！』という言葉《あくば》が位置する特殊具体的な審級にすぎない。（…）それは現在世界における濫用におけるもっとも強烈なものである」と記している。またイスラム主義とヒンドゥー・ナショナリズムについて彼は、次のような判断を下している。「これら二つは、道徳的殺人の手段を配置する点でファシズムにもっとも似ているけれども、これら二つの潮流が追求する超越性・国家・国民・新しい人間は現世にはない」(Michael Mann, *Fascists*, Cambridge: Cambridge University Press, 2005, p. 374)。呼称の論争的性格は明らかだし、範疇的差異についての指摘ももっともだが、イスラム主義政治の目的の大方は、たとえそれが、経済的であれ、法的であれ、また政治的であれ、著しく「現世的」だと論ずることが可能だと思われる、また以下の点について指摘しておくことも意味がある。すなわち、バディウ自身、『さまざまな世界のさまざまな論理』におけるファシズムという言葉の利用と矛盾を来しながらも、「イスラム主義」という表現の政治的価値に異を唱えてさえいる。バディウは、二〇〇四年のインタヴューで公言しているが、「『テロリズム』といった言葉と同様、『イスラム主義』と『人道に対する犯罪』は状況に混乱を持ち込むという結末をもたらすだけであり、ある種の国際的な政治的愚かさを生み出すほかかない」としている。Alain Badiou, "Las democracias están en guerra contra los pobres," *Revista*, no. 23. 10. 2004 (http://www.clarin.com/suplementos/ cultura/2004/10/23/u-854775.htm).

のコミュニズムとの関係が曖昧な主体という特徴を帯びるに到ったことは確かだろう。聖職者に宛てられ、一九九四年の内戦で南イエメンを支持するサウジの王族たちによって拍車がかけられた、以下のビン・ラーディンの最初の公的な声明にみられる宣言について考えてみればよい。

コミュニストはその血が贖われねばならないイスラム教徒である。こんな言い分は馬鹿げている。コミュニストがいつからイスラム教徒だったというのだ？　お前じゃないのか？　奴らを背教者と呼び、アフガニスタンで奴らと闘うことを義務とする法的命令をかつて下したのは！　イエメンのコミュニストとアフガンのコミュニストに違いがあるというのか？　教義上の概念と神の単一性の意味はそんなにごちゃごちゃになってしまったのか？　体制は依然としてこの国の多くの町にいる不信心な指導者たちのある者をかくまっているのに、お前たちから異論は聞かれない。イスラム教徒に関わって、預言者は言った。「神は改革者に住まいを宛がう者を呪われる」だろうと。[*65]

革新、服従を否定する世俗的平等、そして「この全面的な不信心の奔流」[*66]に対する凶暴なまでのこの憎悪こそ、ビン・ラーディンとその仲間たちをバディウの曖昧な主体の驚くべき事例として括り出す側面であるように思われる。

しかし、偉業の時代外れなプロパガンダやカリフ制といった受け狙いの妄想《ファンタジー》を訴えながら、そのじつ、さほど代表的人物ではなかったビン・ラーディンを除けば、イスラム主義と解放政治との関係はさらに曖昧なものとして現れることになる。革命後のイラン・イスラム共和国という「政治的イスラム」の典型《パラダイム》的な事例をとれば、神権勢力はイラン国王に対する大衆叛乱——彼らは、急進左派のさまざまなグループとともに、大衆動員の役割を担っていた——への率直な反応を示さず、単純な掩蔽にも手を染めていないことがわかる。バディウ自身が『主体の理論』ですでに述べているが、ホメイニという人物のイスラム主義的超自我が毛沢東のそれと似通った役割を果たし、復古的かつ超越的な参

＊65　Oasma Bin Laden, "The Betrayal of Palestine (December 29 1994)," in *Messages to the World: The Statements of Osama Bin Laden*, ed. Bruce Lawrence, London: Verso, 2005, p. 8. バディウは、ビン・ラーディンの「出発点がサウジアラビアの石油マニアの援助《マナ》との関係における一連の途轍もなく複雑な操作であり、その性格は、結局のところ、善良なアメリカ人——富と権力だけが問題で、手段は二の次の人間——である」と描いているが（Badiou, "Philosophy and the 'war on terrorism'," op. cit., pp. 149-150）、それはビン・ラーディンの確信の邪悪なまでに真っ当なその真摯さを過小評価しているように思われ、実際、富と権力がその目的だったとしても、ビン・ラーディンは、その特有な「曖昧な」戦闘性を行使することなく、両者をはるかにたやすく手に入れえたとも思われる。

＊66　Osama Bin Laden, "Under Mullah Omar (April 9 2001)," ibid., p. 98. 平等についての「曖昧な」概念、サイイド・クトゥブもまた好んでいた神聖な服従にもとづくある種の平等がビン・ラーディンの教義の武器庫の一部をなしていたことは記しておく価値がある。したがって彼は、その宣言「アメリカ人に告ぐ（二〇〇二年一〇月六日）」で、イスラム教は「統一と神への服従への合意の宗教であり、肌の色、性別、そして言語などには関係なく、あらゆる人びとの間の完全なる平等の宗教である」と書くのである。Osama Bin Laden, "To the Americans (October 6 2002)," *Messages to the World*, ibid., p. 166.

照項が解放のための軌道に示された野蛮な閉塞を準備していたことは、おそらく確かだろう。しかし、神権勢力による左派の弾圧は、イデオロギー的な領域では、基本的には左派の処方－指示を借用し、彼らを「イスラム化」し、それ自身の弾圧を教唆するかあるいは革命の裏切り者になるというおぞましい選択肢を左派に対置するといったあり方で、機能していた。ヴァレ（ンティン）・モハダム Val(entine) **Moghadam** は、イランの左派の戦略的かつ言説的な失敗について、次のようなの鋭利な評価を下している。

> 反対派が共有した言語は、〈左派〉と〈宗教的右派〉との社会政治的目論見《プロジェクト》をめぐる（「国民－人民政府 national-popular government」と「政治的イスラム－神権勢力」との対立の）決定的な違いを曖昧にしてしまったという意味で、より一層否定的な結果をもたらしてしまった。さらに、〈左派〉の大方は、一九七〇年代では、宗教勢力が〈左派〉からいくつかの概念（搾取、帝国主義、世界資本主義）を領有し、第三世界主義的なさまざまな範疇（従属、人民）と人民主義的《ポピュリスト》表現（労苦にあえぐ大衆）を利用した急進的な言説――有無を言わせないほど説得的であることをはっきりと示す人民主義的なイスラム教的言説――をみずからの言説のうちに編み込んでいたことや、ある種の宗教的な概念を新たなそして急進的な意味で染め上げていたことに、思いが及ばなかったようだ。例えば、モスタザファン *mostazafin*――虐げられ奪われたという意味――は、いまや、解放神学が貧者に言及する場合とまったく同じような意味で都市の貧者を意味し、彼らを特権化している。しかし、その起源的出発点では、革命的イスラム教の経典の著者、とくにアヤトラ・ホ

メイニは、モスタザファンは抑圧者に抗する闘いに決起し、宗教的指導者ウラーマに率いられタウヒード（聖なる唯一制の告白－一化）とイスラム的正義に根ざすウンマ（*umma* 信者の共同体－イスラム共同体）の樹立を目指すもの、と弁じ立てているのである。[*67]

イランにおけるイスラム主義の「目的」が内在的な普遍性の約束――ジルベール・アシュカルが「永続的逆流革命」とか「反動的逆行」と呼んでいるもの[*68]――を携えるいかなる身体をも掩蔽（実際は、訴追、またしばしば殺害）することにあることを受け容れたとしても、その「目的」が解放政治の言明や機関を締め出していただけだと論ずることはできない。むしろ、もっと油断ならない強烈なやり方で、解放政治の言明や機関を、例えば、反帝国主義概念を、真に総称－一般的な人間性の創造というよりも、ウンマの防衛に縛られた宗教的義務へ超越論化することで、イスラム主義に組み入れているのである。いましばらくイランの事例に踏みとどまって言えば、イスラム主義がある種の革命的人民主義すら生み出していると理解することができるのである。それは、アリ・シャリアティという人物の場合、彼の死後に聖職者やその民兵が自分たちの右翼的目的を達成するために操作したとはいえ、

---

*67　Val Moghadam, "Socialism or Anti-Imperialism? The Left and Revolution in Iran," *New Left Review*, vol. 166, 1987, p. 14.

*68　Gilbert Achcar, "Eleven Theses on the Resurgence of Islamic Fundamentalism (1981)," in Id., *Eastern Cauldron: Islam, Afghanistan, Palestine and Iraq in a Marxist Mirror*, London: Pluto Press, 2003, p. 57.

彼を反動あるいは曖昧な存在といったふうに単純に分類することは困難である。
　シャリアティに、一方における叛乱の人民的原理と他方における宗教社会の有機論的構想との危うい混淆をみいだすことができる。ファノンやサルトルのような人びとを介して、シャリアティは、自分の政治神学に解放的原動力を組み入れている。例えば彼は、「歴史と社会を規定するにあたって基礎となり、基本的で意識的な要素として大衆を理解した最初の社会思想学派は、イスラム教」であり、[*69]歴史はカイン（権力、強制、そしてもっとも最近では帝国主義）とアベル（宗教的志向性をもつ原始共産制）という両極間での闘争であって、さらには「あらゆる年齢層のあらゆる個人の責任は、ここに描き出したこれら二つの極の間でつねに起きている闘争における自分の立場を決定することであって、傍観者にとどまってはならない」と、[*70]宣言している。しかし、シャリアティの思想（原始共産制、無階級社会、叛乱など）に明白な母型を提供する解放政治の原理そのものは、精神的諸観念に実体化され、『主体の理論』がドイツ農民戦争の宗教政治に応用した言語を用いて言えば、平等を、ウンマを「創造計画における人間の神聖な運命」として捉える視点から社会主義の欠陥を批判するというウンマ概念の急進的読解によって、唯一性（タウヒード）と不一致あるいは矛盾（シルク）との対立という形式のもとで、[*71]コスモポリタン的な唯一性の想像的領域に取り込んでいる。[*72]
　それに関連する解放的テーゼの「翻訳」は初期のより明らかに革命的‐保守主義のサイイド・クトゥブの著作にも見て取れるが、その醒めた反哲学、[*73]社会の有機体論的な構想、「平等と自由を神の前での共同的従順と捉える」定義は、正義の神聖な要求を表現し、[*74]それを単なる帝国主義からではなく、近代における不和と不安‐苦悩から最終的に自由な復古的で超越的な社会構想を縒り合わせている。
　理論家と活動家の集団〈RETORT《レトルト》〉によれば、この弁証法的領有はまた、もっとも最近における「革命的イスラム教」の具体化にも現れている。この運動の特徴は、目をみはるまでに発展し、組織的、神学的、技術的な「民主化」による普及力をもちネットワーク化された「組織‐身体」や新しいポスト‐レーニン主義的（ポスト無政府主義的）[*75]な前衛と暴力の結合の発案、そして彼らが適切にも「新しい悪質な普遍主義」と呼んでいるものである。[*76]一方で彼らもまたクトゥブの著作における現代

---

*69 Shari'ati, "Approaches to the Understanding of Islam," in Id., *On the Sociology of Islam*, trans. Hamid Algar, Oneonta: Mizan Press, 1979, p. 49.

*70 Shari'ati, "The Philosophy of History: Cain and Abel," in *On the Sociology of Islam*, ibid., p. 109.

*71 Shari'ati, "The World-View of Tauhid," in *On the Sociology of Islam*, ibid., p. 82.

*72 Shari'ati, "The Ideal Society – the Umma," in *On the Sociology of Islam*, ibid., p. 120. 以下の点を記しておきたい。このウンマをシャリアティは、「指導の純粋性」という観点から区別している、彼はそれを明確に指導者の「ファシスト的」純粋性と対照的に併置している。混乱を招きやすいことは明らかである。

*73 クトゥブの哲学と近代との関係については、Roxanne L. Euben, *Enemies in the Mirror: Islamic Foundationalism and the Limits of Modern Rationalism*, Princeton: Princeton University Press, 1999, p. 69 参照。

*74 RETORT, Iain Boal, T.J. Clark, Joseph Matthews, Michaek Watts, *Afflicted Powers: Capital and Spectacle in a New Age of War*, London: Verso, 2005, p. 146. また、*Enemies in the Mirror*, ibid., pp. 62-3 も参照。

*75 "For jihadist," *The Economist*, 18 August 2005.

*76 *Afflicted Powers: Capital and Spectacle in a New Age of War*, op. cit., p. 153.

イスラム主義の構想やムスリム同胞団の起源にある「原-ファシスト的」（それはまた陰謀共産主義でもある）な組織モデルについて記しながら、その原因を「その方向性が石油、本源的蓄積、そして〈冷戦〉的地政学であるような特殊具体的（かつ有害）な政治経済的情勢によってそそのかされた、世俗国民主義的な発展の危機」に起源をもつものとみなしている。[*77] 同様の評価は、イラン革命後、中東政治の鋭敏なマルクス主義的分析家の一人、ジルベール・アシュカルが提起している。イスラム主義現象のプチブル的起源の古典的分析を提供しているアシュカルが提示したイスラム原理主義についてのテーゼは、「悲境を嘆くプチブルの暴力と憤激は前代未聞である」といった文章に見られるように、〔マルクス主義的な〕ファシズム分析を踏襲している。実際、アシュカルはイスラム主義現象とブルジョワジーとの関係（とくにエジプトにおけるそれ）を極右の運動やファシズム一般に対するよくある対応の展開と理解している。バディウの表現を借りて言い換えれば、反動たちは、進歩派に蒙昧な連中をけしかけては、いつも幸せな気分になる。とくに蒙昧な連中が「国民問題と社会問題という左派お好みの二つの論題で左派に高値をつける」ときがそうだ。イスラム原理主義は、この意味で、「反動的ブルジョワジーの補完者」を代表している。[*78] しかし、アシュカルにとって、このプチブル的反動の登場が唯一可能なのは、革命的プロレタリアートが脆弱で、国民革命と民主革命という目的をブルジョワジーが引き受ける力がない、あるいはその意欲がない場合だけである。[*79]

この意味で、イスラム主義の政治的主体としての登場は、必ずしも解放政治に対する特別な反応を代表しているわけではなく、むしろその不在、現在を現実において生産する先進的部分の一時的不能を特筆大書的に現実化したものにほかならない。政治的主体化についての考え方が同盟あるいはヘゲモニーといった考え方を妨げているかに見えるバディウとは異なり、アシュカルはイランにおける現実（彼の主要な参照項はまさにこれだが）にほかならない可能性を、つまりプロレタリアートの主体はその共通の敵である帝国主義に反対し、「国民的で民主的な社会問題」のために闘うイスラム主義者たちと手を組んで闘うことを強いられているという可能性を模索している。それでも、これはいかなる点においても真の同盟を構成するわけではない。というのも、「革命的社会主義者の任務は闘う大衆にかけられた呪縛［イスラム原理主義］に反対して非妥協的に闘うこと」だからである。[*80] 少なくともここで言えるのは、こうした古典的なマルクス主義的立場からですら、他なる主体という問題――解放的な政治的現在を生み出しながら、反動と蒙昧主義者とどのように対峙するかという問題――が喫緊であると同時に不可避であるものとして立ち現れているということである。

結論

バディウによる「真ならざる」主体の理論化は、「イスラム主義」について、どのように機能してい

*77 Ibid., p. 162.
*78 Achcar, "Eleven Theses on the Resurgence of Islamic Fundamentalism (1981)," op. cit., p. 56.
*79 この立場は、イスラム主義の主体的な軌跡や源泉についてもっとも詳細かつ啓発的、また共感をも示している者の一人、フランソワ・ブルガによって支持されている（François Burgat, *Face to Face with Political Islam*, London: I.B. Tauris, 2003）。
*80 Achcar, "Eleven Theses on the Resurgence of Islamic Fundamentalism (1981)," op. cit., p. 59.

るだろうか？　僕たちが数少ない事例や人物からだけでも、バディウの主体的空間理論という観点から「イスラム主義者」とみなされているであろう政治の多数派を形式化することには困難がつきまとっていた。たとえ僕たちが普遍的なものの優位性というテーゼ――「他なる」主体は、忠実な主体とこの主体が生み出そうとして奮闘する現在との出現の結果によってのみ、勃興するという考え方――を受け容れたとしても、一方における忠実な主体と他方におけるその二つの対応物《カウンターパート》である反動的主体と曖昧な主体との特殊具体的な関係性が、依然として問題として残ったままである。

第一に、曖昧な主体――その行動と言明をある一箇の超越的な充実身体に捧げる主体――は、必ずしも忠実な主体の掩蔽をその明確な目的として行うわけではない。現在の情勢から得られた厄介な教訓の一つは、反動派や蒙昧主義者は、コミュニズムの政治の類似物あるいはその代役を打ち負かすことで、忠実な主体に対する直接対峙を必ずしもかいくぐることなく、相互に対峙しているということである。あるいはむしろ――少なくとも見世物的レヴェルで言えば――僕たちがいま直面している事態は、「自由と民主主義」であれ、反帝国主義の神秘的で神学的な腐敗であれ、スローガン相互の闘争であり、それは、一方で解放的主体性の痕跡をまといながらも、解放的主体性に直接向き合おうとはしていないのである。

その発生が進歩的主体の発生過程と同時代的だった場合、イスラム主義の曖昧な主体は、総称‐一般的な主体に身体を与える可能性もあったいかなるものも徹底的に殲滅したが、バディウがほのめかしたであろう見解とは反対に、曖昧な主体は解放政治の基礎をなす主張のあらゆる痕跡を消去したわけではないのである。それどころか、それ自身の人民主義や戦略的な能力不足によって混乱していた左翼への対抗手段としては充分にその効果を発揮した彼らの戦術は、あたかもその世俗的でコミュニズム的な様相《ヴァージョン》が復古的で永遠のイスラム政治の堕落形態にすぎないかのように、その従属的で有機体論的な平等主義を上手にこなしながら、解放の重要原則を選択し、実体化することであった。この意味で、曖昧な主体は、現在の単なる破壊者というよりも、むしろ現在の盗人なのである。

現代ではほとんどの場合に当てはまるが、イスラム主義が解放を担うような人物とじかに接触しない場合、イスラム主義は資本主義的反動の追随者（ラムズフェルドやウォルフォウィッツなどの冷戦の戦士）と手を携えてその任務を果たすように思われ、解放の政治とはいかなる明白な関係性ももっていない（ソヴィエトの幻影の敗北を悦に入って眺めたり、反帝国主義と平等主義の神学的変種を売り回ったり、あるいは今日のレバノンやエジプトで社会主義者やコミュニストのグループと戦術的な同盟を組んだりするような者をとりあえずおけば）。ある意味でこれは、現在の生産からその否定、さらにその掩蔽へと動くという、バディウの配列を裏づけることになる。しかし、これらの運動の具体的な戦略的歴史と非常に密接に関わっているという理由から、イスラム主義の変幻自在な反‐身体（具体的にはカリフ制）は、主体化された普遍的身体の直接的な掩蔽というよりも、むしろ反動によって生み出された政治的空白への神秘的な充塡物と理解されるべきだろう。だからといって、イスラム主義が蒙昧主義者ではありえず、また実際に、公然とした憎しみに充ちた反共主義者ではありえない、などと言っているわけではない（ビン・ラーディンの絶滅宣言を思い起こしてみよう）。僕が言いたいことは、現在、僕たちの主体的空間が、「ポスト社会主義的」主体性がとったわかりやすい諸形式に対する彼らの闘争というよりも、非‐普遍主義的な主体間の闘争によって支配されているということである。

そうは言っても、反動と蒙昧主義との血まみれで離接的な綜合、ギガントマキア〔神々と巨人の戦い〕の現前は、それ自体として、「真なる」主体の出現を閉め出すわけではない。だからこそ、この気がめいる空位の時代では、普遍主義的な勇気と正義に身を開き続けるだけでなく、バディウのいくつかの試みに乗って、現代における真ならざることや半分しか真ではないことの主体についての力強い理論を展開するのも、悪い考えではないだろう。

第7章
前―政治的時代の政治

おのれの時代を思考において摑め！　こうした哲学的厳命は、今日、方向性を失ったという不安と復活した熱狂との狭間で揺れ動き、身動きが取れなくなっている。

この不安を規定するものは危機の客観的な時間性である。ここでの危機は、語源的にはヒポクラテスの医術から派生した医学用語――「決断が下されてはいるが、まだ言い渡されていない」局面という意味での――に由来している[*1]。いわば、患者が〔医師の〕診断を待ち受けているまさにそのとき、である。それは破滅的色調が影を落とす不安である。というのも、最終的崩壊といった崇高なイメージを告げ知らせることもなく、「回復」といえば社会の停滞や後退だけが思い浮かび、そうでなければ平凡な未来を刻みつける出来事だけが心底否定的に続くといった拭いがたい気持ちが支配的だからである。

熱狂とは、政治的行為についての集団的で普遍化可能な情熱に駆られた判断を表明せよとまたしても懇願する、観客の意識の側で生まれるものである。カントが、自分が暮らすケーニヒスベルクでフランス革命が公然と言祝がれ、革命に対して哲学が示す両義性のある種の「原光景」としてあの瞬間を超越論的に捉えたことをとりあえずの参照項として用いれば、僕たちは今日、さまざまな前 - 歴史的な徴候を目の当たりにしている、と言うことができる。これは、しかし、みずから〔の性格〕を規定してしまう〈恐怖《テロル》〉と手段を選ばないやり方を不問に付し、その正統性を人類の統整的歴史に据えることで進歩の担い手と判断されるといった問題含みのやり方が帯びる歴史的な徴候ではなく、政治と歴史が集合的言明と哲学的言明の対象 - 目的となりうる徴候である。つまり、政治的判断についてのポスト政治的あるいはポストモダンな解釈が宙吊りにされるか、打ち切られる、そうした徴候なのである。

これらの徴候は「前 - 歴史的」だが、それは、チュニジアやエジプトにおける蜂起が、革命という名を世界中に流通させはしたものの、僕たちの時代に見合った革命の概念や実践はいまだ展開されないままであるという意味で、「前 - 歴史的」なのである。これらの情動を一箇にまとめて記載するとすれば、不安に充ちた熱狂のようなものが解放（言うまでもないことだが、現代の政治的語彙における別の用語が、問題そして要請として、その概念と実践を待って、その代役を務めているのである）についての僕たちの思考を表している、と言えるのかもしれない。哲学界のレヴェルだけでも、過去三〇年の急進的思想で、しばしば暗黙の「常識」にとどまっていたとはいえ、ある種広く共有され、政治的に重層決定されてきたことに、今日、疑問符が付されたことは明白である。

とどめようがない解放と世界革命という語りが陳腐となったことを認めたうえで、しばしば史的唯物論の平板な偶像と対比されるこうした急進的思考は、出来事、行為、あるいは不和《ディセンサス》といった政治の非連続を担う形象を練り上げることで、現状を解放的な身振りで否認することに忠実であり続けようとしてきた。つまり、図式的に言えば、一九七〇年代と一九八〇年代、「大陸」哲学と政治思想にとっての関心の的として「出来事」という概念が登場したことは、世界的《グローバル》な変化・世界－変革のための名として革命という範疇を使用することを正当化する集約的な地平の喪失、あるいはその批判と密接に、関係している。政治的主体性の社会的源泉をめぐる絶望的な展望、つまり階級的主体の不在を埋め合わせるためにその包括性を削り、担い手を非連続の結果とする――非連続が担い手によってもたらされたということではなく――という代価を払ってまで解放に向けた断絶の可能性を維持しようとする傾向が続いているのである。言い換えれば、いまや決断は決断者に先行し、この決断者は変革という世界的《グローバル》な企図の表立った担い手ではなくなったのだ。

そうは言っても、過去二〇年ほどの時代で急進的思想に大きな影響を及ぼした断絶や非連続性は、少なくとも主体におけるそれであった。確かに集合的担い手が社会に存在するとは言えない。けれども、支配的秩序の真の意味での攪乱と機能不全は、不安定とはいえ、主体が生み出したのである。この点に関して、その公然たる反－経済主義と反－決定論にもかかわらず、ポスト－マルクス主義的な

＊1　Reinhart Koselleck, "Crisis," *Journal of the History of Ideas* 67(2), 2006, p. 361.

急進思想の変種の大方が、まず間違いなく、誤謬を弄んでいる。それをグラムシは、不和《ラプチャー》を主体化のための必要かつ十分な原因としたうえで、集合的担い手をあらかじめ構築することだけが、社会的・経済的な秩序の危機を準備し、介入し、そして必要であれば加速することができるという自分の示唆を蔑ろにするものであるとして、「歴史神秘主義」の名の下に批判したのである。[*2]

しかし、今日問われているのは、一九七〇年代と一九八〇年代に、解放の政治的形而上学、存在−神学と考えられていたマルクス主義との訣別に多かれ少なかれみて取れるように、出来事（あるいは行為、不和《ディセンサス》）の政治という考え方《アイディア》が革命という理念《アイディア》を飽和させ、陳腐なものにしてしまったことに関わっているのかどうか、という論点である。革命を解放、反−システム的な非連続性の名として用いず、それに代えて出来事を用いるということはまた、全体性と全体化という範疇がそのうちにはらむ形而上学的な首尾一貫性の欠如を攻撃することに深く関わっている。

バディウの哲学、メタ政治学、政治的コメントは、これらの問いを引き受ける唯一無二の存在であり、またその尺度《バロメーター》ともなっている。彼の作品を際立たせるその政治的刻印と哲学的創造との駆け引きはまた、とくにその時代区分、局面の開放あるいは配列の閉鎖というその挙措における移行《シフト》を表している。バディウの思考がけしかけている重要な問いは、あの時代が例外の主体から生まれた純粋に政治的なことなのか、あるいは〈歴史〉として全体化、表象、「理念化」することもできるものなのか、あるいはそうではないのか、である。

論争的試論《エッセイ》であり政治的介入であるバディウの《状況シリーズ》に最近付け加わった『歴史の目覚め *Le Réveil de l'Histoire*』というタイトルとそこで提示された主要なテーゼこそ、僕たちが解放を思考するにあたって登場してくる革命的地平の回復力――どんなに薄弱かつ曖昧であったとしても――という観点から、探求してみたい当のものにほかならない。バディウは出来事‐革命という一対を、ごく大まかというほかないようなやり方で説明することが帯びる人を怯ませるようなその特徴に部分的な証拠を差し向けることで、反動と復活という状況下で非‐支配の政治という概念を発案し直すことを試みている。そして僕といえば、ブックエンドのように挟んでいると言ってもよいであろう彼の二冊の本で提出されている範疇を通じた迂回によって、その説明をしてみたいわけである。その二冊とは、さきの『歴史の目覚め』（二〇一一年刊）と旧作『政治は思考可能か』（一九八五年刊）である。そ

＊2　グラムシは次のように書いている。「直接に経済的な要素（恐慌等）は、野戦砲兵隊と考えられる。それは、戦争においては、敵の防禦線に突破口を切り開く。その突破口は、味方の軍勢が突進して、決定的な（戦略的な）勝利、またはすくなくとも戦略路線の準線においては重要な勝利をかちとるのに十分なものだ。当然のことだが、歴史学では、直接に経済的な要素の有効性は、機動戦における銃砲兵隊よりも、ずっと複雑なものだと考えられていた。なぜなら、この要素は、つぎの三重の効果をもつと考えられたからである。(1)敵を混乱させ、敵に現在の力と未来にたいする自信を失わせたのちに、敵の防禦線に突破口を切り開くこと。(2)急速に自己の軍勢を組織し、幹部を養成し、またはすくなくとも、既存の幹部（そのときまでに一般的歴史過程によって仕上げられている）を、散開している軍隊にすばやく配置すること。(3)到達すべき目標を一致させるために、急速に、イデオロギー的集中をおこなうこと。これは強固な経済的決定である。効果が時間的、空間的にひじょうに急速なものとみなされているからなおさらそうだ。だからこれは、真の、固有の歴史神秘主義であり、一種の奇蹟的啓示の待望なのである」（『グラムシ選集　1』山﨑功監修、合同出版、一九六一年、一七六頁）。

して僕がいま触れた、不安に充ちた熱狂と深く共鳴しているその範疇とは、前‐政治的なことという範疇である。

一方における前‐政治的なこと、他方における革命的な意識と志向性（あるいはコミュニズムの〈理念〉）の欠如がその定義とされる造反・暴動・蜂起の政治、これら両者の関連の重視は、なにもバディウに限ったものではない。前‐政治的なことは、エンゲルス『ドイツ農民戦争』この方——時間性、主体性、そして（資本主義的）全体性という象限軸に規定されて——造反と革命の境界線を画定するという、史的唯物論による種々の試みを規定してきたのである。イギリスのマルクス主義歴史学者のエリック・ホブズボームが『素朴な反逆者たち』で、エンゲルスの図式を、資本主義的な近代化による剝奪《ディスポゼッション》と大変動で苦しんでいたヨーロッパ諸国の貧困で周辺的な地域（イタリアのシシリー、スペインのアンダルシア）で暮らす農民《ペザントリー》‐小農の間で広まった、近代の千年王国運動の研究に適用しようとしたが、そのとき多くの点で彼の研究に体系性を与えたのもまた、この前‐政治的なことという範疇だった。

この枠組みに従えば、千年王国運動は、その「素朴な」特性が政治的用語で理解されるべき、反動‐形成として現れる。千年王国という観念を動員することで資本主義の地殻変動に応答する農民は、資本主義という野獣の胎内《はら》で成長する反‐資本主義——すなわち、労働運動——がその資格としてもっていなければならない成熟した多様性を携えた組織の団結と政治的インパクトを、いまだ手に入れることができないでいた。よく知られているように、ホブズボームは、いまだ農民が数的には世界的大衆の大多数を占めていることに触れたうえで、自分の研究対象を「世界についての自分たちの願望を表現するための特殊具体的な言葉を、まだ見つけていないか、やっと見つけはじめたばかりの、前－政治的な人びと」と呼んでいる。[*3] ここでの「前 pre-」は、政治的心性《メンタリティ》と組織（化）能力という観点から確定される時間軸上での後進性と言い換えることができる、空間的な外部性あるいは周縁性によって決定されている。

この本が関心をもつ男女たちは、かれらが、背後に労働組合運動の四世代をせおって資本主義の世界に生まれてきたタイン河畔の技師のように、資本主義世界に生まれてきたのではないという点で、イギリス人たちと違っている。かれらは、資本主義の世界のなかに、移民の第一世代としてやってくるのであり、あるいは、さらに破局的でさえあることに、その世界がかれらに対して、外側から、かれらが理解せず制御できない経済諸力の作用によって、気づかないうちにやってくるか、あるいは、それらの諸帰結を、かれらがその実現を助長しているときでさえ理解しないであろうような、征服、革命、法律の根本的変化によって、こっそりやってくるのである。かれらはまだ、近代社会とともにには、あるいはその中へとは、育たない。かれらは、その中におしこまれるか（…）かれらがその中にわりこむのである。かれらの問題は、その生活と諸闘争に、自分たちをどのようにして適応させるかであり、この本の主題は、かれらの古風な社会諸運動の中に

＊3　E・J・ホブズボーム『素朴な反逆者たち——思想の社会史』水田洋・安川悦子・堀田誠三訳、社会思想社、一九八九年、二八頁。

表現されたような、適応の（あるいは適応失敗の）過程である。[*4]

千年王国運動は、「適応 adaptation」というこの問題に、少なくとも当初は、いわゆる純粋に否定的な形で、応答していた。千年王国運動は、「現在の邪悪な世界の徹底的な拒否、およびそれとは別のよりよい世界への情熱的なあこがれ」によって駆り立てられる限りで、適応の失敗はその「存在理由」であるかのように映っている。農民たちは、終末論的イデオロギーで覆われ、既存の聖典や諸説融合の拵《こしら》え物にその「存在理由」を求めているが、そうした彼らはまた、あるがままの政治世界への敵意という理由から、「新しい社会を生み出す現実的な方法についての、根本的な曖昧さ」からの影響を避けることができない。[*5]

政治が、その必然的結果として、計算可能な目標（ホブズボームによる古典的な「綱領《プログラム》」的前提）を考慮した手段の組織化を必要とするとすれば、こうした運動はまさしく前‐政治的ということになる。前《プレ》‐政治的なことが、原《プロト》‐政治という意味で、つまり、同盟や闘争が現実政治の結合価《ヴァレンス》を与える急進的な潜勢力を宿しているという意味で、前‐政治的なのである。まさしく千年王国運動のまったく新しい世界総体に対する否定性と「不可能主義者 impossibilist」的な欲望こそ、社会に登場する義賊といった他の前‐政治的運動がとるさまざまな形態とは異なり、千年王国運動を政治的に近代化可能なものにしている。以上がホブズボームのテーゼであり、それにはまた説得力がある。つまり、そこに込められている逆説を際立たせて言えば、ほかならぬ彼ら自身の「合理的な政治的核心」を特定することを困難にしている狂信こそ、最終的には、千年王国運動の合理的な政治的核心を構成しているということになる。

千年王国運動のユートピア主義は、他に類をみない政治的現実主義である。それは「おそらく、大革命を達成するために不可欠な、超個人的な努力を生みだすために必要な社会的手段」であっただろう。[*6]さらに、これらの運動は、政治活動家と観察者の両者に対して、次のことを証明している。まず始めにそれまでは脱政治化されていた大衆を完全に政治的主体に変えることによって、まさしく世界はすっかり変えることができるのだ、と。逆説すれば、革命主義は、まず始めに文化的危機の引き金を引くほかならぬ資本主義的システム上で実際に弾みをつけることができる組織形態を見つけることができなければ、敗北必至の一揆に変わってしまう〔とされるのである〕。アンダルシア農民の千年王国運動とアナキストの扇動を並べ、それをシチリアの束《ファッシ》が労働運動に止揚されたことに否定的側面から比較するホブズボーム自身の政治学が、ここであらわとなる。[*7]アンダルシアでは、英雄的蜂起が繰り返し敗北することによって〔前 - 政治的なことは〕秩序化《コード》されたが、シチリアでは、資本主義からの真の改革と格闘することができる革命政治に編入された、と。

＊4　同前、二二八〜二二九頁。
＊5　同前、一二六頁。
＊6　同前、一三一頁。
＊7　ホブズボームによるスペインのアナキズムの評価に関する、ローウィの的を射た批判を参照のこと。Michael Löwy, "From Captain Swing to Pancho Villa. Instances of Peasant Resistance in the Historiography of Eric Hobsbawm," *Diogenes* 48, 2000.

ホブズボームが千年王国運動を解釈するにあたって用いたこうした政治モデルへの批判は、インドにおけるサバルタン研究の誕生にとっても重要な役割を果たした。ラナジット・グハにとって「前‐政治的なこと」という概念そのものが、インド亜大陸における農民蜂起の論理を閉め出してしまう性質をもっていたが、グハにとってもっと重要なことには、前‐政治的なことという概念が、大英帝国の支配に繰り返し反旗を翻した人びとから実践的意識と政治的主体性——否定的意識と否定的主体性——を奪い去ってしまうことだった。グハにとって、この論理と意識は、その農民蜂起がとった暴力の型《タイプ》にあらわになったように、サバルタンが大英帝国当局と切り結んだ関係を特徴づける農民と当局との根本的な隔たりと圧制を体系的に否定する政治にもとづいている。グハが書いているが、「燃え上がる大邸宅の光が消え、叛乱という事実が見慣れたものになってしまえば、それが偶然でも何でもないことが理解される」のである。[*8] グハにしてみれば、「前‐政治的な人びと」という着想は、盲目的な自然発生性あるいは虚偽意識が帯びる形態を暗にほのめかしており、それでは、一世紀以上にも及ぶ農民叛乱から少しずつ汲み取ることができる彼ら固有の特性（「基本的観点」）を公正に評価することにはならない。さらに、一八世紀末から一九世紀にかけてのインドでは、直接的な暴力を用いた経済的搾取が行われていたことを考えれば、「農村大衆の戦闘的運動で、政治的でないものなどなかった」のである。[*9]

バディウは、『政治は思考可能か』における前‐政治的なことについての定式化と形式化で、『イデオロギーについて』[*10]で彼が「コミュニズムの不変項」理論という観点から一五二五年の「普通の人びと」の革命〔ドイツ農民戦争〕についてのエンゲルスの議論[*11]が詳述した論点を、まぎれもなくより弁証法的な筋道に即して、しかも多様なやり方で、拡張している。この一九八五年のテクストでの課題は、マルクス主義政治の破壊と再構成へのその図式的分割を用いて、一方における革命政治についての全体化的、移行的、綱領《プログラム》的そして／あるいは表出的な概念〔化〕と、他方における何でもかんでも従属と支配という全体状況の見地から政治の潜在的昂揚を裏づけようとする——ポスト・マルクス主義に際立っている——「観念論」を一挙同時に論駁することであった。バディウは、ホブズボームのような潮流における「前 - 政治的なこと」の公式的・時間的・主観的な理解——こうした理解では、「前 - 政治的なこと」が、単線的発展に出現する実際の革命政治の前に到来していたとされ、成熟した政治意識の獲得以下のものされる——をしりぞけ、有無を言わせない筆致で、前 - 政治的なことを非 - 支配の政治、つまりはコミュニズムの政治の問題含みの領域と素材として、表現している。前 - 政治的であることは状況であって、人民ではない、とされるのである。

『政治は思考可能か』でバディウは、次のように書いている。

私は、労働者と人民の特異性が状況に集合的に関与しているおのれを発見し、〈一〉の体制の失

＊8　Ranajit Guha, *Elementary Aspects of Peasant Insurgency in Colonial India*, Durham: Duke University Press, 1999, p. 20.

＊9　Ibid., p. 6.

＊10　訳注——Alain Badiou, *De l'idéologie*, op. cit.

＊11　訳注——F・エンゲルス『ドイツ農民戦争』大内力訳、岩波文庫、一九五〇年参照。

敗があらわになるような事実と言明の複合体を、前‐政治的な状況と呼ぶ。だから、一箇の還元不可能な「(何らかの)〈二〉が存在する il y a du Deux」のである。あるいはこれは、表象‐代議可能な地点であり、一箇の空集合である。[*12]

前‐政治的なことは、それ自体、前‐政治的なことがある状況についての法と言語の内部において行為の封じ込めがその土台からすでに崩れてしまっている一箇の状況を規定する限りにおいて、出来事の効果である。前‐政治的なことは、その意味で、社会的な潜在性の類ではなく、すでにして政治的な効果である。しかし、組織されたもの、変革する力をもつものである政治は、この新たな変化や二重性〔〈二〉への集約不可能性の識別的顕現〕、〈二〉における機能不全の単なる了解や想定にかかずらわるのではなく、成り行きについての一貫した探求と決断を通じて、当初の状況を超出することを指している。したがって、定義は次のようになる。「私は、介入の体制における出来事の首尾一貫性の確立をもって政治と呼び、それを前‐政治的な状況を超えて増殖させる。この増殖は、決して反復ではない。それは、主体の効果であり、首尾一貫性である[*13]」。

とはいえ、この伝播‐増殖は、権力と変革のあらかじめ特定されていた梃子をもって〔状況を〕備給する戦略といった姿をとらない。この伝播‐増殖は、すでに可能性という基準を放棄しているという意味で、世界に介入しはするが、それは世界の介入ではない。したがって、おのれの時代を思考において摑むものをもって哲学と理解するとすれば、その際立った対比的要素は、「おのれの時代に耳を塞ぐ」という概念、時代の内部で政治を「不可能にする impossibiliser」あらゆるものに対して耳を塞ぐという概念である。バディウは、ルソーに敬意を表して、「すべての事実を脇に置く〔すべての事実に目を塞ぐ〕ことが重要だ、そうすれば出来事が到来するだろう」と言い切っている。[*14] バディウは、なおいっそう直截に、非‐支配の政治という彼の概念を定義する賭け‐介入はつねに分析を超えている、とすら言うだろう――「政治内部での敗北をもって、私は介入者が政治を分析から引き離すことができない点とする。失敗とは、所与の確実性に介入しないということ」である。[*15]

ここで前‐政治的なことが創り上げられるが、それは「耳を貸さないこと」、所与の状況の物質的合理性と内在的法則を棚上げにしておくことによって、創造されるのである。

したがって、歴史に帰される不可能であることの本質は、時代の声〔世論〕に耳を傾けないことである。前‐政治的状況は、このように、創り上げられるが、その原理が介入であることは明らかである。社会に住まう普通の人びとが耳を傾けること l'écoute sociale ordinaire を中断すること、さまざまな事実から身を剝がして。だから警察が駆けつけるのである。いつもそれは事実という警察だ。「耳を塞ぐこと」を取り締まる警察である。「お前は耳が聞こえないのか？」と警官が言

＊12 Badiou, *Peut-on penser la politique?*, op. cit., p. 76.
＊13 Ibid., p. 77.
＊14 訳注――出典不明。
＊15 Badiou, *Peut-on penser la politique?*, op. cit., p. 104.

う。彼は正しい。警察は、すでに確立された事実、その最大の雑音を増幅するものでしかなく、その雑音は、歴史的に誰もが耳が聞こえないということはありえない以上、その言語能力と行為が証しているすべての者に話しかけるのである。[*16]

現代に暮らす僕たちにとって、アルチュセール的な意味での誰何‐職質が起こる場面の流用は、ここではきわめて当を得ているはずだ。それは以下の二つの観点からである。すなわち、〔行動の開始のために〕社会的な根拠‐理由と経済的な根拠‐理由に耳を傾けよという命を拒否するという、ますます強くなっている観点であり、この戦略的・解放的・前‐政治的な「聞かざる」に課された抑圧的影響という観点である。この前‐政治的なことを現実世界のやり方に拝跪させせよという広く浸透した根強い要求から分離することにおいてこそ、集合的主体性はみずからの源泉をみいだすのである。バディウは、それを次のような印象深い定義で要約している。

組織された集団身体（部隊）とは、何よりまず、既成事実の強制命令に対して、造り出された聾であること surdité construite である。[*17]

前‐政治的なことの定式化を主体の理論と出来事の政治の展開に結びつける糸を手繰ることは、もちろん、この本章の課題を超えている。しかし、僕たちは、『政治は思考可能か』から前‐政治的なことについての最近の考察にまで残されたいくつもの決定的な問いを炙り出すことができる。僕はそう思っている。そうした課題は、この問題についての息の長い省察からみて、『前‐政治的なことは思考可能か』と副題をつけることも許されるだろう作品『歴史の目覚め』[*18]で、別様に、またときには対照的な視点から、解明されている。

最初に取り上げるのは、革命である。『政治は思考可能か』の結論で、どこかでバディウが「マルクス主義の国外追放」と呼んだものを自分のために〔ふたたび〕明確にしているが、その参照項はポーランドにおける労働運動〔連帯《ソリダルノシチ》〕である。彼は次のように書いている。

> 無限のものは介入というリスクを負うことで拡散された出来事の首尾一貫性であるから、この事実は、無限のものは決して表現されえないという状態を作り出す。その源泉に立ち入ることができないことから、政治はその手続きにおいて再現不能である。こうして政治は根源的であると同時に終わりなきものとなる。政治には停止点もなければ、その無限性を象徴するものもない以上、その崇高を断念せざるをえない。疑いもなくこのような理由で、主体という観点から言えば、政

*16　Ibid., p. 96.

*17　Ibid., p. 110.

*18　本書〔訳注 — Alain Badiou, *Le réveil de l'histoire*, Paris: Lignes, 2011〕は、グレゴリー・エリオットの訳で、ヴァーソ社から二〇一二年に刊行された〔訳注 — Alain Badiou, *The Rebirth of History: Times of Riots and Uprising*, trans. Gregory Elliott, London: Verso, 2012〕。本章の訳は、その翻訳より前に書かれており、僕自身によるものである。

治は革命の表象－代議から強く遠ざかる。カントにみて取れるように、革命の歴史性の徴候を示す崇高なものは、その起源から現れている。しかし、ポーランドの運動の奥底にある特徴に注意しよう。それは、行為の崇高さに抗する絶え間なき内的闘争である。[*19]

「ポーランド」へのこの参照によって僕たちは、一連の政治についての時代区分と判断における興味深い変化に着目することができる。『政治は思考可能か』では、労働者の運動の意味ありげな目的論的革命論を超えて労働者の政治の創始的先駆けとして現れていたものが、『歴史の目覚め』では、イラン革命とならんで、「明確な革命期」の終焉を告げるものに読み替えられている。この時代を画する移行に加えて、哲学的な処方－命令も大幅に変わってくる。『目覚め』は、哲学教養との挑発的な対照を示しながら、〈歴史〉を解放として全体化し表象－代議すると称しうるものを提案しているだけでなく、コミュニズムの理念についてのバディウのテクストがすでにそうであったように、限定的な行為から、敵対のさらに包括－世界《グローバル》的な地平への、移行も果たしている。

したがって、トーンの変化はまた、概念の再配置の指標でもある。単に用語の問題だけではないと僕は考えているけれども、「革命の表象－代議」の棄却は、革命の再発案という要請に形態変化する。バディウが『目覚め』で述べているように、「いまの瞬間がこの〔資本主義の〕後退に対する世界的な大衆的蜂起のまさにその瞬間の始まり」だとすれば、[*20] 僕たちは、問題が反転した、とも言えるだろう。もはや行為の崇高性への攪乱ではなく、みずからに課された制限、その偽りの穏健性に対する闘争が、問題なのだ。バディウが「公開的で共有され、また普遍的な解放の実践可能な形象が、そこでは、欠けている」と『目覚め』で述べるとき、[21] 彼は、僕たちにもっとも欠けているのは……革命の表象だと述べてはいなかっただろうか？　政治の形態をみいだすことが、共有された〈理念〉から力を引き出すことだとすれば、僕たちは表象‐代議の政治を置き忘れたと言うことが、本当にできるだろうか？　バディウやその他の論者によるコミュニズムの理念というその定式化そのものにおいて、「イデオロギー」へのやみがたい欲求、いわば導き動員する表象‐代議の欲求があるという認識はないだろうか？　この「肯定‐明言する特異性」は、ある種の持続を確立するために、ある種の首尾一貫性というフィクションを確立するよう、強いられているのだろうか？

　この表象‐代議という問題は、『政治は思考可能か』と『歴史の目覚め』というこれら二つの作品を通じて、前‐政治的なことのあり方を探求するにあたって二番目に到来する問題であり、前‐政治的なことは、バディウの思考にとっても、より広義の（革命、民主主義、哲学の）思考にとってもまた、理論的な指標と時代区分の指標として使うことができる。バディウの思考を支えているさまざまな対立のうちのいくつかは、他の思想家たちや近年の風潮と相まって、彼が「復興」と呼ぶものによって、必ずしも哲学内部での首尾一貫性をもっていないにしても、隠喩的な適切さは失われてしまった、と僕は思いきって言ってみよう。革命の出来事による置き換え、また多数性を通じた全体性との離縁と

＊19　Badiou, *Peut-on penser la politique?*, op. cit., pp. 114-5.
＊20　訳注――Badiou, *Le réveil de l'histoire*, op. cit., p. 14.
＊21　訳注――Ibid., p. 61.

ならんで、解放思想と非表象－代議的な思考あるいは反表象－代議的思考との等置（認識的表象と議会的表象－代議との安易な横滑りによってしばしば拍車がかけられている等置）に関して言えば、ますます問題含みだと、僕は思う。そしてそれは、バディウ自身が、理念、象徴、あるいはさらには、フィクションという観点に立ってコミュニズムについての議論に転じたことに、はっきり現れている。『政治は思考可能か』でバディウは、他のフランス的系譜学と足並みを揃えて、反表象－代議的な思考として、弁証法を書き直していた。これは、賭けと例外の思考実践としての弁証法である。バディウは、「思考の弁証法的形態は表象との抗争によって認識されるだろう。同じような思考が、その領域で、表象不能な地点を追い詰めるだろう。そしてそのことが、人びとが現実的なことと関係を切り結んでいることを証している」と書いている。[*22] さらに彼は、「思考は表象－代議せず、表象－代議の連鎖を断ち切ることによって、さまざまな効果－帰結を生み出す。したがって、あらゆる弁証法的思考は、何よりもまず、解釈の切断 interprétation-coupure である」とも書き継いでいる。[*23] すなわち、表象－代議の拒絶あるいは表象－代議との決別は、真理への力能についての仮説と接合される。すなわち、真理が表象－代議されることなく循環する仮定が存在する、という仮説である。

そうすると、僕が見るところでは、バディウの思考を依然としてその深部から規定しているこのような定式化を、『目覚め』やその他のテクストで、資本の存在を全体性として論じ、そのうえで革命的で解放的な政治を全体化する表象－代議のための必要性とするバディウの問題含みの方法と比較すると、ある種のイロニーが見えてくる。出来事の政治は構造の非一貫性と全体性の非在に依拠しているが、それはこの二つが、党派的で、矛盾をはらみ、過程に関わると考えられる限りで、当然にも、出来事という概念が全体性という弁証法的概念と両立可能である〔とされている〕、というイロニーである。したがって、『目覚め』でバディウが、現代資本主義を、寡頭政治、強盗行為、〈帝国〉の時代への退行として、マルクス主義の価値論や危機論がかつてみずからに許していたであろうそれよりもはるかに縫い目なく滑らかで、無矛盾なものとして表象するよう提案しているかに映るということになる。

反対に、バディウの〈理念〉についての議論は、比較的正統派寄りのマルクス主義が行ってきたやり方よりもずっと表象‐代議を売りにして強調しているように思われる。否定的実践《プラクシス》の一形態としてのコミュニズムの運動というマルクスの考え方は、イデオロギー的にも、動機的にも、欠点を抱えているが、マルクスが政治の行為主体の欠点を、原理的に、観念上での首尾一貫性の欠如という点から把握してはいなかったことは明らかである。『経済学・哲学草稿』でマルクスは、「現実的な私有財産を止揚するためには、現実的な共産主義的行動を欠くことはできない」と記しているからである。[*24]『目覚め』でバディウは、暴動が呈する差し迫った特異性、潜在的特異性、また歴史的特異性を結ぶ中継《リレー》とそのそれぞれの特殊性を特定することによって、敵対関係における現代的な前‐政治的形態をめぐる示唆に富む進歩的現象学を確立している。また前‐政治的なことと出来事という範疇も、それ

＊22　Badiou, *Peut-on penser la politique?*, op. cit., p. 86.
＊23　Ibid., p. 88.
＊24　マルクス『経済学・哲学草稿』城塚登・田中吉六訳、岩波文庫版、一九六四年、一六一頁。

に応じて練り直されている。

前‐政治的な出来事、例えば歴史上の暴動は、いったん強度をはらんだ超過存在 sur-existence が、広範囲な縮減過程に接合され、状況が全体として普遍的に差し出された可視性において屈折させられるある場所を規定すると、生み出される。出来事的な状況は一目でそれとわかる。なぜなら出来事は、その可視性の普遍性によって、普遍的に差し出されており、他の皆と同じく、君も身動きが取れなくなるからである。非在の存在がそれにふさわしい場所にまさしく現れてしまったことを君は〔すでに、つねに〕知っていたのである。実際それはなぜかと言えば、すでに述べたように、何人といえどもそれを公然と否定することができないからである。[*25]

概念的に圧縮されたこの一節でバディウは、ある意味で、歴史的徴候についてのカント的理論、すなわち普遍的なものと公的なこととの提示についてのカントの理論を蘇らせると同時に取り消しもするという、二つの作業を一挙に行っている。さらに言えば、カイロのタハリール広場の民衆占拠といった現象において、「縮減による全体の表象‐代理」として、主体の局所性が状況の〈一〉と断絶することを明確に提示することによって、そうしている。[*26] 全体とは、ここでは、〈人民〉であり、またしても表象‐代議の問題機制、そしてよく知られた例の袋小路――つまりは、発話行為の主体‐主語と発話の主体‐主語との間で人民が内的に分断される――と分離できない範疇である。

表象‐代議を革命の理念と革命の主体という観点から繰り返すことができるとすれば、資本主義の問題という観点からも再検討されねばならない。これが僕の考えである。創造的で認知的そしてポストモダンな資本主義というポスト労働者主義のテーマを経由して、この問いへのバディウの取り組みを紹介するなかで僕が思ったのは、『目覚め』のバディウは、そうしたことを拒絶するために、より興味深い政治的・哲学的な問題を巧みにかわしているが、これはすなわち、危機と出来事、資本とその否定との関係という問題の探究を巧みに避けていることではないか、と。とりわけ、資本と国家、政治的なことと経済的なことの接合と離接に関わって、これは途方もなく大きな論題なのだが、僕は以下のことを簡単に示唆しておきたい。

すなわち、もし僕たちが危機の問題と資本にとっての制限を通じて――単に例の〈一%〉による強奪の組織としてというよりも、マルクスが「自動的な主体」や社会形態と呼んだところのものとして[*27]――考えれば、次のような考え、つまり「もしわれわれがこの『再覚醒』を、破壊と創造の両方であり、かつその目的が既成秩序からの真の意味での脱出である、力能の高まりと了解するなら、〈歴史〉をふたたび覚醒させるのは資本主義とその政治的下僕ではない。もちろんのことだ」という考えに[*28]、僕たちは異議を唱えることだってあるだろう、と。

＊25 Badiou, *Le réveil de l'histoire*, op. cit., pp. 104-5.
＊26 Ibid., p. 97.
＊27 訳注――マルクス前掲『資本論』第一巻、二〇一頁参照。
＊28 Badiou, *Le réveil de l'histoire*, op. cit., p. 26.

「特定の」危機を統一された任意の現象と考えることは「歴史神秘主義」の類である。けれども、そうでなければ共通点のない諸運動を否定的に要約する能力に反対することは、誰にもできない。そしてさまざまな運動は、計画、要綱もしくは〈理念〉によってではなく、バディウが正当にも耐えがたい抑圧として提示しているものへの反対によって、その団結を強いられているのである。この点で、コミュニズムのいかなる理念もまた、危機の邪《よこしま》な客観的精神、そして邪悪な新しさと闘う必要があるだろう。それは、じつのところ――いずれにせよ、決定することもなければ、自動的に生成することもない――いかなるあらかじめ与えられたイデオロギー的あるいは主観的な共通性ももたない場所を横断して、前‐政治的な状況を喧伝するよう駆り立てるものなのだ。

弁証法、史的唯物論、そしてコミュニズムは、多くの点で、前‐政治的なこととの関係によって、定義される。前‐政治的なことは、潜伏的で潜在的な前提、目的論的運動なのだろうか？　僕たちは暴動の時代に生きているが、この時代は不安に充ちた熱狂の時代でもあって、前‐政治的なことについてのバディウの思考は、今日の哲学、革命、政治の接合を再考することに関心があるいかなる者にとっても、危機‐批評的な試験場、あるいは対話のための相手である。バディウによるこの暴動の時代の定式化と現象学に、僕は、資本の寡頭制というイメージを超えて進む必要性を付け加えたいと思う。この資本の寡頭制というイメージは、今日、打ち続く危機の政治的結合価や、危機における前‐政治的なことの示差的な特異性――それはつまり、一連の政治や資本家の所有と、予期できないとはいえ、恣意的ともいえない、絡み合いであるが――を真に考えるためには、当を得ている。だがそれはまた、誤解を招きやすいものでもある。しかし、この必要性を見なければ、社会組織がとる圧倒的な形態や政治の多重決定を、社会・政治運動の決定的な条件というよりも、ある種の背景と、あるいは純粋に主観的な憎悪の形象（寡頭政治の独裁者、強盗、〈一％〉）とみなすことになってしまうだろう。さまざまな運動は、資本の抽象的支配の残酷さと具体的な擬人化に立ち向かう以上は、政治経済学の実践的な批判に関与せざるをえないのである。

訳者あとがき

「仲介者ドゥルーズ」と「消えゆく媒介者マルクス」のコミュニスト的結節は可能なのか？

マルクス主義〔という語〕はいったい何を意味していなければならないのでしょうか。[*1]

「初出一覧」にこと寄せて

この国での奇妙な慣例となって定着している〝訳者の後書き〟というものが訳文以外の手段をもってする異様な介入とぼくには思われ、その意味でぼくにとって〝訳者の後書き〟は、どうにも苦手な文章の一種類に属している。というわけで、これまでもそうしたものを書いたことはない。けれども、日本語版だけが刊行されるというやや特異な運命を背負うことになった本書『コミュニズムの争異

――ネグリとバディウ』の若い著者は、それがゆえに、この国ではほとんど知られていない。したがって、あくまで簡単な迂回文書であることをみずからに厳命したうえで、状況に即した人物紹介的な文書が本書には必要である。

またその際、本書で比較対象とされた二人の大物「コミュニスト」に関わって、いまやその大方に邦訳があるアントニオ・ネグリとは異なり、『存在と出来事』やその続編である『さまざまな世界のさまざまな論理』などといった主要な著書を含めて多くの重要な著作がいまだ翻訳されていないという[*2]、翻訳大国日本にしては珍しいバディウ受容（－需要）の欠損とそれに起因する読解における技術的困難を軽視することができない。とはいえこの問題は、それ自体大きく、いわゆる「後書き」的なもので処理できる程度の論題ではないという困難もまた、そこには重なり合って露出している。というわけで、この後書き擬きでは、コミュニズムをめぐる〈ドゥルーズとマルクスとの関係性〉の解明をネグリとバディウそれぞれにおいて展望的に嗾すというぼく自身が設定しているぼく自身のやや偏向した視点から、短い文書を回避的に書き残すことにする。

さて本書は、以下に掲示した「初出一覧」からもわかるように、著者アルベルト・トスカーノが雑誌からのときどきの要請に応じて書いてきた論考のなかから〈ネグリとバディウについて論じた論考を選び出し、一冊にまとめて日本語の著作を作らないか〉というぼくの提案に応じて、彼自身が選択した論考によって構成されている。

＊1　Alain Badiou, *Qu'est-ce que j'entends par marxisme?* Paris: Les éditions sociales, 2016, p. 12.

序文　書き下ろし

第Ⅰ部　ネグリ

第1章　"Chronicles of Insurrection: Tronti, Negri and the Subject of Antagonism," *The Italian Difference: Between Nihilism and Biopolotics*, edited by Lorenzo Chiesa and Alberto Toscano, Melbourne: re.press, 2009.

第2章　"Always Already Only Now: Negri and the Biopolitical," *The Philosophy of Antonio Negri*, Volume Two, ed. by Timothy S. Murphy and Abdul-Karim Mustapha, London: Pluto Press, 2007.

第3章　"The Sensuous Religion of the Multitude: Art and Abstraction in Negri," *Third Text*, Vol. 23, Issue 4, July, 2009.

第Ⅱ部　バディウ

第4章　"Marxism Expatriated: Alain Badiou's 'Turn'," *Critical Companion to Contemporary Marxism*, ed. by Jacques Bidet and Stathis Kouvelakis, Leiden: Brill Academic Publishers, 2006.

第5章　"Can Violence Be Thought? Reflections on Badiou and the Possibility of (Marxist) Politics," *Indentities: Journal of Politics, Gender, and Culture*, Vol.5, No.1, 2006.

第6章　"The Bourgeois and the Islamist, or, The Other Subjects of Politics," *Cosmos and History: The Journal of Natural and Social Philosophy*, Vol.2, No. 1-2, 2006.

第7章　"Politics in Pre-Political Times," *Politics and Culture*, September 1, 2014 (politicsandculture.org).

それぞれの論考の発行年からも明らかなように、ほぼここ一〇年で、つまり以下に世代〈論〉絡みでその意味に触れるように、トスカーノが三〇歳代に公表した論考が中心であり、またそれは、著者自身の要請で決められた本書のタイトル「コミュニズムの争異」が、言うまでもなくネグリとバディウとの間で、しかものちに触れるように、おそらくはそれぞれの敗北の時代の凌ぎ方の違いに影響され、また二〇〇九年から二〇一三年にかけて四回にわたって開催された〈コミュニズムの理念〉会議《コンファレンス》に併走して、露わになってきた時期とも重なっている。[*3]

ポスト〈六八年〉世代

ところで何よりもまず、トスカーノとは何者なのか、でなければならない。例えば、一九九七年、いまではニュースクール大学と呼ばれている New School for Social Research (NSSR) の Eugene Lang College で学士を、その翌年にはアイルランドへ移動し University College Dublin で修士を、また二〇〇三年には比較的新しい英国の大学 University of Warwick で哲学博士をそれぞれ取得したという履歴書

＊2　とりあえずは Alain Badiou, *L'être et l'événement*, Paris: Seuil, 1988 や id., *Logiques des mondes. L'être et l'événement, 2*, Paris: Seuil, 2006 など。

＊3　ことさらに喋々する必要はないが、これら四回の会議《コンファレンス》のうち、ロンドン〈第一回〉とベルリン〈第二回〉がもっとも重要であり、第三回のニューヨークは、二〇一一年九月から翌年の九月まで「続いた」ウォール街占拠運動との呼応という観点が考慮された。なお第四回のソウル会議《コンファレンス》については、その内実がよくわからない。

を公表している人物で、その英語の抑揚には地域的特性を感じ取ることができず、その英文の文体にはそこそこの癖――英語以外の言語体系の臭い――があるなどと書いてみたところで、イタリア出自にみえる固有名をもつこの人物を説明したことにはならない。けれども、こうした情報が端的に告げる事実――つまり、移動――が長い歴史をもつコミュニストたちにとって不可欠な生活スタイル《ノマディズム》に関わっていることを強調したうえで、四〇歳のトスカーノは、ぼくがこれまで異なった視角からトスカーノと同様に興味深く思って追跡してきたもう二人のこれもまた移動する気鋭の思想家――すでに邦訳（出色のドゥルーズ論）が一冊ある四〇歳代半ばのピーター・ホルワード[*4]と、この国の読者には馴染みが薄い五〇歳のブルーノ・ボスティールス[*5]――とキャッチアップ気味に併走し、コミュニズム哲学の最前線をめぐって、基本的には英語圏で論陣を張る活動（家）的な研究者であり、しかも最後に触れる意味で、マルクス的な政治経済学批判の重要性にいまだしがみつく六四歳の研究者としてのぼくにとって、元気を与えてくれる研究者である。

　奥付の著者紹介でもわかるが、彼は現在、ロンドン大学ゴールドスミス・カレッジで、英国以外の制度名で言えば准教授に当たる〈Reader〉として教鞭を執っている。年齢に比して多産な書き手である彼は、同時に、米国、マサチューセッツ大学アマースト校の経済学研究者を中心とした批判的研究者や学生たちが集って一九八八年に創刊された *Rethinking Marxism* 誌[*6]に遅れること約一〇年の一九九七年に創刊され、その構成メンバーからいって前者よりもやや政治的に活動（家）的な側面が強く、一方で英国における新左翼の運動を理論的に嚮導してきた *New Left Review* 誌と連携しながらも、他方で微妙に一線を画してもいる *Historical Materialism* 誌の編集者という、激務もこなしている。年に一回、約一週間の日程で開催されるコンファレンスのいくつものパネルをほぼ毎日複数仕切っている彼の姿は、日程期間中必ず開かれる若い研究者や活動家との夜のパブでの「セッション」とともに、いまやコンファレンスの風物詩となっている。

　ともあれ、*Rethinking Marxism* 誌と *Historical Materialism* 誌は、例えば一九四九年に米国で創刊された *Monthly Review* 誌[*7]や一九六〇年に英国で創刊された *New Left Review* 誌[*8]といった新旧左翼のそれとは異な

---

*4 カナダ人の彼は、オクスフォード大学で学士を取得後、イェール大学で学位をとり、現在、キングストン大学教授である。その著作を限定的に掲示するとすれば、Peter Hallward, *Absolutely Postcolonial: Writing Between the Singular and the Specific*, Manchester: Manchester University Press, 2001、id., *Badiou: A Subject to Truth*, Minneapolis: University of Minnesota Press, 2003、id., *Out of this World: Deleuze and the Philosophy of Creation*, London: Verso, 2006（『ドゥルーズと創造の哲学――この世界を抜け出て』松本潤一郎訳、青土社、二〇一〇年）、id., *Damming the Flood: Haiti, Aristide, and the Politics of Containment*, London: Verso, 2007、そして id., ed., *Think Again: Alain Badiou and the Future of Philosophy*, London: Continuum, 2004 などが挙げられる。

*5 ベルギー生まれの彼は、ペンシルベニア大学で学位を取得後、現在はコーネル大学教授で、その著作を限定的に掲示すれば、Bruno Bosteels, *Alain Badiou, une trajectoire polemique*, Paris: Editions La Fabrique, 2009、id., *The Actuality of Communism*, London: Verso, 2011、id., *Badiou and Poilitics*, Durham: Duke University Press, 2011 などがあり、Alain Badiou, *Théorie du sujet*, Paris: Seuil, 1982 および id., *L'Antiphilosophie de Wittgenstein*, Paris: Nous, 2004 の英訳者でもある。

*6 Kenan Erçel, Maliha Safri & S. Charusheela, "Re/membering Twenty Years of Rethinking Marxism: An Interview with David F. Ruccio and Jack Amariglio," *Rethinking Marxism*, Vol.20, No.4, 2008 参照。

り、〈六八年〉後における左派の潰滅と世界的な拡がりをもってそのように表現できるであろういわゆる「鉛の時代 *Anni di piombo*」からベルリンの壁の倒壊とソヴィエトの崩壊にいたる時代、またその後の、楽天的にも「冬の時代の終わり」が告げられながらも、[*9] 今世紀初頭の〈9・11〉からリーマンショックを経て、ウォール街占拠運動の昂揚とその容易に予期された後退を一挙に突き抜け、またいわゆる「アラブの春」とその後におけるイスラム国の擡頭と難民の大移動、英国の欧州連合離脱、そして米国におけるトランプ政権の樹立やヨーロッパにおけるル・ペンらのファシストの擡頭など、その本来のあり方である〈資本－脱領土化と国家－再領土化との衝突〉というまさに資本の政治循環の新局面に導かれて、いまや様相転換を示しつつある新自由主義とグローバル化＝アメリカ化の時代を凌ぎ（あるいは逆手にとって）、新たな革命派の理論的再興を目指すための機関誌《オルガン》 *Historical Materialism* を献身的なセバスチャン・バジェンらとともに運営しているトスカーノは、ボスティィールスとホルワードとともに、マルクス派のバディウ研究者の若手の一人である。

ドゥルーズとマルクス

ところで本題だが、このようにトスカーノの人物紹介を世代論的に行うにあたって、なぜ繰り返しボスティィールスとホルワードにも言及するのか。それは、トスカーノが正面において比較的に論じているネグリとバディウ、そしてその比較考量を背後で差配しているとされている彼のいわゆる「仲介者 *intercesseur*」としてのドゥルーズ[*10]という三幅対こそ、ボスティィールスやホルワードなどの長いポスト〈六八年〉を凌ぐ左派の戦略の一つだったからであり、その点でもトスカーノ、ボスティィールス、ホルワードという若い世代における優れた批判的論客のまさに三幅対は、濃淡さまざまにその接触度が異なるとはいえ彼らがその対象として論じている、ネグリ－〈ドゥルーズ〉－バディウという三幅対と一対となって、典型的な批判運動を創り続けているからである。

そしてここで賭けられた問題、あるいは検討されねばならない問題は、コミュニストという語のもとでとりあえず括られながらもマルクス（主義）をめぐって端的に対立している、ネグリとバディウという二人のコミュニストが、トスカーノがみずから期待したように、ドゥルーズによって上手く「仲介」されうるのか、またそのためにはどのような議論が結節環として必要なのかという点である。またこの点に関わって、ホルワードやボスティールスに較べてトスカーノの場合にこの問題がひときわ重大なのはなぜか、という問題である。この点をことさらに顕揚するのは、これがトスカーノひとりの問題ではなく、まさにぼく自身の問題でもあるからである。言い換えれば、トスカーノに本書の

＊7　Robert W. McChesney, "The Monthly Review Story: 1949-1984," *MRzine*, June 5, 2007 参照。
＊8　Ian Birchall, "The autonomy of theory: A short history of *New Left Review*," *International Socialism* 2:10, Autumn 1980 参照。
＊9　Antonio Negri, *The Winter is Over: Writings on Transformation Denied, 1989-1995*, ed., by Giuseppe Caccica, Introduction by Jason E. Smith, trans. by Isabella Bertoletti, James Cascaito, and Andrea Casson, Los Angeles: Semiotext(e), 2013.
＊10　〈仲介者 intercesseur〉に関連して本書で訳者註記した著作とは異なる参照文献を指示しておく。« Les intercesseurs / Gilles Deleuze » (http://lesilencequiparle.unblog.fr/ 2010/02/23/les-intercesseurs-gilles-deleuze/).

構想を依頼したのは、ぼくと彼が、ネグリ‐〈ドゥルーズ〉‐バディウという三幅対に関わって同一の厄介な問題――マルクス（主義の政治経済学批判）の所在――を抱えているからにほかならない。そして、この三人のなかでもっとも若いトスカーノが、本書全編を通じて明示的というよりもむしろ戦略的に暗示的に、たんなる〈六八年〉後におけるマルクス（主義）のありようという問題だけに留まらず、マルクス主義におけるマルクスの政治経済学批判の問題を、この国のそれとは異なる視角から、問い続けていることが、ぼくには得難くも大切なのである。

逐一挙げないが、全編を通して、例えば宇野弘藏の方法論的模写の主体論的反転を感じさせるネグリの「傾向」概念の読み直しや、それに密接に関わる「（主体的）傾向と（唯物論的）構造」においてコミュニズムを論ずることで「還元論的経済主義」と「マルクス主義の自己参照」の限界を批判しながら、バディウとネグリの双方における「非決定性」と新たな「科学」論を論ずるトスカーノ、唯一の階級であるブルジョワジーを論じてバディウとドゥルーズ（＝ガタリ）を結びつけるといった議論を――おそらくは無意識に――展開するトスカーノ、生きた労働とフーコー的な人口概念との直接的な結合によって生政治を論ずることの是非を検証するトスカーノ、アルチュセール的な〈呼び掛けinterpellation〉を突破する「前‐政治的なこと」にある種の期待をかけるバディウ的トスカーノ、出来事と革命の差異を論ずるトスカーノ、これらのトスカーノは、こうした論点をほぼ顧慮することなくバディウと彼の「政治」を論ずるボスティールスとホルワードに較べると、ぼくにとってはきわめて刺戟的である。またその意味で、ぼくは冒頭に、ネグリによる批判を強烈に意識しながらマルクス主義についてやや衒学的に講義する最近のバディウを引いたのである。

それは、二〇〇九年にロンドンで開催された第一回〈コミュニズムの理念〉会議《コンファレンス》で少しずつ顕在化し[*11]、二〇一〇年にベルリンで開催された第二回〈コミュニズムの理念〉会議《コンファレンス》で、敵対的とまでは言わないが、少なくとも強烈な「争異」としてあからさまになったことこそ、ドゥルーズを「仲介者」としてネグリとバディウを論ずるとした本書の重要な書き割り、しかもある意味で意図的に抹消されていた書き割りである、マルクスという乗り越え不能な存在の改釈という論点にほかならないからである。

ネグリはベルリンで、バディウを次のように挑発した。

> マルクス抜きでコミュニストであることは可能なのか？　当然だ。（…）われわれは、したがって、マルクス抜きでコミュニズムを論ずることなど不可能だと考える[*12]。

＊11　*L'idée du communisme. Conférence de Londres, 2009*, éd. par Alain Badiou et Slavoj Žižek, Paris: éditions lignes, 2010: *The Idea of Communism*, edited by Costas Douzinas and Slavoj Žižek, London: Verso, 2010（『共産主義の理念』長原豊監訳、沖公祐＋比嘉徹徳＋松本潤一郎訳、水声社、二〇一二年）。

＊12　Toni Negri, « La construction du commun: un nouveau communisme », in Alain Badiou et Slavoj Žižek éd., *L'idée du communisme*, II, Paris: éditions lignes, 2011, p. 199 et p. 210. これには異文がある。Toni Negri, « Est-il possible d'être communiste san Marx? », *Actuel Marx*, no. 48, 2010 およびその英訳である Antonio Negri, "Is It Possible to Be Communist Without Marx?", *Critical Horiozons*, 12:1, 2010. 強調は引用者。

さらにネグリを引こう。

君はマルクス主義者であることなくしてコミュニストであることができるのか？　マルクスとは決して親しく付き合おうとしない（…）フランスの「毛沢東主義者」とは対照的に、例えばドゥルーズとガタリは、マルクス主義者であることなくコミュニストであったが、しかし彼らはきわめて有効なやり方で非マルクス主義的コミュニストだったし、まただからこそ人びとは、ソノ死ニ当タッテ *in punctuo mortis*、『マルクスの偉大 *Grandeur de Marx*』というタイトルを冠された著作の著者として、ドゥルーズを語ることができたのだ。[*13]

ネグリからの最初の引用文における中略部分では、もう一つの引用文——論理的には、やや混雑しているが——でネグリが「フランスの『毛沢東主義者』」と、直接名指すよりもより攻撃的にバディウを批判したうえで、コミュニストはマルクス主義者でなければならないと論じられている。[*14] トスカーノも本書で触れているが、こうしたネグリによるバディウ批判は会場では深く論じられることがなかった。[*15] しかし、であればこそ、トスカーノは、ネグリとバディウを同時に師とするという引き裂かれのなかで、しかもドゥルーズというネグリとバディウが相見える表舞台に引っ張り出された「仲介者」ではなく、マルクスという消滅する媒介者を配置して、両者を結節的に論じなければならなかったはずである。とすればトスカーノにとって、またぼくにとっても、ネグリにとってのドゥルーズとバディウにとってのドゥルーズをそれぞれ腑分け的に論じたうえで、[*16] ドゥルーズとマルクスとの関係が問題として設定されねばならなかったのであり、おそらく本書にとってもそうでなければならないだろう。つまりぼくたちは、「マルクス主義者としてのコミュニスト」（ネグリ）と「非マルクス主義的なコミュニスト」（バディウ）がドゥルーズとマルクスとの関係性というまさに「仲介者」によって結節可能かどうかを、まさに「政治」と「前-政治」の問題として、問われているのである。

＊13　Negri, « La construction du commun: un nouveau communisme », op.cit., p. 204.

＊14　なお前註でも明らかだが、ベルリン大会の報告は第二回会議《コンファレンス》と明記したうえでフランス語版で刊行されたが、英語版ではベルリン会議《コンファレンス》の報告書が出版されず、二〇一一年にニューヨークで開催された第三回会議《コンファレンス》の報告が、二冊目の報告書（*The Idea of Communism 2: The New York Conference*, edited by Slavoj Žižek, London: Verso, 2013）として出版され、二〇一三年に開催されたソウル会議《コンファレンス》についての報告書は、*The Idea of Communism 3: The Seoul Conference*, edited by Alex Taek-Gwang Lee and Slavoj Žižek, London: Verso, 2016として刊行された。つまり、英語版ではベルリン会議《コンファレンス》はあたかもなかったかのように処理されている。どのような力学が働いたのかを詮索してみても詮なきことだろうが。

＊15　バディウは、二〇一六年四月一八日に高等師範学校ENSで行われたマルクスについてのセミネールで反批判しているが、こうした問題については現在別稿を準備している。Badiou, *Qu'est-ce que j'entends par marxisme?* op.cit., esp. pp. 12f. および Slavoj Žižek, « L'Idée du communisme comme universel concret » in *L'idée du communisme*, II, op.cit., pp. 307f. も参照。

＊16　バディウがドゥルーズをどのように考えていたかについては、周知のように、すでに一冊の作品となっているが（ジル・ドゥルーズ『ドゥルーズ——存在の喧騒』鈴木創士訳、河出書房新社、一九九八年）、ネグリにとってのドゥルーズについては、もう一度考え直す必要があるだろう。

末尾になったが、以下の感謝を明記したい。体調を大きく崩して心身ともにへこたれていたぼくを三人の友人が助けてくれた。まず比嘉徹徳さんは、最終章の翻訳で大きく助けてくださった。また沖公祐さんには序文の一部を読んでいただいた。そしてギャヴィン・ウォーカーさんは、やや厄介な英文を訳すに当たって、知恵を授けてくださった。皆さんの助力がなければ本書を完成させることができなかった。感謝します。

＊装幀に使用した作品は、本来下記のとおりである。

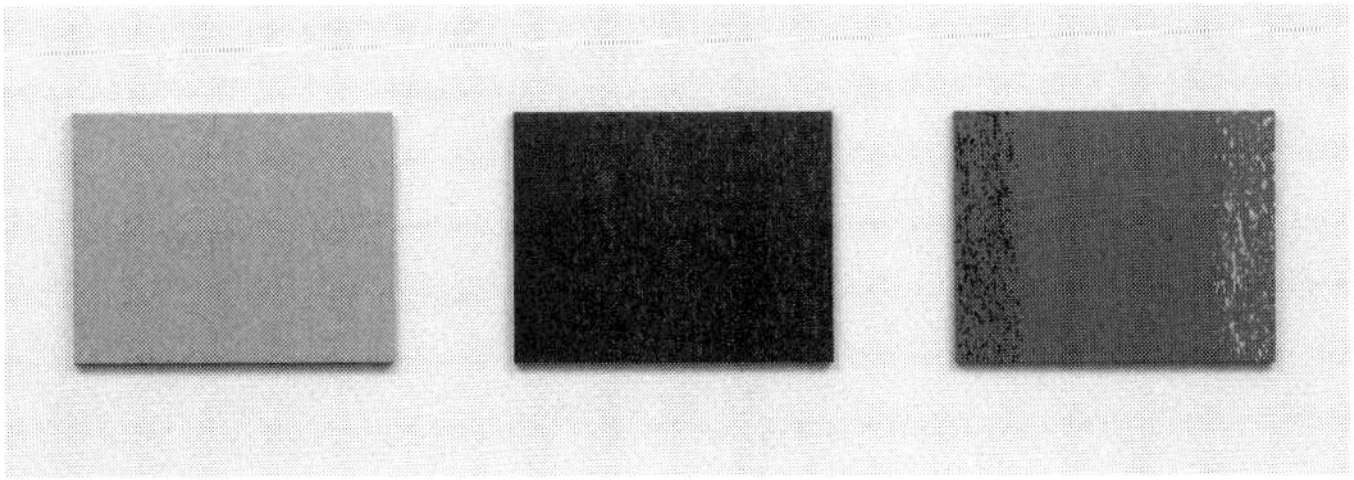

カバー：
荻野僚介《Gray on Gray × 3》
2012年／アクリル絵具、キャンバス／各60.5×80.2 cm
撮影：椎木静寧

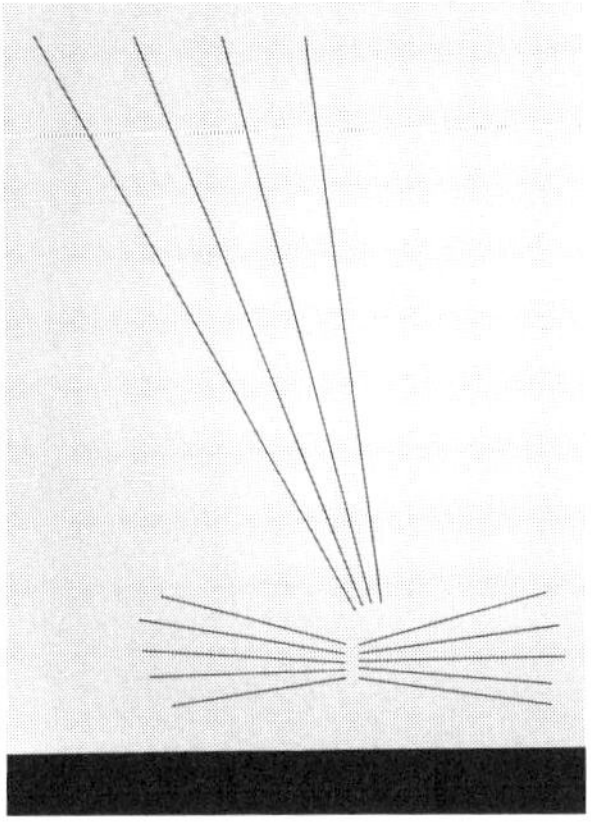

表紙：
荻野僚介《w970× h1303× d33》
2016年／アクリル絵具、キャンバス
130.3×97.0cm

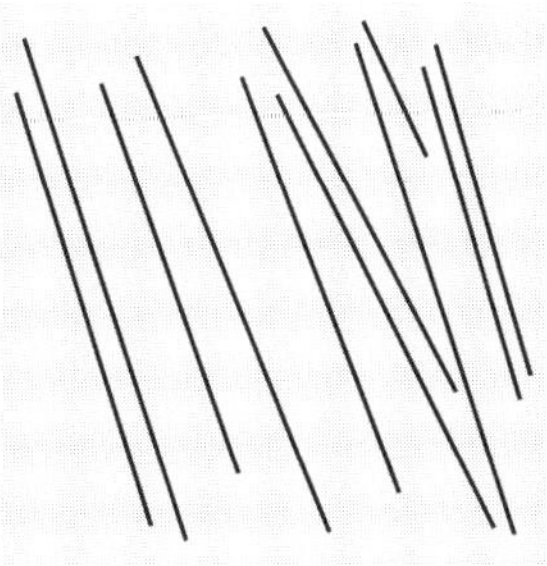

本扉：
荻野僚介《w728× h727× d20》
2012年
アクリル絵具、キャンバス
72.7×72.8cm

Courtesy of the artist and Maki Fine Arts
荻野僚介ホームページ：http://www.oginoryosuke.com

アルベルト・トスカーノ
(Alberto Toscano)
著者

ロンドン大学ゴールドスミス・カレッジ教員（批判理論）、同哲学・批判的思想研究センター共同ディレクター。マルクス思想の理論的発展を進めるべく1997年に創刊された *Historical Materialism* 誌の編集委員をつとめる。
著書に *The Theatre of Production: Philosophy and Individuation between Kant and Deleuze* (Palgrave MacMillan, 2006)、*Fanaticism: On the Uses of an Idea* (Verso, 2010) のほか、共著に *The Italian Difference: Between Nihilism and Biopolitics* (re.press, 2009)、*Cartographies of the Absolute* (Zero Books, 2015) など。バディウ『世紀』『さまざまな世界のさまざまな論理』、ネグリ『政治的デカルト』などの英訳も手がける。

長原豊
（ながはら・ゆたか）
訳者

法政大学経済学部教員。
1952年生まれ。著書に『ヤサグレたちの街頭』（航思社）、『天皇制国家と農民』（日本経済評論社）、『われら瑕疵ある者たち』（青土社）、『債務共和国の終焉』（共著、河出書房新社）など。訳書にジジェク『2011 危うく夢見た一年』（航思社）、『迫り来る革命』（岩波書店）、バディウ『ワグナー論』（青土社）、ブレナー『所有と進歩』（監訳、日本経済評論社）ほか多数。

コミュニズムの争異《そうい》

ネグリとバディウ

著　者	アルベルト・トスカーノ
訳　者	長原　豊
発行者	大村　智
発行所	株式会社 航思社 〒113-0033 東京都文京区本郷1-25-28-201 TEL. 03（6801）6383 ／ FAX. 03（3818）1905 http://www.koshisha.co.jp 振替口座　00100-9-504724
装　丁	前田晃伸
印刷・製本	シナノ書籍印刷株式会社

2017年2月10日 初版第1刷発行

ISBN978-4-906738-21-2　C0010
Printed in Japan

（定価はカバーに表示してあります）